을들의 당나귀 귀 2

손희정, 장영은, 김혼비, 전고운, 이경미, 김일란, 윤가은, 배윤민정, 은하선, 허윤, 김현미 지음

을들의 당나귀 귀 2

후마니타스

한국여성노동자회, 손희정 기획 | 고루한 세계를 돌파하는 페미니스트들에게

일러두기

—— 팟캐스트 〈을들의 당나귀 귀〉 시즌4, 5의 "대중문화와 젠더" 편에서 가려 뽑은 내용을 단행본에 맞게 고쳐 썼다.

—— 각 글의 시작에는 QR코드를 붙여 해당 방송을 들을 수 있게 했다.

—— 단행본·정기간행물에 겹낫표(『 』)를, 소설·수필·희곡·논문에 홑낫표(「 」)를, 미술·연극·영화·방송·인터넷 매체에 홑화살괄호(〈 〉)를 사용했다.

프롤로그

다시 시작하며

안녕하세요, 여러분. 『을들의 당나귀 귀』 1권 이후 3년 만입니다. 그사이 이런저런 일이 많았네요. N번방 성착취 사건이 폭로되었고, 코로나19 팬데믹이 일상의 풍경을 완전히 바꿔 놓았습니다. 안티페미니즘이 표가 된다고 믿는 정치인들이 여성 혐오 자체를 정책으로 내세우는, 한심하고 위험한 장면 역시 목격하고 있지요. 꽤 답답하고 지치는 시절이에요. 이 시기 여러분은 어떻게 지내고 계신가요? '을들의 당나귀 귀'(이하 '을당') 팀은 책을 준비하면서 우리가 한 번도 잊은 적 없는 페미니스트 자긍심을 다시 만났고, 그 에너지를 한 권의 책에 끌어모으고 싶었습니다. 그리고 드디어 『을들의 당나귀 귀 2』를 여러분께 드립니다.

　1권을 낼 때는 사물을 헤아리는 우리의 방식이 달라져

야 세상을 바꿀 수 있고, 그런 변화를 위해 비평적 사고를 키워야 한다고 생각했습니다. 그래서 열심히 공부했죠. 페미니스트 비평 언어를 배우고, 익숙한 세계를 조각내어 분석하고, 여성의 삶과 노동, 대중문화의 관계를 파헤치고. 그리고 무엇부터 해나갈 수 있을지를 탐색했습니다. '한남 엔터테인먼트'에서 '디지털 남성성'까지, 한국 대중문화를 비판적으로 읽는 "페미니스트를 위한 대중문화 실전 가이드"는 그렇게 만들어졌고, 많은 독자들과 만날 수 있었습니다.

하지만 지난 수천 년간 군림해 온 상대, 때와 상황에 따라 모습을 바꾸며 버텨 온 가부장제를 타격하자면 그 충격이 고스란히 우리에게 되돌아온다는 걸 깨달았어요. 내 주변의 고루한 세계를 부수는 동안, 나 자신을 충분히 살필 여유가 없었구나 싶었죠. 우리에게 페미니스트 지식만큼이나 페미니스트 지혜가 필요하다는 생각이 떠오른 건 그 때문이었습니다. 나와 동료의 상태와 마음을 살피면서 세상을 다시 세우는 일. 그 어려운 일을 해내기 위해서는 차가운 머리만큼이나 따뜻한 가슴이 필요하지요. '을당' 시즌4와 시즌5에서는 연구자뿐만 아니라 작가, 감독, 활동가 등 세상을 자기만의 무대로 만들어 가는 페미니스트들을 만나 그들의 일과 삶, 그리고 그들이 각자 찾아 낸 '비법'을 들어 봤습니다.

페미니스트 지혜. 어쩐지 마음이 경건해지는 것도 같습니다. 하지만 '을당'의 스튜디오는 엄숙한 교실이라기보다는 유쾌한 분위기의 놀이터였습니다. 그 안에서 우리는 익숙해진 틀에서 빗겨 난 상상력과 만났습니다. 이미 알고 있(다고 생각했)던 각양각색의 조각들이 뒤엉켜서 생각지 못한 그림을 만들어 내는 만화경을 들여다보는 것 같았어요(아마 그 시간을 함께했던 '을당' 청취자들께선 제 뜻을 이해하실 거예요). 만나는 사람마다 '이상'했고, 그 이상한 사람들이 이 사회가 그어 놓은 규범의 선들을 의뭉스레 슬쩍 넘어서는 순간에 대해 듣는 건 언제나 신이 났습니다. 애초에 '지혜'라는 것도 대단히 거창한 주제라기보다 '자유롭게 상상하고, 마음껏 신나도 괜찮다'는 위로의 다른 말이었는지도 모르겠어요.

이상한 여자들의 신나는 선 넘기

책은 여성의 글쓰기에 오랜 관심을 가져 온 장영은 작가와 나눈 나혜석전(傳)으로 시작합니다. 금기에 도전하고 부당한 것에 '틀렸다'라고 말하기를 주저하지 않으면서 시대를 앞서 살았던 여성의 인생은 '을당'의 프로젝트를 열기에 더없이 좋은 주제였습니다.

김혼비 작가의 『우아하고 호쾌한 여자 축구』는 '운동하는 여자들'의 탄생을 알리는 에세이입니다. 어쩌면 '축구하는 여자들'은 이제 새롭지 않은 주제가 되었을지도 모르겠어요. 그런데 돌이켜 보면 정말 선구적인 작업이었습니다. 이 생각을 하며 씨익 웃지 않을 수 없었어요. 세상이 더 나빠지는 것처럼 보일 때도, 어딘가에서 변화를 만들어 온 이들이 있었고, 그들과 '을당'이 함께했다는 증거니까요.

이어지는 전고운, 이경미, 윤가은의 영화 세계는 2010년대 중후반 한국에 등장한 '여성 영화의 새로운 물결'입니다. 『을들의 당나귀 귀』에서 우리는 "여자들은 사라지고 남자들은 과대 재현"되는 한국 영화의 남성 중심적이고 가부장제적 서사에 대해 비판했습니다. 그런 관습적 재현에 균열을 내면서 전고운은 '광화문시네마'의 개성 있는 작품들을 제작·연출했고, 이경미는 '이경미 월드'를 창조했으며, 윤가은은 '우리 유니버스'를 열었습니다. 이들이 던진 돌은 한국 영화라는 수면에 여러 겹의 파장을 만들어 내면서 우리들 상상력의 허를 찔렀습니다. 어떻게 그런 독창적인 순간들을 구축해 낼 수 있었는지, 책을 통해 만나 볼 수 있습니다.

다큐멘터리 감독이자 미디어 활동가인 김일란 감독의 작품 세계 역시 세세히 살펴보았습니다. 지난 20년간 한국 사회의 광장을 지켰던 김일란의 전작을 훑는다는 건 한국 퀴어·페미니스트 미디어 운동 역사의 중요한 부분을 다시 만나는 일입니다.

배윤민정 작가는 부당한 호칭에서 드러나는 가족 내 위계에 맞서 '가족 호칭 개선 투쟁'을 시작한 장본인입니다. 그 투쟁의 생생한 이야기에 귀 기울이다 보면 '제대로 사랑하기 위해 물러서지 않는다'는 말의 의미를 곱씹게 됩니다. 그리고 끝까지 싸워야 비로소 변화가 시작된다는 것도요.

'나무위키' 역사상 최초로 본인의 항목을 수정하는 데 성공한 은하선 작가는 한국 페미니즘 이슈의 최전선에서 목소리를 내왔습니다. 사적인 이야기로 그칠 수도 있었던 그의 경험이 어떻게 정치적 담론으로 확장되는지를 살피는 과정은 한국 사회의 백래시 '현황'과 마주하는 과정이었습니다.

'여성의 역사를 어떻게 기록할 것인가' '낯선 타자와

어떻게 만나고 공존할 것인가' 마지막으로 다룬 이 두 가지 질문은 우리를 성찰하게 하고, 페미니스트 사유를 풍부하게 해줍니다. 허윤 교수는 일본군 '위안부' 피해를 재현한 대중문화를 비평하면서 '할머니'와 '소녀'의 이분법을 넘어서야만, 강제동원과 자발적 성매매를 둘러싸고 복잡하게 얽힌 국가의 여성 동원과 가부장제적 자본주의 문제를 이야기할 수 있다고 말합니다. 또 오랫동안 이주민·난민 문제를 연구해 온 김현미 교수와 함께 페미니즘 내 반反난민 기조를 비판적으로 성찰했습니다. 이는 결국 한국 사회의 한계로부터 비롯된 문제임을 확인할 수 있었죠.

무지갯빛 인덱스를 달면서 꿋꿋이

존경하는 동료 임윤옥 선생님, 김지혜 처장님 덕분에 이 모든 이야기에 여성 노동의 관점을 더할 수 있었다는 점은 '을당'의 빼놓을 수 없는 자랑입니다. 더불어 1권에 이어 2권을 함께 작업하면서 새로운 관점들을 더해 준 강소영 편집자 덕분에 2022년의 작업으로 다시 태어날 수 있었습니다. 흩뿌려진 말을 차곡차곡 쌓아 가는 '을당'의 주제를 아름답게 구현했던 1권의 표지를 기억하시죠? 이번에도 박연미 디자이너님 작품입니다. '을당 연작'이라고 할 수 있겠네요.

여자가 생각하고 말하고 움직이면 '길에서 죽을 것'이라고 엄포를 놓는 세상, 페미니스트라는 사실이 낙인이 되고 공격의 좌표가 되는 이곳에선, 여성들이 차근차근 구축해

놓은 세계를 공유하고 언급하고 인용하는 것, 그리고 연결하고 이어 가는 작업이 중요합니다. 그런 의미에서『을들의 당나귀 귀 2』는 페미니즘 리부트 이후 한국 페미니스트 대중문화 유니버스에 인덱스를 다는 작업이기도 합니다. 당대를 주름잡은 귀중한 책과 영화, 운동을 깊이 읽고 대화 나누면서 무지갯빛 인덱스로 "반드시 다시 찾아볼 것"이라고 표시해 놓은 책이니까요.

지칠 때는 뻔뻔할 정도로 당당하게 쉬어도 괜찮다고 생각합니다. 그럼에도 불구하고 무언가 계속해 나간다는 건 자긍심을 가질 만한 일이고요.『을들의 당나귀 귀』프롤로그 마지막에 방송인 이영자의〈2018 MBC 연예대상〉대상 수상 소감을 인용하면서 '을당' 역시 "계속해 보겠다"고 약속했습니다. 그 약속을 지킬 수 있어서 기쁩니다.『을들의 당나귀 귀 2』의 프롤로그는 장영은 작가가 소개한 말로 마무리해 볼까 합니다. 나혜석 선생의 딸인 김나열 씨는 이렇게 말했다고 해요. "어머니는 꿋꿋하게 살았다는 점에 대해서는 누구한테도 지지 않을 것입니다." 고루한 세계를 돌파하기 위해 오늘도 분투하는 우리에게 참 어울리는 말입니다. 꿋꿋하게 삽시다. 늘 이길 수 없는 것처럼, 늘 지는 싸움도 없습니다. 페미니스트 포스가 우리와 함께하기를.

2022년 2월 19일
페미니스트 주권자행동의 날에
기획자들을 대신해 손희정

차례

프롤로그 손희정 —— 5

아직도 짐만 싸면 신이 나 장영은 —— 12
우리가 몸속에 품은 수많은 동사들 김혼비 —— 47
이 세계의 스테레오타입은 너무 지루하지 않은가 전고운 —— 78
익숙하지 않은, 예상되지 않는 이경미 —— 107
페미니스트 감각이 다큐멘터리가 된다면 김일란 —— 139
마음의 능력을 믿는 영화 윤가은 —— 171
온전히 사랑하기 위해 질문한다 배윤민정 —— 204
내 '이야기'가 정치적 '담론'이 될 때 은하선 —— 236
'소녀'와 '할머니'의 이분법을 넘어 허윤 —— 269
'여기'를 확장하는 정치를 꿈꾸며 김현미 —— 305

아직도 짐만 싸면
신이 나

게스트   장영은

문학연구자. 여성들이 글을 쓰며 자기 자신을 어떻게 이야기했는지 분석하는 일에 관심이 많다. 자서전, 회고록, 일기, 편지, 기행문, 연설문, 소설, 대담 등 다양한 양식의 자기서사에 주목하고 있다.『나혜석, 글 쓰는 여자의 탄생』(2018)을 엮었고,『문학을 부수는 문학들』(공저, 2018),『촛불의 눈으로 3·1운동을 보다』(공저, 2019),『쓰고 싸우고 살아남다』(2020),『여성, 정치를 하다』(2021),『변신하는 여자들』(2022)을 썼다. 성균관대학교에서 동아시아 근대문학과 여성 문학을 강의하고 있다. 일, 공부, 글쓰기로 세상을 바꿔 나가는 여성들의 이야기를 차근차근 모아 널리 전하고자 한다.

―― 오늘의 주제

윤옥　오늘을 살아가는 여성 노동자들의 어려움을 속 시원히 파헤쳐 줄 평범한 여성 노동자들의 비범한 이야기, 〈을들의 당나귀 귀〉(이하 '을당')!! 오랜만에 인사드립니다. 반갑습니다, 저는 진행을 맡은 임윤옥입니다.

희정　안녕하세요, 손희정입니다.

지혜　안녕하세요, 한국여성노동자회 지혜입니다.

윤옥　오랜만에 이렇게 여러분들을 뵙게 되니 설레고 좋네요. 이번에도 우리 〈을당〉과 함께 힘을 얻고 위로가 되는 시간, 누리실 수 있기를 바랍니다. 선생님, 오늘의 주제가 뭐죠?

희정　우리가 『을들의 당나귀 귀』에서는 한국의 대중문화를 페미니스트의 시선에서 이리저리 뜯어보고 비평하고 즐기는 시간을 가져 보았지요? 페미니스트 언어와 지식을 나누는 시간들이었는데요, 그것도 참 즐거웠어요. 그런데 살다 보니까 사는 게 참 만만하지가 않잖아요. 머리로는 알아도 마음이 따라 주지 않기도 하고요. 그래서 이번에는 페미니스트 지혜를 나누는 시간을 준비해 보았어요.

윤옥　페미니스트 지혜요?

희정　서로에게 힘과 용기가 되어 주고 함께 백래시 상황을 헤쳐 나갈 수 있는 그런 지혜요.

지혜　그런 지혜를 어떻게 발견하고 또 나눌 수 있을까요?

희정　제가 곰곰이 생각을 하다가요. 좋은 글 쓰고 좋은 영화 만들고 좋은 비평 작업을 해온 작가, 영화감독, 연구자들을 모시고 삶과 일에 대해 이야기 나눠 보면 어떨까, 싶더라고요.

지혜   듣기만 해도 이미 좋네요.

희정   그렇죠? 그래서 오늘 페미니스트 지혜의 첫 장을 여는 인물로 나혜석 작가를 골라 봤어요.

윤옥   나혜석이라는 이름만으로도 상징성이 있는 것 같습니다. 왜 나혜석인지, 나혜석 작가의 삶으로부터 우리는 어떤 지혜를 얻을 수 있는지, 이야기를 시작해 볼까요? 오늘도 이 주제에 딱 맞는 게스트를 모셨지요?

희정   네, 그렇습니다. 2018년부터 3월 8일에 맞춰서 꾸준히 책을 내고 계시는 분입니다. 3월 8일이 무슨 날이죠?

지혜   '세계 여성의 날' 아닌가요?

희정   그렇습니다. '여성의 날'에 맞춰서 매년 책을 내고 계시는 분인데요. 2021년 3월 8일에는 정치하는 여성들에 관한 책 『여성, 정치를 하다』를, 2020년 3월 8일에는 역사에 기록되어야 할 여성 작가들의 이야기를 다룬 『쓰고 싸우고 살아남다』를 내셨죠. 이분이 2018년 3월 8일에는 『나혜석, 글 쓰는 여자의 탄생』이라는 책을 냈어요. 바로 페미니스트 국문학자, 장영은 작가입니다. 어서 오세요!

영은   안녕하세요, 반갑습니다.

윤옥   '글 쓰는 여자' 전문가, 장영은 작가님, 어서 오세요. 어떤 이야기를 해주실지 정말 기대가 되네요.

희정   두 분 선생님은 '나혜석' 하면 뭐가 떠오르시나요?

지혜   '최초의 여성 화가'라는 수식어.

윤옥   저는 이 책을 읽기 전에는 '부르주아 여성의 자아 찾기'가 먼저 떠올랐어요. 저에게는 식민지 조선을 살았던 부유한 여성이 자아를 찾아간다는 이미지가 컸고, 거기에는 폄하의 의미도 있었던 것 같아요. 식민지에서 무장투쟁하고 목숨 걸고 투쟁하고, 이런 여성들도 있었지만, 나혜석은 그런 건 아니라는 일종의 편견이 있었던 거죠.

희정 그런 이미지에 대해 장영은 작가님이 하고 싶은 이야기가 많을 것 같아요. 오늘 이야기, 반전에 반전을 거듭할지도 모르겠습니다. ☻ 말씀하신 것처럼 대체로 '최초의 화가' '작가' '부르주아 여성' 이런 여러 가지 이미지들이 나혜석을 설명할 때 따라붙는데요. 나혜석은 그가 누린 유명세에 비해 제대로 알려지지 않은 것 같아요. 그런 오해 중 하나가 아마도 '나혜석 콤플렉스'일 텐데, 여자가 가부장제의 규범을 따르지 않고 자신의 목소리를 내면서 주체적인 삶을 살려고 하면, 결국 나혜석처럼 길에서 행려병자로 죽게 될 것이라는 사회적 엄포, 그리고 여성들 스스로 느끼는 어떤 불안이 있다고 할까요? 그런데 장영은 작가가 엮은 『나혜석, 글 쓰는 여자의 탄생』을 보면, 나혜석의 삶을 이런 식으로 정리할 수는 없다는 생각이 들더라고요.

윤옥 아, 정말 궁금해지는데요. 그럼 이제 본격적으로 그 이야기를 한번 나눠 볼까요?

— **왜 나혜석인가**

윤옥 작가님, 나혜석은 어떤 사람인가요? 소개 부탁드릴게요.
영은 네, 우선 나혜석은 1896년생입니다. 1896년생 중에 중요한 여성 지식인들이 꽤 많은데요. 김일엽, 김명순. 물론 출생

연도가 정확하다고 볼 수는 없죠. 당시에는 좀 늦게 등록하기도 하고, 대충 등록하기도 했으니까요.

윤옥   아무래도 그렇겠지요?

영은   그래도 1896년은 눈여겨볼 만한 해입니다. 그해에 태어난 여성들이 여자로서 학교라는 곳을 간 첫 세대이기 때문이에요. 의미가 크죠. 이화학당이 1886년에 문을 열었어요. 그런데 처음에는 아무도 안 갔죠. 첫해에 한 명, 세 명, 학생 수가 그 정도였다고 해요. 특히 집안 좋다 하는 이른바 양반집에서는 딸을 학교에 보내는 순간 망치는 거라고들 하면서 안 보냈어요. 1896년생들은 출신 배경과 계층을 넘어서 학교를 하나둘씩 가기 시작한 첫 세대라고 보면 됩니다. 그중에서도 나혜석은 1913년에 진명여고를 최우등으로 졸업했어요. '나혜석' 하면 보통 부잣집에서 태어나서 미술 전공으로 일본 유학을 하고, 세계 일주도 하고, 이혼도 하고, 이런 이미지 안에서 굉장히 허영에 차고 지적인 것과는 거리가 먼 여자다, 이런 편견이 있죠.

희정   그래서 '1등'이라는 성적을 강조하시는 거군요.

영은   그렇습니다. 😊 나혜석은 공부를 아주 잘했다고 해요. 그리고 미술을 전공하고 싶다는 강력한 의지를 가지고 도쿄여자미술전문학교에 입학합니다. 조선 출신으로는 최초였고요. 그 후에 우리가 잘 아는 박래현, 천경자, 이런 화가들이 나혜석의 후배가 되죠. 미술학교에 입학하고 나서, 그림뿐만 아니라 문필 활동도 열심히 합니다. 1914년에 「이상적 부인」이라는 글을 발표하죠. 여성 문제에 대한 글이었고요. 1918년에 여성이 쓴 최초의 소설 중 하나라고 할 수 있는 「경희」

를 발표합니다. 「경희」는 '봉건적 가부장제하의 결혼'이라는 문제를 다룬 최초의 작품이었어요. 1919년에는 3·1운동에서 여학생 운동을 주도한 혐의로 5개월간 수감되기도 했어요. 당시 조서가 남아 있는데요. 『나혜석, 글 쓰는 여자의 탄생』에도 수록했습니다. 내용을 보면 그야말로 '운동권'입니다. 1920년에 김우영과 결혼을 하고, 1921년에 조선 여성 최초로 개인 유화전을 열죠. 이때 몇 천 명이 전시회를 찾았다고 하는데요. 그야말로 나혜석의 황금기였던 셈이죠. 그리고 1922년에 남편 김우영이 만주 안동현 부영사로 취임하게 됩니다. 그곳에 함께 가서 6년 정도 있게 되는데요. 여기에서도 조선 여성을 위한 야학을 개설하고 본인이 직업 교사로 활동합니다. 1927년에는 유럽으로 부임하는 남편을 따라 유럽으로 건너가서 세계 일주를 하죠. 영국과 프랑스에서 그림 공부도 하고요.

희정 　와, 삶이 화려하다는 생각이 들기는 하네요.

영은 　당시로서는 주목을 받을 만한 행보였죠. 그러다가 이혼과 함께 1934년에 「이혼고백장」을 쓰면서 사회적으로 고립되기 시작하죠. 결국 1948년에 행려병자로, 지금으로 치면 원효로 정도 되는 곳에서 쓰러져 죽은 채로 발견됐어요. 그야말로 한 시대를 거침없이 누비며 한 편의 영화 같은 삶을 살았다고 하겠습니다.

윤옥 　정말 '최초'라는 수식어가 많이 붙는 분이군요. 그런데 장영은 작가님은 식민지 시대 여성을 연구하셨다고 했는데, 2018년, 다른 누구도 아닌 나혜석에 대한 책을 낸 이유가 뭘까요?

영은   어렵고도 중요한 질문을 해주셨어요. 저는 식민지 시대 여성 지식인에 대해 공부해 왔어요. 한국 최초의 여성 지식인들이었죠. 여자가 학교를 간다는 것 자체가 한국 역사 5000년 중 130년 정도밖에 안 된 사건이거든요. 남자들은 근대 교육 기관이 생기기 전부터 학교에 다녔어요. 공부를 하고, 관직에 나가고, 직업을 가졌죠. 하지만 여자들은 학교라는 곳을 가본 적이 없었어요. 양반집이건 만석꾼 집이건, 마찬가지였죠. 그러니까 〈성균관 스캔들〉 같은 상상력도 나오는 거 아닌가요?

〈성균관 스캔들〉
2010년 8월부터 11월까지 방영된 KBS2 드라마. 정은궐 작가의 소설 『성균관 유생들의 나날』을 원작으로 제작되었다. 남인 김승헌의 딸 김윤희(박민영 분)는 아버지를 여의고 어려서부터 어머니와 유약한 남동생을 먹여 살리기 위해 남장을 하고 필사를 해 돈을 번다. 우여곡절 끝에 동생 김윤식의 이름으로 성균관에 들어가게 되고, 성균관에서의 기숙 생활이 시작된다. 김윤희-김윤식은 동학인 이선준(박유천 분), 문재신(유아인 분), 구용하(송중기 분)와 함께 '성균관 잘금 4인방'이라 불리며 정조를 도와 구체제를 혁신하는 중요한 역할을 하게 된다. 시청자들은 김윤희-김윤식이 '여자'임을 아는 와중에 극중 캐릭터들은 그를 '남자'라고 생각하면서 벌어지는 에피소드들이 중요한 재미 요소이자 통쾌함의 포인트이다.

희정   그야말로 남장을 해야 공부를 할 수 있는 거네요.
영은   네, 그런 상상이 가미된 드라마가 나올 수 있었던 건, 여성이

학교를 간다는 것 자체가 금기였기 때문이죠. 그런데 오히려 식민지 시기에, 아이러니하게도 여자는 학교를 갈 수 있게 돼요. 그래서 궁금했죠. 이 여자들은 그렇다면 과거와는 다르게 살았을까? 한국에는 처음 등장한 존재들인데? 그래서 살펴보니 사람마다 천차만별이었어요. 권력을 좇은 사람, 돈을 좇은 사람, 명예를 좇은 사람. 또 그냥 가부장제 안으로 들어가서 안전하게 산 사람.

희정   결국은 다양한 삶이 있었던 거네요.

영은   각각의 삶에 대한 역사적 평가는 일단 제쳐 놓는다고 하더라도 정말 다양했어요. 그걸 보니까 그들 각자의 선택 이유가 궁금했어요. 그래서 자기 자신이 스스로에 대해 어떻게 설명하는지, 자기서사를 어떻게 쓰는지에 관심을 가지게 되었고요. 그랬을 때, 자기 스스로에 대해 말하고 쓴 최초의 여자가 바로 나혜석인 거예요. 스스로 자기 삶을 거침없이 이야기한 사람. 그 당시 여성 지식인들한테 "당신 이야기 좀 해주세요" 하고 청탁을 하면 대체로 부끄럽다, 할 말이 없다, 이러면서 말을 안 해요. "나는 보잘것없는 존재다, 나중에 이야기하겠다" 이러면서 미루죠. 그래서 그들이 남긴 자기 이야기는 대체로 환갑을 넘어서 나오거나, 그런 식의 회고록이죠. 그런데 나혜석은 달라요. 그는 사건이 벌어질 때마다 바로 그 순간에 말과 글로 정면 돌파한 거의 유일한 사람이에요.

희정   긴장감이 처음부터 끝까지 장난이 아니더라고요.

영은   그렇죠. 손희정 선생님이 나이 칠십이 되어 인생을 회고한다고 해봐요. 그러면 지금, 이 순간에 쓰는 것하고는 많이 달라지겠죠. 내용을 왜곡한다는 의미가 아니라, 기본적으로 세월

이 지났기 때문에 태도와 해석이 달라진다는 거예요. 순간순간 사건이 일어났을 때, 남이 나를 욕할 때, 나를 칭찬할 때, 바로 그 순간에 말하는 건 다르겠죠. 그런 대응을 가장 적극적으로 한 사람이 나혜석이었어요. 물론 사회주의자들도 아주 용감했지만, 그들은 자신에 대한 기록을 거의 못 남겼어요. 활동하느라 너무 바쁘기도 했거니와…….

윤옥   기록을 남긴다는 것 자체가 너무 위험했겠죠.

영은   그렇죠. 신분을 위장하기도 했으니까요. 다른 한편으로, 사회주의자 여성들은 자신의 삶보다 대의를 더 중요하게 생각하기도 했고요. 이게 부조리한 건 알지만 일단 덮어 두자, 더 큰 문제가 있으니까, 이렇게요. 사회주의자들 내부에서 일어난 일을 밝히면, 내부 고발자로 몰려서 고립되거나 진영이 몰락할 수도 있다고 판단했죠. 그렇다고 해서 나혜석이 자유주의자 내지는 부르주아라 자기 얘기를 쓰기 쉬웠다 하기도 어려워요. 비슷한 자장 안에 있었던 김일엽 선생만 해도 자기 얘기 잘 안 하거든요. 아주 세월이 많이 지나서 완전히 승려로서 위치를 확실하게 잡고 난 이후에 회고를 해요.

윤옥   이야기를 듣고 보니 정말 매력적인데요?

나혜석은 누구인가

희정   나혜석에 대한 평가가 분분한 것 같던데요. 어떤 사람들은 부르주아 계몽주의자라고 하고, 어떤 사람은 민족주의자다,

	그런데 또 어떤 사람은 급진적 페미니스트다.......
영은	지금 말씀하신 카테고리는 다 맞기도 하고, 동시에 하나로 설명할 수 없기도 해요. 나혜석은 급진적 페미니스트였지만 또 가정주부라는 위치를 직업으로 인정했어요. 너무 고민하지 마라, 조선에서 지금 여자가 가질 수 있는 직업이 별로 없다, 그 안에서 권리를 찾는 것이 중요하다, 이런 생각을 가지고 있기도 했죠. 하지만 '자식은 악마' '결혼했다가 내 인생이 망했다' 하면서 급진적 페미니스트의 기질을 글에 드러내기도 해요. 한편으로 조선 여성으로서 민족 해방을 추구했던 운동가적 면모 역시 있었죠. 왜, 영화 〈밀정〉(2016) 아시죠? 거기에 '황옥 사건'이 나옵니다. 경성으로 무기를 수송해 와서 독립운동을 하려는 계획이었죠. 그 계획에 나혜석과 남편 김우영이 상당히 깊이 관여했어요. 김우영이 만주 부영사였기 때문에 그의 집은 치외법권이었거든요. 거기에서 먹여 주고, 재워 주고, 무기도 숨겨 주고, 기차 짐에 '만주, 안동 부영사관'이라는 라벨도 붙여 주었죠.
윤옥	그 짐 안에 들어 있던 건 폭탄이었고.
영은	네, 무기들이었죠. 그리고 독립운동가들이 감옥에 잡혀 들어갈 때 어렵게 구한 권총 등을 나혜석한테 맡기고 갔다가 출소한 뒤에 돌려받기도 하고. 근데 이건 나혜석이 스스로 밝힌 이야기는 아니에요. 도움을 받았던 독립운동가들이 기록해 놓은 거죠. 제가 『나혜석, 글 쓰는 여자의 탄생』에 해설을 쓰면서 그런 이야기들도 정리해 놓았어요. 나혜석에 대한 오해를 풀고 싶었거든요. 그저 화려하게 살다 간 부르주아 여성이라는 오해 말이죠. 오해의 소지도 물론 있지만, 한편

으로는 음모의 프레임이 있었다고 생각해요. 여성이 마음대로 말하고 글 쓰고 세상과 부딪쳤을 때, 어떤 결말을 맞게 되는지를 나혜석을 통해서 보여 주고자 하는 사회의 욕망 같은 게 있는 거죠. '아무리 집안 좋고 배운 게 많고 경험이 많아도 네 마음대로 설쳤다가는 길 위에서 죽을 줄 알아라' 하는. 이건 조용한 협박이에요. 나혜석이 부잣집 딸이긴 하지만 직업에 대해 실질적으로 고민하고 또 경험을 많이 한 사람이었습니다. 나혜석이 일본 유학 시절에 계속 공부를 하고 싶었는데 아버지가 들어와서 결혼하라면서 학비를 끊는 일이 벌어지거든요.

희정   나혜석의 아버지가 수원 땅 부자에 개명한 권세가라고 들었어요. 덕분에 유학도 할 수 있었다고.

영은   그렇죠. 그래서 수원에서 서울에 있는 진명여고를 보냈죠. 하지만 아버지 입장에서는 '내가 깬 사람이라 딸을 이만큼 공부시켰다, 나는 할 만큼 했다, 그러니까 너 시집가라' 이랬던 거죠. 그런데 나혜석의 오빠가 동생을 엄청 예뻐했다고 해요. 나혜석이 '일본 못 가면 죽을 것 같다'고 조르니까 오빠가 아버지를 설득하죠, 유학 보내자고.

윤옥   그렇게 해서 유학을 가게 됐군요.

영은   네, 그렇게 유학을 갔고, 재일조선 유학생들 네트워크 안에서 모두 나혜석을 쳐다보고 있었다고 해요. 똑똑하고 예쁘고 당찬 여성이었으니까요.

희정   당시에 조선인 유학생들 사이에서 완전히 스타였다는 이야기를 읽은 적이 있어요.

영은   스타였죠. 일본인들하고도 친했어요. 그래서 그때 일본에서 유행하던 여성운동을 빠르게, 실시간으로 받아들였죠. 우리가 지금 유럽이나 미국의 페미니즘 동향을 실시간으로 접하고 SNS에 전하는 것처럼, 1914년에 일본 페미니즘 담론을 본인이 정리해서 「이상적 부인」이라는 글로 조선에 전한 거죠. 시대를 몇 발 앞서 있었죠. 그러다가 아버지가 '이제 들어와서 시집가라' 하는데, 들어오기 싫었던 거예요. 조선에서 살다가 동경에 갔더니 '깬 오빠'들도 많고.

희정 동경의 최고 킹카라고 하는 남자와 연애도 하고 말이죠?

영은 그렇습니다. 게이오대 다니던 조선 유학생 출신 중 천재라고 일컬어졌던 최승구와 아주 열렬한 사랑에 빠지죠. 그랬는데 아버지로부터 '귀국 요망' 메시지가 온 거죠. 못 가겠다고 버티니까 아버지가 어떻게 했겠어요? 학비를 끊어 버려요. 그러니까 나혜석은 일시 귀국해서 교사 생활을 시작해요.

희정 학비를 버는 거죠, 스스로.

영은 그렇죠. 아버지의 도움이 없다면 여성은 배울 수도, 뜻을 펼칠 수도 없다는 걸 아주 일찍 깨달았죠. 부잣집에서 컸지만 일단 부모가 학비를 딱 끊으니까 자기는 아무것도 아니잖아요. 그나마 학교를 다녔으니 교사라도 할 수 있지, 할 수 있는 직업도 별로 없는 거예요. 여자가 학교를 갈 수 있었던 건 대단한 일이지만, 학교를 졸업했는데도 할 일이 없다? 이건 더 처참한 일인 거죠. 그래서 나혜석은 '나는 화가가 되고 싶은데, 과연 일정한 직업에 종사하는 여성으로 살아갈 수 있을까?'를 일찍부터 고민했어요. 김우영과 결혼할 때 결혼 조건 중 하나도 그림 그리는 것을 방해하지 말라는 거였고요. 나혜석이 부잣집 딸로 태어나서 일본 유학도 가고, 또 꽤 부유하고 신분도 높은 남자와 결혼을 하는 등 스펙이 대단히 높아 보이지만, '내가 여성이다' '내가 조선인이다'라는 걸 늘 생각할 수밖에 없는 여러 고비를 경험했고, 그런 상황 속에서 현실 인식을 놓치지 않았던 사람이라는 걸 기억할 필요가 있어요.

— '여자도 사람이다'

희정   말씀을 들어 보니, 나혜석은 다양한 면모를 가진 사람인 것 같아요. 그럼 이제 『나혜석, 글 쓰는 여자의 탄생』으로 들어가 볼까요? 우선 표지에 대해 이야기해 보고 싶어요. 표지가 나혜석의 그림이라고요?

영은   네, 1920년에 그린 그림이에요. 나혜석의 작품은 대체로 유화가 많이 알려져 있어요. 본인의 전공이 유화이기도 했고, 유화로 개인전을 했으니까요. 하지만 나혜석은 당시에 잡지나 여러 매체에 일러스트도 많이 그렸죠. 〈김일엽의 가정생활〉이라는 제목으로 카툰 형식으로 그린 것도 있어요. 상당히 재기 발랄한 작품들이었고요. 유화 말고 뭔가 다른 작품을 소개하고 싶다는 생각에 여러 자료를 훑어보다가, 이 그림이 눈에 확 들어왔어요. 그림 배경은 경성으로 추정되죠? 오른쪽을 보면 구식 가옥이고, 반대편에는 신식 건물이 있는데, 총독부거나 시청일 수도 있겠고, 아니면 백화점일 수도 있겠어요.

희정   식민지 조선의 전근대성과 근대성이 공존하는 그림이네요.

영은　그리고 가운데 한 여자가 아주 멋진 코트에 단발머리를 하고, 바이올린 케이스 같은 걸 들고 있죠. 그 주위로 세 명의 남자가 섰는데, 오른쪽 두 남자는 갓을 쓰고 '쟤 누구야, 어디 여자가 저러고 다녀'라는 듯이 여자에게 손가락질을 하고 있죠. 그리고 다른 한 남자는 양복을 입고 베레모를 쓰고, 나름 세련된 모던보이죠. 손가락질은 하지 않고, 약간 동경하는 듯 고개를 들어 여자를 쳐다보고 있죠. 그런데 거리를 활보하는 이 여성은 고개를 숙이고 있어요. 그림 제목이 〈저것이 무엇인고〉입니다. 즉, 이 새로운 여성은 누구인가, 뭐하는 사람인가? 이런 의미였겠죠.

윤옥　그래서 '저것'이 지금 사람인 거예요?

영은　그 남자들이 한 말이라고 추측해 볼 수 있는 거죠. 그래서 저는 이 그림이 참 변하지 않는 한국 사회의 모습을 보여준다는 생각이 들었어요. 여성이 뭘 좀 새롭게 도전했을 때 던지는 남성 주류 사회의 반응과 일맥상통하는 것 같았고요. 나혜석처럼 당당한 여성이라도 남자들의 손가락질 한가운데 있으면 본인도 모르게 고개를 살짝 숙일 수밖에 없는 거예요. 1920년대 경성에는 하루가 다르게 새로운 문물이 들어오면서도 봉건적 가부장제가 공존하고 있었죠. 그 시대를 앞서간 한 여성이 걸어가는, 그런 모습이에요.

희정　글 쓰는 여자의 탄생이네요, 그야말로.

영은　그렇죠. 이미 1920년 전에도 나혜석은 글을 많이 발표했습니다만, 그런 의미에서 참 상징적인 그림이다 싶었어요. 함축적이고 군더더기도 없고 또 상당히 모던해 보이고요. 이걸 표지로 하면 좋겠다고 출판사에 부탁을 드렸고, 제가 원하는

나혜석, 〈저것이 무엇인고〉, 『신여자』 2호, 1920/04.

대로 되어서…….

희정 흡족하신가요? 😊
영은 아주 좋습니다. 이 그림이 알려지게 되어서요.
윤옥 저는 손가락질 생각은 못 했는데, 작가님 설명을 듣고 보니

희정	까 정말 이 책의 맥락을 잘 설명해 주는 일러스트네요.
	사실 책 내용을 봐도, 발표하는 글마다 이렇게 손가락질을 받거나 동경의 시선을 받았겠다 싶어요. 책의 1부는 '최초의 근대 여성 문학'이란 제목으로 나혜석의 단편 소설이 소개되고 있습니다. 아까 언급하신 「경희」는 완전히 자전적인 소설인 거네요. 그리고 2부는 '연애와 결혼'인데요. 여기는 나혜석의 연애관과 결혼관이 드러나는 소설과 에세이가 수록되어 있고요. 3부 '사랑과 이혼'에서 나혜석 인생의 가장 큰 스캔들이었던 이혼과 관련된 글인 「이혼고백장」「신생활에 들면서」가 수록돼 있어요. 4부 '모성과 육아'에서는 한국 역사상 여성이 최초로 자신의 임신과 출산에 대해 쓴 「모母된 감상기」가 있어요. 여기서 "자식은 모체의 살점을 떼어먹는 악마다" 이런 이야기를 했고요. 5부의 '정치와 삶'에서는 정치적 존재로서 나혜석의 철학을 볼 수 있는 글들이 수록되어 있습니다. 구성을 이렇게 하신 이유가 있을 것 같아요.
영은	각 장은 지금까지와는 조금 다른 방식으로 나혜석을 재조명할 수 있도록 구성했어요. 나혜석은 우선 문학가였어요. 그래서 1장은 '문필가 나혜석'을 부각해 보고 싶었어요. 다음으로, 사실 여성이 자신의 삶에 대해 이야기하기 위해서는 어쩔 수 없이 수반되는 과정이 있어요. 남성 지식인들은 삶에 대해 이야기할 때 사생활을 다루지 않아도 충분히 말할 수 있습니다. 친구와 선후배가 나오죠. 연애나 집안 이야기처럼 사적인 일을 구구절절 늘어놓는 남성들은 잘 없어요. 있다면 좀 이상한 사람으로 평가받죠. 하지만 여성 지식인들

은 공적 삶을 살았다 하더라도 가족, 연애, 임신, 출산, 양육, 이런 것들이 어떤 방식으로든 들어가요. 예컨대 양육에 매진하지 않았다면 '애들한테 미안하다'는 이야기가 나오게 돼있죠. 왜 그런지 설명하고 싶어서 2부 연애, 3부 결혼과 이혼, 그리고 4부 육아의 문제로 나눠 보게 된 거예요. 실제로도 나혜석이 이 주제들에 관련해 굉장히 많은 글을 남기기도 했고요.

희정 질문해 볼 만한 일인 것 같아요. 왜 남자들은 훨씬 자유롭고, 여자들은 그렇지 않은가.

영은 5부는 아까 말씀드린 것처럼 나혜석의 정치관을 나누고 싶었습니다. 계몽주의적 면모도 있지만, 그것을 넘어서는 아주 치열한 고민이 있었거든요. 1930년쯤인 것으로 기억하는데, 한 기자가 나혜석에게 이런 질문을 해요. "앞으로의 계획이 어떠십니까?" 그랬더니 장차 좋은 시기가 오면 여성운동을 해보고 싶다고 대답해요. 여성참정권 운동 후의 유럽을 보면서, 여성들이 인간으로서 살기 위해 싸우는 모습에 감동을 받았거든요.

희정 당시가 참정권을 획득해서 여성 목소리가 높아지고 교육열도 높아지고 이럴 때였지요?

영은 하지만 그런 시기가 그냥 온 것이 아니라는 걸 목격한 거죠. 가만히 앉아 있는데 누가 밥상 차려 주면서 '고생했으니 이제 학교도 가고 사회 진출도 하고 정치도 하고' 이랬던 게 아니고요. 영화 〈서프러제트〉(2015)에서 보시는 것처럼, 정말 목숨을 건 투쟁이었던 거죠. 중요한 건, 나혜석이 이런 말을 한 것이 식민지 시기였다는 거예요. 사실 여성참정권

	이전에 아예 조선인에게 참정권이 없던 시기죠. "장차 좋은 시기가 오면"이라는 의미는 결국 해방을 염두에 둔 것 아닌가 싶어요. 해방이 와도 여성에겐 참정권이 없을 거라고 예상했던 것 아닐까. 그러면 자신은 어떤 식으로든 여성운동을 해야겠다고 결심했던 거 아닐까. 유럽에 나다니면서 사치하고 돌아다녔을 거라는 세간의 오해와 달리, 나혜석은 유럽의 정치 상황을 보면서 조선의 현실을 고민했던 셈이죠.
지혜	아…… 정말 인상적이에요.
영은	물론 유럽에서 나혜석은 바람피운 것으로도 유명하죠. 흥미로운 건 그 부분에 대해서도 회피하지 않아요. 자신이 잘못한 일에 대해서도 정면 돌파하죠. '내가 그때 잠시 미쳤었다' 이렇게요. 판단을 잘못했음을 인정하고요.
희정	이게 「이혼고백장」이라는 글을 쓰게 된 맥락에 대한 이야기인데요. 남편 김우영과 유럽에 갔다가 잠시 떨어져 있는 사이 김우영의 친한 친구와 연애를 했고, 이를 알게 된 김우영이 한국에 돌아와 나혜석과 이혼하게 되는 거죠. 그 소문이 조선 땅에 쫙 퍼졌고요.
영은	그렇습니다. 최린이라는 자와 연애를 했던 건데요. 상황은 이랬어요. 김우영은 독일에서 법학을 공부하고, 나혜석은 파리에 남아서 그림 공부를 계속하죠. 나혜석이 혼자 지내게 되니까 김우영이 지인들에게 아내 좀 잘 돌봐 달라 하지 않았겠어요? 시간 있을 때 파리 구경도 좀 시켜 주고 그렇게 해라. 이때 천도교의 최린을 나혜석에게 소개해 줍니다. 김우영은 나혜석을 사랑하고 존중했지만, 사실 예술에는 큰 관심이 없는 사람이었죠. 최린은 종교인이면서 또 동양화에

상당히 조예가 깊고, 음악도 즐기고, 예술적 감각이 있는 사람이었어요. 그런 두 사람이 이야기를 나누다 보니 잘 통했고, 공간은 파리인 데다가, 배우자가 옆에 없고, 뭐 그런 상황에서 일어난 일이었던 거죠. 처음 소문이 나기 시작하니까 나혜석이 남편에게 솔직히 말합니다. 내가 이렇게 최린을 좀 만났지만, 지금은 헤어졌고, 가정을 깰 생각이…….

희정 없다.

영은 전혀 없었다. 그러니까 김우영이 받아들여요. 김우영의 경우 이 결혼이 두 번째 결혼이었거든요. 나혜석은 초혼이었고. 그래서 "여기서 덮자" 한 거죠. 근데 진짜 사건은 김우영이 한국에 돌아와서 변호사가 되기 위해 공무원을 그만두면서 벌어집니다. 사표를 내니까 수입이 없어졌겠죠? 애는 네 명이지, 시어머니도 모시고 있지, 생활고가 시작됩니다. 그래서 나혜석이 최린에게 편지를 씁니다. 경제적으로 좀 도와달라고. 그리고 최린이 편지 받은 걸 소문을 낸 거죠, 치사하게.

지혜 최린이 좀 나쁜 것 같아요.

영은 나혜석은 최린이 그렇게 떠벌릴 줄 몰랐죠. 하지만 최린은 나혜석과 진지한 관계도 아니었고, 도와줄 생각도 없었어요. 그래서 '봐라, 나혜석은 아직 나를 못 잊는다' 이러고 다닌 거고, 이 말이 돌고 돌아 김우영 귀에 들어갑니다. 김우영은 막무가내로 이혼을 하겠다고 나섰고요. 이 과정에 대해 쓰면서도 나혜석은 어느 부분에서 자신이 잘못된 선택을 했는지 등을 이야기합니다. 저는 이게 대단한 점이라고 생각해요. 보통 자기 얘기할 때, 말하기 싫은 건 숨기기 마련이거든요. 하지만 그는 '있어 봐, 내가 이야기할게' 이러면서 모든 걸

다 쓰는 거죠. 문제는 정면 승부가 나혜석의 시대에는 먹히지 않았고, 모조리 부메랑이 되어 돌아왔다는 거예요. 예컨대 정말 사랑받던 딸이었지만 「이혼고백장」 이후에는 친정에서도 외면을 받거든요.

윤옥   금이야 옥이야 한 딸이었지만 거기까지는 도저히 수용할 수 없었군요.

영은   그렇죠. 금기를 깼으니까요. 여자가 수치심도 모르고 그런 이야기를 하다니, 이건 용납할 수 없다. 하지만 이런 질문을 해봐야 하죠. 나혜석이 그런 상황을 예상하지 못했기 때문에 모든 걸 썼을까? 아니라는 거예요. 유학 자금도 끊겨 봤고, 온갖 일을 다 경험해 본 뒤였고, 「이혼고백장」은 특히 이혼을 당하고 쓴 글이에요. 사람들은 '봐, 나혜석은 철이 없어 저래'라고들 했지만, 전혀 그렇지 않죠. 오히려 지금 내가 이걸 쓰지 않으면, 나에게는 이 문제에 대해 제대로 이야기할 기회가 다시는 돌아오지 않을 거라는 사실을 알고 있었을 거라고 생각해요.

희정   답답하네요. 「경희」에서 가장 주목받는 부분이 "경희도 사람이다. 그다음에는 여자다. 그러면 여자라는 것보다 먼저 사람이다"라는 부분이에요. 그래서 1부를 읽을 때는 '그렇지 여자도 사람이지'라고 생각했는데, 뒤로 넘어갈수록 점점 사람이고자 하지만 사람일 수 없는 식민지 조선 여자의 삶이 보이더라고요.

「경희」

1918년 3월, 동경 여자유학생친목회 기관지 『여자계』 2호에 나혜석이 발표한 자전적 소설. 일본에 유학 중인 경희는 "공부를 많이 해야겠어요. 그래야 남에게 존대를 받을 뿐 아니라 저도 사람 노릇을 할 것 같애요"라고 생각하는 신여성이다. 방학을 맞이해 근 1년 만에 집으로 돌아왔는데, 아버지와 사돈마님이 자꾸만 결혼을 강요한다. "사내가 첩 하나 둘 줄도 모르면 그것이 사내냐?"라고 생각하는 구여성들을 설득하면서 경희는 여성 교육의 필요성을 강변한다. 당시 여성이 경험해야 했던 온갖 이중 잣대와 대상화 속에서 경희는 '여자도 사람'이라는 급진적인 자기 각성에 이르게 된다.

영은   정확하게 보셨어요.

희정   그런 상황들 속에서 나혜석한테 글을 쓴다는 건 도대체 무슨 의미였을까요?

영은   나혜석은 '한 사회의 소수자는 스스로 글을 쓰고 말을 할 때 그나마 기회가 생긴다. 기회가 생긴 다음에 사람이 될 수 있다'라는 생각을 가지고 있었어요. 1933년에 나혜석이 『조선일보』에 글을 남깁니다. "남자는 칼자루를 쥔 셈이요. 여자는 칼날을 쥔 셈이니, 남자 하는 데 따라 여자에게만 상처를 줄 뿐이지. 고약한 제도야. 지금은 계급전쟁 시대지만, 미구에 남녀전쟁이 날 것이야." 예언자가 아닌가 싶을 정도인데요. 칼날을 잡고 있는 사람이 조금만 움직이면 이게 다 상처가 되잖아요. 상대가 나를 굳이 죽이려고 안 해도, 내가 움직이면 다치는 거예요. 그런데 이게 두려워서 칼날을 놓치게 되면, 칼자루를 쥘 기회는 영영 안 온다는 생각을 했던 거 아닐까. 그런데 칼자루를 쥘 기회란 무엇인가. 그건 바로 칼날을 잡고 있을 때라도 글을 쓰는 것, 말을 하는 것,

무엇인가를 남기는 것 아닌가. 그게 유일하게 여성들이 칼자루를 쥘 수 있는 계기가 될 것이라는 철저한 생각을 가지고 있었던 거 아닌가, 저는 그렇게 추측합니다. 그 글의 마지막엔 이렇게 써요. "다시 여존남비 시대가 오면, 그 사회제도는 여성 중심이 될 것이야."

희정   여존남비면 가모장의 시대인가요?

영은   여성 중심이요. 무엇이든지 고정되어 있지 않고 순환하는 거니까. 하지만 그 순환의 시간이 오기 위해서는 입 다물고 혼자 고립되어 있는 것이 아니라 하고 싶은 말을 다 해야 한다는 거였죠. 그런 신념이 있으니까 계속 그런 글들을 발표할 수 있었던 거예요. 자기가 어머니가 됐을 때 느낀 어떤 한계, 충격, 변화 이런 것도 「모된 감상기」에 그대로 이야기합니다. 거기서 사람들은 "자식은 모체의 살점을 떼어먹는 악마다"라는 문장만 부각해 '자식은 악마다'만 강조하지만, 나혜석은 '애가 참 예쁘고 소중하다'는 말도 동시에 해요. 단순히 한 가지 측면만을 말하지 않죠. 애 때문에 너무 힘들어, 하지만 애가 소중해. 이 두 가지를 다 말하고 있는데도, 남성 지식인들은 후자는 다 빼고 전자만 부각시키면서 '이 여자가 도대체 뭐하는 여자인가' 이렇게 말하죠.

지혜   지금과 다를 게 없네요.

영은   그래서 나혜석의 이야기가 현재성이 있다고 생각합니다.

윤옥   평전인 줄 알고 폈는데, 그의 글이 수록되어 있어서 더 잘 이해할 수 있었던 것 같아요. 뭔가 잘 아는 사람처럼 느껴졌고요. 「경희」 같은 걸 읽으면, 우리에게 익숙한 주제이기 때문에. 끝까지 다 읽고 나선 그런 생각이 들었어요. 나혜석

	은 참 생각한 대로 살았구나.
영은	멋진 표현인데요. 생각한 대로.
윤옥	근데 참 내가 생각한 대로 산다는 게 어려운 일이잖아요. 저도 수없이 타협하기도 했고. 이 가부장제, 자본주의사회에서 좀 쉽게 살아갈 방법은 없나, 그렇게 쉽게 살고 싶다는 유혹도 느끼고요. 그런데 나혜석은 나답게 사는 것, 생각대로 사는 것에 한 치의 양보가 없는 거예요. 그런 고민을 「경희」라는 소설에서도 많이 느꼈어요. 정말 생동감 있게 묘사되어 있더라고요.

나혜석의 연애관

희정	2, 3부에선 나혜석의 연애관과 결혼관이 나오죠. 연애도 결혼도 '생각대로' 했던 것 같아요. 결혼관, 연애관이 어땠는지, 왜 그렇게 화제가 되었고 온갖 돌팔매를 맞아야 했는지?
영은	아까 잠깐 일본 유학 시절 최승구와 연애했던 이야기를 했잖아요? 근데 당시에는 조혼제도가 있었기 때문에, 최승구가 일본으로 유학을 가기 전에 결혼을 이미 했었어요.
희정	그럼 나혜석과 연애할 때도 결혼 상태였네요?
영은	네, 부인하고는 별다른 사랑이 없는 상태로 일본으로 건너와서 나혜석과 불같은 연애를 한 거죠. 나혜석의 입장에선 유부남과 계속 만날 수는 없잖아요. 그래서 어떻게 할 거냐고 계속 묻고, 최승구는 이혼을 하겠다고 했어요. 하지만 최승구가 또 유약한 조선 남성이었던 거죠. 우유부단하고. 물론

우유부단할 수 있는 이유는 기득권을 가졌기 때문이에요. 우유부단은 성격이 아니에요, 제도의 산물이죠.

윤옥 너무너무 공감 가는 얘기입니다.

영은 그러다 보니 나혜석과 당연히 갈등이 있었겠죠? 결국 최승구가 집에 이혼을 하고 싶다고 말했지만, 당연히 본가에서는 들은 척도 하지 않았어요. 그런 갈등이 중첩되는 가운데, 당시 유행하던 폐병에 걸려 죽어요. 그게 나혜석 최초의 엄청난 좌절이었죠. 그때 찾아온 사람이 김우영이에요. 김우영은 또 어떤 상태였는가 하면 유부남은 아니었지만 결혼을 한 번 해서 사별을 했고, 딸이 하나 있었어요. 나혜석을 보고 확 빠졌죠. 나혜석은 처음엔 별 관심도 없다가 김우영이 계속 구애의 편지를 쓰고 집에 찾아오고 하니까, 이게 진심이라고 느껴져서 마음을 조금씩 열기 시작하죠. 그래서 결혼을 하게 됩니다. 그런데 조건이 있었어요. 첫째는 그림을 계속 그리게 해달라, 두 번째는 전처의 아이와 시부모님과 별거하게 해달라. 세 번째가 지금과 같이 나를 사랑해 주오. 이 조건을 김우영이 받아들입니다. 그리고 둘이 함께 최승구의 무덤을 찾아가서 인사를 하죠. 최승구 묘에 비석도 세워 주고요. 그런 다음에 『동아일보』에 청첩 광고를 내고, 정동교회에서 공개 결혼을 합니다.

희정 그야말로 셀러브리티 커플이네요?

영은 식민지 조선에서 일본까지 건너가서 유학을 한, 최초의 여성 화가와 고위 공무원의 만남. 둘 다 집안도 좋고요. 그러니 온 조선 땅이 다 알았던 거죠.

희정 스캔들이기도 하고 이벤트기도 하고.

영은	결혼 초에는 김우영이 그림을 계속 그리게 해준다는 약속을 잘 지키죠. 하지만 애가 하나, 둘, 셋, 넷이 태어나요. 김우영의 의지와 무관하게 나혜석과 그림은 멀어질 수밖에 없었죠.
희정	싸울 때마다 한 명씩 생겼다고 나혜석이 썼던데.
영은	네, 애가 넷이나 되니까 김우영이 백날 그림 그리라고 해봐야 뭐합니까? 당장 잠잘 시간도 없는데. 그래서 나혜석이 그런 글을 써요. 예전에 그림 그릴 때는 잠이 오는지 안 오는지도 몰랐는데, 이젠 그냥 잠이라도 좀 잤으면 좋겠다고. 아니, 임윤옥 선생님, 왜 그렇게 고개를 끄덕이시나요?
윤옥	너무 공감돼서요.
희정	그런데 이야기를 듣다 보니, 왜 나혜석이 구습을 비판하고 개인 대 개인으로 만나서 연애하고 시험 동거도 해봐야 한다고 주장했는지 알겠어요. 워낙 깨어 있고 교육받은 여자이기도 했지만, 개인적인 경험 안에서 봤을 때도…… 정말 사랑했던 남자가 낡은 결혼관에 얽매여서 말하자면 '첩질'을 하고 이런 모습을 봤을 때, 그런 전통적 관계에 대해 근본적으로 고민을 하게 됐겠죠.
영은	나혜석의 아버지도 어린 첩이 있었거든요. 나혜석에게는 참 좋은 아버지였지만, 두 집 살림을 한다는 걸 나혜석이 모를 리 없죠. 근데 아무도 그걸 문제 삼지 않았겠죠? 돈 있는 남자는 다 그렇다는 식이고. 지금도 축첩제도는 없어졌지만 여전히 '남자가 바람 좀 필 수 있지' 이런 분위기는 남아 있잖아요. 어쨌거나 나혜석은 만삭일 때도 전시회를 할 정도로 소신껏 살았던 사람이거든요. 지금이야 그게 별일 아니지만, 1920년대였다고 생각해 보세요.

윤옥　얼마나 고군분투했을까 싶네요.

영은　게다가 애들 태어나고 나니까 그림을 못 그리니, 거기서 온 좌절도 상당했을 거예요.

지혜　그 좌절이 정말 「모된 감상기」에 구구절절 잘 들어가 있는 것 같아요.

영은　그런데 사람들은 또 말했죠. '나혜석이 그렇게 힘든 축에나 들어?' 저는 이건 정말 부당한 질문이라고 생각했어요.

윤옥　나혜석 본인도 그런 풍요로운 삶에 대해 쓴 글이 있었죠?

영은　「나를 잊지 않는 행복」. 제가 개인적으로 가장 좋아하는 글이에요.

윤옥　저도 그랬어요. 「나를 잊지 않는 행복」에 보면 평온무사平穩無事가 과연 행복의 조건이냐는 말이 나오죠. 나혜석이 평온무사하게 산 것도 아니었지만, 다른 한편으론 평온무사가 행복이 아니었기 때문에, 오히려 그런 상태가 활기 없게 만들고, 게으르게 만들고, 그렇게 낙오자가 된다고 생각했었죠. 안온함이란 게 우리 생활을 고정시키니까요. 사실 살다 보면 모든 순간순간이 큰 유혹이죠. 여성에게 삶이란 매 순간이 억압이기도 하지만, 또 적당히 타협하면서 자기 합리화를 하고 넘어갈 수도 있으니까요. 나혜석은 날카롭고 예민한 시대감각을 가지고, 치열하게 살았던 것 같아요.

영은　맞아요. 이혼하고 나서도 수송동에 미술학원을 차려요. 하지만 망했어요. 「이혼고백장」 이후론 글 청탁도 안 들어오고요. 왜 그랬을까요? 구설에 오른 여자였기 때문이죠. 저런 여자의 글을 우리 지면에 실었다간 불매당할 거야, 지면 주지 마, 이런 거죠. 나혜석은 스스로 부끄러워할 일은 딱 하나라고 했어요. "무실력", 그러니까 실력이 없는 자가 된다면 그거야말로 부끄러운 일이라고. 그는 자신의 실력을 염려했지만, 세상은 그의 실력에 아무런 관심이 없었어요.

희정 그러게요. 스캔들에나 관심 있고.

영은 그런 생각이 들어요. 누군가 열심히 무엇인가를 하고 있으면, 그가 도대체 무엇을 하고 있는가를 그대로 봐주고 들어주고, 실력이 있건 없건 간에 그대로 평가해 주는 일이 필요하다. 특히 여성이 일을 할 때는. 제도 밖으로 나가는 순간 보호도 못 받고 일도 못 받는 일이 허다했으니까요.

희정 신여성이란 키워드를 함께 봐야 할 것 같아요. 가부장제 틀 안에 있을 때는 전통적인 아내로서 보호를 받지만, 나혜석의 '신여성적 면모'라고 할까요? 그런 것이 계속 부각되면서 제도 밖의 여자로 배제되었던 것 같은데요. 이 신여성이란 게 실체가 있다고 할 수 있는지 궁금하더라고요. 저는 책에서 「백결생에게 답함」이라는 글이 제일 좋았는데, 기개가 장난이 아니더라고요. 백결생의 글에 하나하나 반박하면서 '너, 지금 나한테 뻥 친다 그랬지? 아니거든' 하는. 그런데 그 글을 보면 나혜석이 그런 말을 해요. '너 나한테 자꾸 신여자라고 하는데, 나는 한 번도 스스로를 신여자라고 생각해 본 적이 없다.' 그래서 나혜석을 신여성 프레임 안에서 이야기하는 경향을 어디까지 받아들이고 어디서부터 비판해야 할지 좀 궁금했어요.

「백결생에게 답함」

1923년 나혜석은 『동명』에 4회에 걸쳐 「모된 감상기」를 연재한다.

이는 나혜석 본인의 출산과 육아 경험을 담아낸 수필로, 이 글에서 나혜석은 임신, 출산, 육아의 고통을 묘사하고 모성이란 여자라면 타고난 본능이 아니라 아이를 낳고 보살피는 과정에서 습득하게 되는 것이라고 말한다. 이에 익명의 독자가 '백결생'이라는 이름으로 「관념의 남루를 벗은 비해」라는 글을 투고해 "원래 임신이라는 것은 여성의 거룩한 천직이며 최대 의무"인데 "신여자"인 나혜석이 "구도덕을 신도덕으로 배척하려 한다"라고 비방한다. 「백결생에게 답함」은 이에 대한 응답이다. 나혜석은 "구름 속에 있는 양반에게 너희는 왜 흙을 밟고 있느냐는 비방을 받는 격"이라고 쓰면서, 같은 고통과 어려움을 겪은 여성들의 공감을 기대하며 이 글을 썼지, 아이도 낳아 보지 않은 남자가 왈가왈부할 것을 기대하지 않았다고 꼬집는다.

영은   날카로운 말씀인데요. 이 질문은 두세 시간을 이야기해도 부족할 만큼 논란이 분분한 주제죠. 하지만 간단히 정리를 해보자면, 신여성에 대해선 두 가지 입장이 있어요. 첫째, 신여성이란 실체가 있는 게 아니라 담론으로 구성된 범주라고 주장하는 입장, 둘째, 신여성은 근대 교육을 받고 모던한 문물을 받아들이면서 기존 질서에서 어느 정도 일탈하거나 저항했던 모던걸이라는 입장. 중요한 건 '나는 신여성이요'라고 자처한 사람은 없었다는 점이에요. 하지만 사회에서 일단 새로운 여성들이 나타나면 범주화를 하려고 하죠. 그럴 때 신여성의 범위는 상당히 넓었어요. 예를 들면, 학교에 가면 다 신여성이었죠. 하지만 그중에는 전통적인 질서를 충실하게 따르는 사람도 있었고 일탈하는 사람도 있었고 저항하는 사람도 있었어요. 여성 지식인들 사이에 '단발'에 대한 입장도 다 달랐죠. 단발을 해야 할까? 해야 해, 그게 변화의 시작이야. 아니야, 그게 뭐가 그렇게 중요하니, 개인의 자유지. 아니야, 스타일이 달라진다는 건 문화가 달라지는 거고 생각이 달라지는 거야, 등등.

희정   탈코르셋 논쟁인데요?

영은   그렇죠. 어떻게 보면 역사는 계속 반복되는 것 같아요. 저는 신여성이 없었다고 주장하지는 않지만, 다만 다양한 차이를 하나로 묶어서 신여성으로, 하나의 그림으로 설명하는 것은 온당하지 않는다는 생각이에요. 너무나 다양한 여성 주체가 있었고, 그 안에서 선택하는 방식도 다 달랐으니까요.

지혜   그렇다면 나혜석은요?

영은   나혜석이 신여성이었다? 맞기도 하고 틀리기도 하죠. 반면에 남성들이 만든 어떤 프레임은 분명히 있었어요. '네가 신여성이지? 그렇다면 넌 완벽해야지. 새로움도 추구하고, 봉건 가부장제에도 저항하고, 자유로워야 하고. 이 모든 걸 완전무결하게 해야지' 이런 프레임이요. 백결생이 한 얘기도 그런 거였죠. 그러니까 나혜석이 이렇게 말하는 거죠. '내가 스스로 신여자라 한 적 있니? 너희는 옛날부터 참 이상하더라? 우리가 그렇게 말한 적도 없는데, 너희 마음대로 딱지를 붙여 놓고, 기준도 니들 마음대로 정하고 자격이 있네 없네 하고 말이야. 너희는 뭐하는 놈들이냐?' 이런 거죠. 또 사람들이 왜 점잖게 이야기를 하지 않냐고 하니까 나혜석이 그래요. '지금 애 키우고 다 죽게 생겼는데, 내가 어떻게 점잖게 얘기하니? 너처럼 편하게 살면 또 모를까.' 내 상황이 안 되어서 내가 이렇게 험하게 말하는 거고, 이게 내 현실이야, 내 진실된 언어야, 이렇게 한 방 날리는 거죠. 지금 한국 사회랑 별로 다를 게 없어요. '아니, 어떻게 배우신 분이 그렇게 험한 말씀을 하십니까?' 막 이러잖아요?

희정   어떻게 험하게 '메갈' 같은 말을 하십니까? ☺

영은   그러면서 그렇게 과격한 말에는 동조할 수 없다는 식으로, 내용을 보지 않고 형식만 자꾸 문제 삼는 거죠. 그렇게 덧씌운 프레임은 참 벗어나기 힘들거든요. 그래서 저는 그렇게 생각해요. 신여성이다, 아니다가 그렇게 중요한가? 나혜석이 한 말의 내용이 더 중요한 거 아닌가?

희정   가부장제 담론이 신여성이란 말을 만들어 놓고 얼마나 쉽게 수많은 여성들의 다양성을 지웠는가도 봐야겠네요.

영은   그런 프레임에는 여러 가지가 있죠. '현모양처'도 마찬가지라고 생각해요. '모성'도 그렇고요.

희정   참 구구절절, 복잡한 맥락을 가지고 글을 써도 '자식은 악마다'만 떼어다가 욕하고. 나혜석의 화에 공감이 가요. 제가 한동안 너무 지쳐서, 아 이제 글도 그만 쓰고 조용히 살아야지 했는데. 이 책 보니까 다시 용기 내서 부딪쳐 보자 싶더라고요.

영은   어차피 사람은 언젠가 죽죠. 그러니까 안 싸우고, 안 다치고, 영생을 길을 얻을 수 있는 사람은 어차피 없어요. 언젠가는 죽기 때문에 어떻게 나답게 살 것인가를 찾는 건 중요하죠. 「나를 잊지 않는 행복」에 보면 '운명이란 도대체 무엇인가?'라고 질문하고, '운명이란 내가 어떻게 맞서는가에 따라 달라진다, 고정된 것이 아니다.' 이런 말도 했어요. 그와 함께

'사람은 누구한테나 자기만의 힘이 있다. 아무리 보잘것없고 아무리 가진 것 없고 아무리 못난 사람이라도, 자기만이 고유하게 가지고 있는 힘이 한 가지, 혹은 두 가지가 있다.' 이런 말도 해요. 저는 그 말이 어떤 글보다도 크게 다가왔어요. 이혼 후 아이들까지 다 뺏기고, 하는 일마다 망하고, 정말 생계가 막막해지죠. 그래도 '내가 뭘 할 수 있을까? 내게 있는 힘이 뭘까?'라는 질문을 멈추지 않았고, 끝까지 쓰고 그렸죠. 생의 마지막에 양로원에 있으면서도 엄청나게 많이 썼다고 해요.

희정   그렇게 쓴 일기가 다 탔다고 들었어요.

지혜   정말 아깝네요.

영은   그러니까 나혜석은 재기를 해보려고 손을 떨면서도 노력했던 거죠. 「나를 잊지 않는 행복」을 읽을 때마다, 그런 장면들을 저 혼자 그려 봐요. 끝까지 뭐라도 하려고 노력했던 나혜석의 모습을 우리가 기억해야 하는 거 아닐까요? 사람들이 흔히 나혜석이 폐인이 되어 길 위에서 쓰러져 죽었다고 기억하는 마지막 장면이, 그렇게 무기력한 모습은 아니었다는 거죠.

희정   광인이 되었을 것 같은 이미지, 그러니까 백발을 휘날리며 길을 걸어 다니는 이미지가 저한테 정말 있었어요.

영은   그것이야말로 만들어진 이미지고 이야기인 거죠. '여자가 멋대로 살다가 집에서 쫓겨나면 어떻게 돼? 어떤 최후를 맞을 것 같아? 나혜석을 봐.' 이게 음모죠.

─── 책에 수록되지 않은 글

지혜   나혜석 선생이 굉장히 많은 글을 남겼는데, 그중에서도 작가님이 책에 수록할 글들을 추리신 거잖아요? 그 선택 기준이 뭐였을까요?

영은   현재성이 있는 글을 위주로 뽑자고 생각했어요. 그러다 보니 수록하지 못한 아까운 글도 너무 많죠.

지혜   탈락시켰던 글 중에서 소개하고 싶으신 글이 있다면?

영은   다음 책 영업 비밀입니다. ☺ 사실 그보다는…… 정말 한 편을 꼽을 수가 없을 정도로 많습니다. 그래서 청취자들께서도 나혜석 전집을 찾아보시면 좋겠다 싶어요. 『나혜석, 글 쓰는 여자의 탄생』은 나혜석을 한국 사회에 대중적으로 소개하기 위해서 보기 편하게 만든 책이거든요. 많은 분들이 이 책을 사랑해 주시면, 다음 책도 낼 수 있지 않을까 기대하게 되죠. 저는 특히 나혜석의 호기심과 낙관주의가 드러나는 글들을 좋아해요. 「신생활에 들면서」라는 글에 보면 "어지간히 내가 짐을 싸봤지만, 아직도 짐만 싸면 신이 나"란 표현이 나와요. 아직도 짐만 싸면 신이 난다니. 새로운 세계에 대한 그 호기심이 너무 좋아요. 미지의 세계에 대한 동경과 내 삶에 펼쳐질 새로운 사건들에 대한 기대. 그런 걸 보면 나혜석은 늘 주저함이 없었던 사람이죠.

희정   저는 아직도 베개에 머리를 대면 신이 나, 이런 생각이 드는데 나혜석은 여전히 짐만 싸면 신이 나는. ☺

영은   짐을 싼다는 건 안주하지 않는다는 거죠. 그래서 사실 이 책 제목도 "짐만 싸면 신이 나"라고 하고 싶었어요. 하지만 주위에서 그런 제목은 여행서로 오해받을 수도 있다고 반대했죠. 그래서 "나를 잊지 않는 행복"으로 하자고 했더니, 그건 또 너무 자기계발서 느낌이 난다고. ☻

마무리

윤옥 아쉽지만 마무리를 해야 할 시간이 되었어요.

영은 오늘 좋은 질문도 많이 해주시고, 또 느낀 점 생각한 점을 잘 나눠 주셔서 즐거웠습니다. 나혜석이 이야기했던 여자들이 말을 하고 글을 쓰는 것의 의미를 이미 이 시대에 실천하고 계시기 때문에 참 고맙다는 인사를 드리고 싶어요. 제가 〈을당〉 홍보대사가 될 것 같아요.

윤옥 감사합니다. 식민지라는 공간이 지금 사람들이 생각하는 것보다 훨씬 광활했던 것 같아요.

영은 정확하게 보신 거예요. 지금과 달리 식민지 시기 한반도는 중국, 유럽까지 연결됐고, 실제로 그렇게 대륙을 횡단했던 사람들이 있었어요. 배를 타고 일본으로도 가고, 미국, 하와이로도 가고요. 사상의 스펙트럼 역시 극우에서 극좌까지, 민족주의자에서 세계시민주의자까지 아주 넓었고요. 친일파 역시 다양한 사상의 층위에서 나눌 수 있었죠. 제국이 전쟁으로 식민지를 완전히 억누르기도 했지만, 또 아주 다이내믹한 시공간이기도 했어요.

윤옥 네, 그래서 그 시기를 그냥 수탈의 시기, 일제 식민지의 수탈의 시기로만 우리가 기억하지 말고 그 공간을 온몸으로 살아

낸 사람들에 주목할 수 있겠어요.

희정   저는 오늘 '편안한 것이 행복은 아니다'라는 말의 의미를 비로소 이해하게 되었어요. 작가님이 그런 이야기 한 적 있죠? 자꾸 나혜석이 불행하게 죽었다고들 하는데, 그럼 비단 이불 덮고 자다가 죽었으면 그가 행복했을 것 같냐고요. 그 말이 무슨 의미인지, 오늘 제대로 이해할 수 있었습니다.

영은   나혜석이 그냥 다 참고, 아무 말도 안 하고 무병장수했으면, 그건 나혜석답지 않은 삶이었을 거라 생각해요. 물론 행려병자로 죽은 건 안타까운 일이에요. 세상이 그를 그렇게 내몬 것이기도 하니까요. 그건 가슴 아픈 일이지만, 단순하게 '망했다'고 평가절하할 순 없죠. 어떻게 죽었느냐보다, 어떻게 살았느냐를 봐야 한다는 생각이에요.

희정   그 말이 정말로 힘이 되네요. 좀 더 부딪치면서 살아도 되겠다는 생각이 들었습니다.

윤옥   네, 힘없이 쓰러지지 말고 나답게 살고, 시대에 맞서 '나를 잊지 않는 행복'을 우리가 누려 봅시다!

영은   네, 감사합니다.

+   **장영은이 덧붙이는 말**

가끔 나혜석 자녀들의 삶을 떠올려 본다. 김나열은 1921년 서울에서 태어났다. 1930년 나혜석과 김우영이 이혼을 하자, 세상 사람들은 나혜석을 '나쁜 여자'로 몰아붙였다. 김나열은 어머니를 만날 수조차 없었다고 회고한다. 1948년 미국 유학을 떠난 김나열은 건축학을 전공한 후, 미국에 정착했다.

2004년 8월, 83세의 김나열이 나혜석을 이야기하는 대목을 소개하고 싶다. "꿋꿋하게 살았다는 점에 대해서는 누구한테도 지지 않을 것입니다."• 그는 가족 모두 오랜 세월 큰 고통을 받았지만 뒤늦게라도 나혜석이 재평가되어 "여자로서 기쁘게 생각"한다고 덧붙였다. 무엇보다 페미니즘 운동이 더욱 전진하길 바랐다. "아직 남녀평등이 멀었잖아요. 한국 사회도 그렇고, 미국 사회도 그렇고. 갈 길이 멀지요."•• 김나열의 말이 옳다. 나혜석은 누구에게도 지지 않았다. 그리고 우리 사회는 정말 갈 길이 멀다. 페미니즘은 '미래'를 향한다. 다시 시작이다.

•   윤범모, 「정월 나혜석의 장녀 김나열 여사와의 대담」, 『화가 나혜석』, 현암사, 2005, 317쪽.
••   같은 글, 309쪽.

우리가 몸속에 품은
수많은 동사들

게스트 **김혼비**

『우아하고 호쾌한 여자 축구』(2018)를 썼지만 마음 놓고 축구를 하지 못하고, 『아무튼, 술』(2019)을 썼지만 친구들과 우르르 모여 술을 마시지 못하고, 『전국축제자랑』(2021)을 썼지만 어디로도 여행가지 못하는 날들을 보내고 있다. 대신 자전거를 타기 시작해 한 번에 90킬로미터를 달릴 수 있게 되었고, 닌텐도 게임 '링피트'로 근육을 만들고 다지는 기쁨에 푹 빠져 있다. 못 견디게 쓰고 싶은 글들만을 천천히 오래 쓰고 싶다. 최근작으로는 『다정소감』(2021)이 있다.

---   **오늘의 주제**

윤옥   어서 오세요. 오늘도 〈을당〉은 페미니스트 지혜를 나누는 방송을 이어갈 텐데요. 오늘의 주제는 뭔가요?

희정   하늘을 뒤덮는 미세먼지나 전 지구적인 감염병을 경험하면서 좀 더 제 몸과 건강에 대해 관심을 가지게 되는 것 같아요. 실제로 몸과 정신과 기분이 서로 분리되어 있는 게 아니라 서로 촘촘하게 연결되어 있고, 결국은 하나라는 생각을 하기도 하고요. 남성 중심적인 가부장제 사회에서 여성은 끊임없이 '생물학적인 몸'으로만 설명되고 대상화되면서도 동시에 그 몸을 충분히 단련하거나 사랑하지 못하도록 교육받기도 하는데요. 그래서 오늘은 여성의 몸, 단련, 운동, 이런 키워드로 이야기를 나눠 보려고 합니다. 그리하여 여성운동 에세이의 명불허전! 최고봉! 여성 운동 에세이의 열풍을 선도한 바로 그 책! ☺ 『우아하고 호쾌한 여자 축구』의 김혼비 작가님을 모셨습니다.

혼비   안녕하세요? 김혼비입니다. 불러 주셔서 감사합니다. 방송 전에 세 분이 편하게 근황을 나누시는데 저희 축구팀 언니들 보는 것 같고, 편안하고 반갑고 그러네요.

윤옥   손희정 선생님이 너무 강력하게 김혼비 작가님을 모셔야 한다는 거예요. 책을 몇 페이지 읽고 나서 '아, 이래서 이 귀인을 모셔야 한다'고 그랬구나 깨달았어요. ☺ 책 읽은 소감을 좀 나누자면…… 지금까지 이런 에세이는 없었다! 추천사에도 "폭발적인 유머력"이란 표현이 있던데, 정말이에요. 각각의 캐릭터가 살아 움직이는 듯하고, 또 축구와 인생을

	비유하는 이야기들이 굉장히 와닿았어요. 한번 잡으면 놓을 수가 없는 책!
지혜	저도 정말 재밌게 읽었는데요. 처음부터 끝까지 책 내용을 계속 상상하게끔 만들더라고요. 그래서 영화나 드라마로 만들면 좋겠다는 생각을 하면서 읽었습니다.
희정	그러게요. 굉장히 리듬감이 살아 있는 책이죠. 저는 친구한테 책을 선물받았어요. 책을 많이 읽는 친구인데 『우아하고 호쾌한 여자 축구』가 2018년의 원픽이라면서, "이건 너도 읽어 봐야 된다" 하더라고요. 처음에 읽을 때는 누워서 '축구가 뭐 대단한가' 이러면서 시작했는데⋯⋯ 이게 뭐라고 그렇게 울고 웃고.
윤옥	저는 어제 자문회의에 갔다가, 남성 연대의 한 장면을 목격하고 굉장히 힘든 시간을 보냈어요. 회의 끝나고 집에 오니까 혓바늘 돋고 허리 아프고⋯⋯ 스트레스를 받은 거죠. 그런데 오늘 녹음 준비하려고 책을 다시 폈는데, 읽다가 웃음이 빵 터지면서 그 스트레스가 다 날아갔어요. 이 정도면 우리가 어떤 마음인지 작가님 느껴지시죠?
혼비	네, 너무 기쁘네요. 정말 감사합니다.
윤옥	자, 그러면 지금부터 몇 가지 키워드를 중심으로 『우아하고 호쾌한 여자 축구』에 대해 이야기해 보겠습니다.

축구 팬, 축구 에세이스트가 되다

윤옥	첫 번째 키워드는 '여자가 취미로 축구하는 이야기'입니다.

축구 팬이었다가 축구 에세이스트가 된 이야기를 나눠 보려고 하는데요. 책을 읽으면서 '여자가 몸을 쓴다는 건 무엇인가?'를 질문하다 보면 몸이 근질근질해지더라고요. 그리고 왜 우리는 그동안 몸을 안 쓰고 살았지? 몸이란 뭐지? 이런 질문들이 제 안에서 몽글몽글 피어나는 거예요. 내가 최초로 몸을 좀 썼던 기억을 되돌려 봤더니 중학교 1학년 때 생각이 났어요. 그때 자전거가 타고 싶었어요. 자전거 타면 어디론가 떠날 수가 있잖아요. 그래서 자전거 대여점에서 자전거를 빌려서 학교 운동장에서 연습을 하는데…… 누군지 기억은 안 나는데 그런 얘기를 하는 거예요. "여자들은 잘못하면 처녀막 터지니까 자전거 타면 안 된다."

지혜 어우…… 뭐라는 건가요.

윤옥 제가 그런 시대를 살았습니다. 그때 그런 생각을 했어요. '여자가 몸을 써서 뭔가를 한다는 건 위험한 일이구나.' 그러면서 중학교 2학년 겨울방학 때 첫 생리를 했거든요. 그다음부턴 '여자는 몸을 잘 간수해야 한다'는 교육을 받으면서 자란 거죠. 그러다 보니 활달하게 몸을 움직이고 단련한다는 건 상상도 할 수 없었어요. 남이 내 몸을 함부로 침범하지 않도록 내가 이 몸을 지키는 것이 중요해진 거죠. 그런 상황이라 축구는 상상도 못 해봤다고 할까요.

희정 가부장제 사회가 여자들의 몸을 대하는 방식이 참 그렇죠. 이런 부분이 작가님의 문제의식하고도 맞닿아 있는 것 같은데요?

혼비 네, 방금 자전거 이야기하셨지만 미국에서도 여성이 처음 자전거를 타기 시작했을 때 라디오 프로그램에 그렇게 전문가들이 나와서 자전거가 여성의 자궁에 얼마나 안 좋은지, 자전거를 자주 타는 여성이 성적으로 왜 문란한지를 과학적으로 설명했대요. 자전거도 그런데 축구는 말할 것도 없어서, 영국과 독일을 중심으로 여자 축구가 서서히 음지에서 양지로 넘어오기 시작할 때도 의사들이 직접 나와서 축구가 여성의 몸에 얼마나 안 좋은지 말하는 방송도 많았고, 그 위험들을 나열하는 칼럼이 쏟아져 나왔어요. 가부장제가 여자의 몸을 억압하는 방식이 대체로 이렇게 과학이나 의학에 기대는 방식으로 이뤄져 왔는데, 되게 악질적이죠. 그렇게 과학이라는 이름으로 설파하면 대중들은 믿어 버리잖아요, 전문가가 하는 말이니까. 그리고 그게 대를 이어 전해져 내려오면서 마치 의학적 근거가 있는 정설처럼 굳어지고 그게 여성들을 억압하고 억압을 받고. 게다가 그런 여성의 몸에 대한 걱정은 대개 처녀막, 자궁, 가슴에 집중되어 있더라고요. 어느 정도로 걱정들을 해줬냐면, 1970년대에 축구 규정 중에 꽤 오랫동안 '보호 손'이라는 규정이 있었어요. 오직 여자 축구 경기에만 있던 별도의 규정인데요. 여자들은 경기 중에 가슴을 가릴 수 있고, 그때 공이 손에 맞아도 핸드볼로 인정하지 않는 규정이에요. 그러니까 가슴으로 날아오는 공은 손으로 잡아도 되는! 그것뿐만 아니라 가슴 보호를 위한 특별 규정들을 도입하려고 계속 토론하고 그랬어요, 남자들끼리 모여서. 아무튼 그런 여러 역사들이 있고, 그런 역사들이 만들어 온 어떤 금기시되는 분위기, 위험하다는 느낌 같은 것들이 이어져서 그런지 저도 그렇고 다른 팀원들도 그렇고, 축구를 한다고 했을 때 주변에서 유독 걱정들을 많이 하더라고요. 그중엔 자궁에 안 좋다는 이야기도 있었고, 다리 부러지기 쉽다, 다리 부러지면 아프다, 같은. 그런데 남자라고 다리 부러져도 안 아픈 거 아니잖아요. ☺

희정 아프겠죠, 사람이니까. 물론 여자도 아프겠고.

혼비 사실 운동이라는 건 언제나 다칠 수 있거든요. 피트니스 클럽에서 무거운 역기를 드는 것도 위험하고, 요가도 하다가 허리 다칠 수 있고, 등산도 낙상 위험이 있고, 농구나 사이클도 십자인대 파열 조심해야 하고 다 위험한데, 유독 축구를 할 때 주변에서 위험하다고 만류하는 사람들이 많았어요. 특히 남자들이 "내가 해봐서 아는데"라면서 말리면 안 해봤던 여자들은 '진짜 그런가?' 싶어서 망설여지거든요. 이 책에서 하고 싶었던 건, 그런 말들에도 불구하고 축구를 시작했고 몸을 쓰는 재미를 알게 된 여자들이 그라운드를 넓게 쓸 때 벌어질 수 있는 일에 대해 이야기하는 거였어요.

지혜 "그라운드를 넓게 쓸 때 벌어질 수 있는 일." 너무 좋네요.

희정 정말 축구만큼 젠더화된 운동이 또 있나 싶은 생각이 드네요. 왜 그렇게 축구는 안 주려고 꼭 붙들고 있는지 잘 모르겠어요. 책을 보면 이런 이야기가 나와요. "이 책은 여자가 축구하는 이야기다. 그런데 여자가 취미로 축구하는 이야기는 남자가 군대에서 축구하는 이야기의 정반대에 놓여 있는 것 같다. 진짜 희소한 이야기다." 이 부분이 되게 공감됐어요. 이런 희소한 이야기를 책으로 쓰시게 된 계기, 뭘까요?

혼비 처음부터 이런 책을 써야겠다고 한 건 아니었어요. 2015년에 축구를 시작했는데요. 정말 강렬한 경험이었고, 일기를 쓰기 시작했어요. 잊고 싶지 않고 기록하고 싶어서요. 그러다 어느 순간 다른 사람들도 이런 이야기를 알면 좋지 않을까 싶어졌어요. 그러던 차에 어떤 회사에서 운영하는 일종의 사보 같은 블로그에 연재를 하지 않겠느냐는 제안을 받았어요. 그게 계기가 되어 민음사 격월간지 『릿터』에 여자 축구에 대해 기고하게 되고, 그게 책 출간으로 연결되었죠.

윤옥   그러면 전에는 축구를 한 번도 안 해보신 거예요?

혼비   네, 그냥 보기만 하고. 사실은 축구를 너무 좋아해서 축구 팬으로 지낸 지는 한 10년 되는데, 남자들처럼 조기 축구를 하는 건 상상도 못 했어요. 여자 축구팀이 있는지도 몰랐어요. 그래서 아예 생각도 안 하고 있었는데, 우연히 여자 축구회를 알게 되면서 가입하게 됐죠. 그리고 축구를 하면서 경험한 강렬함을 글로 옮기게 되었는데요. 그 강렬함은 사실 제 몸에서 일어난 일에 대한 느낌이라기보다 축구하는 여자들에 대해 느낀 강렬함이었어요. 그걸 한 줄로 표현하자면 '뭐 저런 여자들이 다 있지?'

윤옥   본인의 축구 경험보다도 축구를 함께 하는 여자들에 대한…….

혼비   놀라움.

윤옥   강렬함.

혼비   네.

윤옥   그걸 기록하고 싶었던 거군요.

혼비   네, 처음에는 저를 기록했는데요. 사실 실력이 늘지 않아서…… 저에 대한 기록은 계속 '복붙'인 거예요. ☺ 그러다 보니 주변 사람들이 더 매력적으로 다가오더라고요.

윤옥   피구나 그런 것들도 하셨었어요? 축구가 유독 차별화되는 건가요?

혼비 네, 사실 저는 여중, 여고를 다녔기 때문에 남녀공학을 다닌 여성들에 비하면 운동장에서 운동하는 것에 대한 심리적 장벽이 훨씬 낮았거든요. 실제로 운동을 좋아하기도 해서 친구들이랑 팀 짜서 배구도 해보고, 핸드볼도 해보고, 농구도 해보고, 다 해봤어요. 근데 축구만 해본 적이 없어요. 왜 그랬냐면, 되게 간단한 이유였는데, 여중, 여고 운동장에 축구 골대만 없었어요. 배구 네트도 있고, 농구 골대도 있고, 다 있었거든요. 그때 만약 축구 골대가 있었다면 어땠을까. 그걸 이용해서 축구도 아마 해봤겠죠? 그래서 축구로부터는 이미 일찌감치 차단된 느낌이어서 축구를 한다는 것 자체가 금기를 깨는 느낌이었죠.

윤옥 그런 게 있는 것 같아요. 축구하면 거칠다, 이렇게.

희정 그래서 사실 도대체 왜 그렇게 국가 대항전 중에서도 다른 어떤 종목보다 축구에 불타오르는가 하면, 그게 아주 넓은 공간을 육체성이 좋은 사람들이 격렬하게…….

윤옥 야생적으로.

희정 맞아요, 야생적으로 뛰어다니면서 아주 원초적인 감정을 건드린다는 식으로 보통 설명하잖아요.

윤옥 그러니까 그것은 여자가 할 수 없다는 거지.

혼비 그런 걸 여자가 하면 좀 불편해하는 것 같아요. 그래서 처음에 축구 얘기를 연재하기 시작했을 때도 악플이 가끔씩 달렸어요. "축구 그렇게 하는 거 아니에요" 이런 맨스플레인도 있었지만, "너희 축구 못 한 것도 우리 탓이냐? 우리가 언제 하지 말랬어?" 이런 글들도 올라오고. 또 "축구하는 여자들은 피해의식 있는 이상한 애들이니까 조심해야 한다"거나 반대로 "축구하는 여자들에게 본때를 보여 줘야 된다" 같은 악플이 달렸죠.

지혜 그런 악플이 달리는 상황들이 필명을 쓴 것과도 연관이 있을까요? 『우아하고 호쾌한 여자 축구』의 부제는 "김혼비 에세이"인데요. 김혼비가 필명인 것으로 알고 있어요. 그런데 필명도 책 제목과 아주 잘 어울린다고 느꼈어요.

혼비 처음 연재 시작할 때도 실명이 아니라 ID를 걸고 쓰긴 했어요. 그때 아까 말씀드린 것처럼 악플이 달리기 시작했고, 이게 꾸준해지니까 팀원들이 좀 무서워했어요. 당시 여러 이슈들이 터지면서 온라인 여성 혐오가 한창 심한 때이기도 했고, '신상 털기'가 너무 쉽게 이뤄지다 보니 그에 대한 공포도 한창 심할 때였고. 팀원들 중에는 공무원, 교사, 자영업자 등 여러 사람이 있고, 또 축구업계 언저리에서 활동을 하는 사람도 있는데, 제 이름 하나만 알면 소속팀을 찾기도 쉽고, 소속팀을 알고 나면, 마음만 먹으면 팀원들 신상 털기는 시간문제고…… 그래서 점점 조심스러워졌죠. 처음에는 연습하는 구장 사진도 SNS에 올리고 그랬는데, 그 사진 하나로도 유출되는 정보가 있으니까 나중에는 그런 것도 안 올렸어요. 그러면서 김혼비라는 이름을 사용하게 됐죠.

희정 공 하나 차는 건데, 신경 쓸 것이 참 많네요. 저는 방송 준비하면서 작가님 출연하신 라디오를 들었는데, 흥미롭게도 진행자가 전혀 여성에 방점을 찍은 이야기, 페미니스트 관점에 대해 이야기를 안 하더라고요. 저에게는 이 책이 너무 페미니스트 작업으로 다가왔거든요. 그런데 작가님이 쓰실 때도 그런 생각이 좀 있으셨던 건지, 나는 페미니스트로서 글을 쓴다거나 혹은 이게 그렇게 읽힐 수 있겠다거나, 의식하셨는지 궁금하거든요.

혼비   사실 처음에 일기를 쓰고, 연재를 시작하고, 그럴 때까지만 해도 그렇지는 않았어요. 그런데 댓글 반응, 남자들의 예민한 반응, 그런 것들을 보면서 내 이야기가 그들의 어떤 부분을 건드린다는 걸 알게 되었죠. 그래서 막 의식적으로는 아니었지만 어느 순간부터 그런 페미니스트 에세이 같은 형식을 갖춰 갔어요. 그런 경험들 안에서, 여성들은 그냥 살면서 우리가 겪는 어떤 경험이나 느낌을 그대로 기록만 해도 어떤 면에서 페미니즘 에세이가 될 수 있구나 싶더라고요. 사회가 억압하는 것들이 늘 있고 그것과 기본적으로 싸우면서 살아가는 게 그냥 일상이다 보니까. 어찌 보면 글을 쓰면서 조금씩 각성하게 되었던 것 같아요.

윤옥   처음부터 작정한 것은 아니었군요.

혼비   물론 여자들이 축구하는 이야기가 특별하다는 것은 알고 있었죠. 워낙 잘 없었고, 제가 가서 볼 때마다 참 특별하다고 느꼈으니까요. 그래서 일기도 쓰기 시작했고. 초반에는 딱 그 정도였던 것 같아요. 그런데 계속 쓰다 보니 저도 왜 여자들의 축구가 특별한지 혹은 유별난 사건이 되는지에 대한 본질적인 의문들이 들기 시작했고 그런 상황에서 연재라는 방식이 참 좋았던 듯해요. 연재를 하면 그때그때 리액션을 받잖아요. 연재 글을 보고 축구에서 배제되었던 것에 대해 아쉬움을 토로하는 여성들의 반응과 그에 대해 지나칠 정도로 예민하고 까칠하게 말하는 남자들의 반응, 그런 것을 보며 함께 각성해 간 셈이죠.

윤옥　그래서 독자들도 다양한 질문들을 떠올리게 되는 것 같아요. 작가님의 각성 과정을 우리도 따라가게 되니까.

지혜　그 과정에 초대받은 느낌이 들기도 하고요.

희정　저는 무엇보다 책 제목이 너무 좋았어요. 『우아하고 호쾌한 여자 축구』. 어떻게 보면 축구장에서 여자들 계속 쫓아내려고 하는 그런 가부장제의 문화보다 더 우아하면서 호쾌한 태도를 가지고, 우리는 당신들과는 다른 레벨이야, 이런 이야기를 하는 느낌을 받았거든요.

혼비　책 제목은 편집자님이 지어 주셨는데요. 편집자님의 의도도 바로 그런 거였어요. 그동안 뭔가 한마디로 정리하지는 못했는데, 손희정 선생님이 정확하게 정리해 주셔서 저도 앞으로 제목에 대해 이렇게 설명하면 되겠네요!

─── **'기울어진 축구장'을 누비는 초개인주의자**

윤옥　여자가 축구하는 얘기만 해도 그냥 페미니즘 에세이가 되는 게 우리의 현실이다 싶네요. 이런 현실에서 반드시 꼭 읽어 보시라고 권하고 싶은 그런 책인데요. 이제 두 번째 키워드로 넘어가 볼까요? '기울어진 운동장에서의 여자 축구!' 그런데 책에 그런 말이 나와요. "사람들은 안 모일수록 좋다."

희정　물개 박수 치면서 공감했잖아요.

윤옥　나도 딱 읽으면서 이거 손희정인데? 싶었어요. ☻ 작가님도 초개인주의자라서 축구 시작할 때 제일 망설인 이유가 팀플

	레이라는 점이었던 것 같아요. 그 얘기를 좀 해볼까요?
혼비	사실 축구를 할 수 있겠다는 마음이 들고 팀에 들어가기까지 2년 동안의 버퍼링이 있었어요. 팀을 찾는 것이 쉽지 않았기도 하고, 완전 초보를 원하는 팀이 별로 없기도 했고요. 특히나 사람들과 부딪치면서 뭔가를 해야 한다는 것에 겁이 났어요. 하지만 한번 나가서 만나고 나니, 이 여자들이 너무 매력적이어서 일단 두 달만 다녀 보자 했다가 말린 거죠.
희정	근데 야구 팬이기도 하고, 피구의 신이기도 하고. 그러니까 다른 운동일 수도 있었을 텐데, 왜 축구였을까요?
혼비	허락되지 않은 것에서 오는 어떤 매력이 있었던 것 같아요. 다른 것도 다 안 해봤다면 모르겠지만, '웬만한 건 다 해봤는데 왜 축구는 안 해봤지' 하는 생각이 컸던 거죠. 그리고 축구 팬으로서 축구를 보다 보면, 우리 팀이 지거나 이럴 때 그런 생각이 들어요. '저게 그렇게 어려워? 왜 이렇게 못해?' ☻ 그래서 '내가 일단 해봐야겠다' 싶었던 것 같아요.
지혜	근데 해보니까?
혼비	어렵더라고요. ☻
희정	한동안 운동을 안 하다가 축구로 다시 시작했다고 쓰셨어요. 원래 운동을 잘 하다가 한동안 운동이랑 멀어지게 된 계기는 뭐였을까요?
혼비	대학교 들어가고 나서 바로 운동이랑 멀어졌던 것 같아요. 고등학교 때까지는 늘 운동장이 근처에 있었고, 늘 같이 뛸 친구들이 있었으니까. 그리고 점심시간에 달리 뭐 할 것도 없잖아요. 우리 때 스마트폰이 있었던 것도 아니고요. 그래서 항상 도시락은 미리 까먹고 점심시간에 나가서 운동하고

놀았죠. 그런데 대학교 가면서는 같이 운동할 사람을 찾는 것 자체가 이미 좀 어려웠고, 또 그때부터는 학업이면 학업, 취업이면 취업, 생애 주기에 따라 맞춰 해야 될 것들이 너무 많으니까 운동은 계속 뒤로 밀렸던 것 같아요.

윤옥 저는 아까 말씀드린 것처럼 '자전거 타면 처녀막 찢어진다' 라는 무지막지한 시절에 학교를 다녀서 잘 모르겠는데, 다른 분들은 운동장에서 운동을 할 수 있었나요?

지혜 저는 초중고 다 남녀공학을 다녔어요. 그러니까 운동장은 그냥 남자아이들 차지였고. 또 초등학교 고학년 되면서 가슴이 나오기 시작하잖아요. 운동하면 가슴이 흔들리는데…… 선생님들이 그런 걸 보고 또 뭐라 했던 것 같아요. 그 후부터는 운동장에서 뛰거나 줄넘기를 해야 하거나, 이러면 움츠러들게 되는 거죠. 시키니까 하긴 하는데, 어쩐지 가리거나 숨어서 해야 할 것 같고.

혼비 남녀공학 다녔던 여성들 이야기 들어 보면 말씀하신 그런 경험 진짜 많아요.

윤옥 그러니까 처음에는 열심히 해서 이기면 이겼다고 막 좋아하는데, 뭔가 분위기가 이상해서 보면 남자애들이 지들끼리 낄낄거리더라, 그러면 다음부터는 안 하게 되는 거죠.

희정 최선을 다해서 못 뛰게 되죠.

윤옥 그러니까 우리가 축구까지는 갈 것도 없이, 줄넘기 같은 아주 기초적인 운동 하나 하는데도 그렇게 남의 시선을 신경쓰지 않을 수 없는 분위기니까. 결국 그런 자리를 피하게 되는 거죠. 운동을 잘한다고 해서 칭찬을 받거나 응원을 받는 것도 아니고요.

희정   김혼비 작가님이 쓰신 내용 중에 이런 것도 있었던 것 같아요. 꼭 운동을 잘해야만 운동장에서 버틸 수 있는 게 아니라, 이런저런 기회를 얻고 동기부여를 받으면서 "한번 해봐라" 독려를 받으면, 이것저것 도전해 보기도 하고 실패도 하면서 운동이 재밌어질 수 있다는 거죠. 저는 진짜 100미터를 20초에 뛰던 사람인데 그런 저라도 격려와 응원을 받았다면 운동에 재미를 붙이지 않았을까 싶네요.

혼비   맞아요. 근데 그럴 만한 기회가 너무 없죠. 일단 여자들은 운동 이전에, 몸으로 하는 대부분의 활동과 묘한 관계를 갖게 되는 것 같아요. 여아든 남아든 구분 없이 같이 뛰어다니며 놀고, 치고받고 싸우고, 멍도 들고 상처도 생기고 하는 특정 시기를 지나고 나면, 어느 순간부터 여자아이들에게는 '여자다워야 한다'는 새로운 억압이 떨어지잖아요. 조신해야 하고, 드세게 굴면 안 되고, 얼굴에 멍이나 흉터 생기면 안 되고. 여자다움이라는 미션이 여자아이들에게 내면화되는 순간, 움직임부터가 확 쪼그라드는 것 같아요. 여자다움이 추구하는 것들이 주로 몸을 움츠려서 작게 만드는 것들이라서. 크게 소리칠 것도 작게 말해야 하고. 여자다움이랑 운동이랑 정말 태생적으로 정반대의 기질을 갖고 있는데, 여자들이 이 사이에서 주춤거릴 동안 운동의 주도권은 남자아이들에게 넘어가고 여자아이들은 운동의 주변인으로 밀려나면서 운동과 서먹해지는 순간이 일찍부터 오고요. 운동할 기회도 점점 없어지고, 기회가 생겨도 서먹함을 떨치지 못해 잘 즐기지도 못하고, '운동'이라는 것이 점점 거창한 게 되어버리고. 그냥 재밌는 놀이인 건데.

윤옥　어릴 때부터 놀이로 운동을 즐길 수 있게 되면 좋겠어요.

혼비　네, 놀이로요. 어른이 되어서 '이제 운동을 즐겨 보자' 이러는 거라면, 게다가 그 목적이 자기 관리에 있다면, 이미 숙제가 되어 버리는 거잖아요. 근데 숙제가 되면 더 하기 싫지 않나요?

희정　그러게요. 그래서 맨날 '운동하러 나가야 된다'라고 말하는 마음과 '나가긴 어딜 나가, 누워 있어'라고 말하는 몸이 서로 싸우며…….

혼비　이야기를 하다가 생각이 났는데요. 저와 제 친구들이 중고등학교 때 그렇게 운동을 했었던 것에는 일종의 남성성을 수행하는 의미도 있었던 것 같아요. 대체로 우리 모두 발렌타인데이 때 학교 친구들에게 초콜릿은 받아 봤지만, 화이트데이 때 남자애들한테 사탕을 받은 적은 없거든요. 늘 쇼트커트를 하고 다녔고 남자 같다는 소리도 많이 들었고 남자애들이 "너 남자 화장실 가야지" 이러면서 놀리기도 하고요.

윤옥　축구 하나에도 이렇게 젠더가 깊이 개입되어 있다는 걸 새삼스럽게 느끼게 되네요.

희정　그러니까 그렇게 운동이란 것 자체가 젠더화되어 있으니까 김혼비 작가님이 책에서 "기울어진 축구장" 이런 표현을 쓰신 것 같아요. 몇 년 전에 한 페미니스트 교사가 학교에서 성평등 교육이 필요하다는 이야기를 하면서 성별화된 축구의 문제점을 이야기하고 '기울어진 운동장'이라는 표현을 쓰셨다가 엄청 공격을 당하셨죠. 너무 상식적인 이야기를 하는 건데 어째서 그렇게까지 온라인의 안티페미니스트뿐만 아니라 보수적인 학부모 모임까지 나서서 문제를 제기하고 법석을 떨고……. 역시 "기울어진 운동장"이라는 말이 너무 핵심을 찌르고 있었기 때문은 아닌가 싶어요.

밑줄, 책 속 재미

윤옥　책 속에서 재밌었던 부분들 좀 나눠 볼까요?

희정　저는 사실 다 재밌었어요. 그중에서도 너무너무 통쾌해서 누워서 읽다가 발딱 일어났던 부분은 "로빙슛, 맨스플레인 대 우먼스플레인"이었어요. 이야기의 끝에는 엉엉 울었던 것 같아요. 어처구니가 없었던 게, 작가님 팀에 여자 축구 국가대표 출신 선수들이 있는데도, 그렇게 축구 경기에서 만난 남자들이 맨스플레인을 한다는 거예요. 하지만 그 맨스플레이너들과 시합을 해서 우승하는 거죠!

지혜　통쾌했어요.

희정　제가 사실 궁금했던 건…… 진짜 승리했나였어요. ☺ 이 책이 에세이집이긴 하지만, 실제 상황들을 섞어서 이야기를 만들어 낸 것이기도 잖아요.

혼비　그렇죠. 책에서도 밝히고 있는 것처럼, 두 개의 팀에서 활동했던 이야기를 하나의 팀으로 엮어서 썼는데요. 별일들이 워낙 많이 일어나서 이제는 좀 식상한 말이 되었지만 현실이 더 소설 같다는 말 있잖아요? 그 경기가 그랬어요. 아무것도 섞을 필요 없고, 가공할 것도 없는 이야기였고. 제가 입단하고 얼마 안 되어서 있었던 일인데, 지금 다시 생각해도 정말 대단한 순간이었어요.

윤옥   그 에피소드가 얼마나 재밌는지 제가 짧게 읽어 볼게요. "와, 세상에 설마 했는데 굳이 다시 가서 그것을 또 하다니. 이런 무서운 여자. 도끼로 이마 깐 데 또 까 같은 여자. 우리의 무서운 깐 데 또 까는 이제 거칠 것 없이 앞으로 내달렸다. 다른 수비수가 재빨리 주장에게 따라붙었지만 역부족이었다. 그녀는 그마저도 가볍게 따돌리고 골대 앞까지 간 후 직접 슈팅을 날렸다. 이게 완벽한 로빙슛." 저도 읽으면서 속 시원하면서 한편 울컥하기도 했는데요. 어떤 일이 있었는지 설명해 주시겠어요?

혼비   당시 우리와 붙었던 팀이 우리 팀과 나이대가 비슷한 남자팀이었어요. 근데 남자팀 중에서도 아주 잘하는 팀은 아니었어요. 프로 출신 여자 선수들은 진짜 잘해요. 평범한 남자들이 그 테크닉 절대 못 따라가거든요. 그래서 전반전에 우리한테 골을 먹었어요. 그게 기분이 좀 나빴던 모양이에요. 쉬는 시간에 굳이 우리 팀 쪽으로 와서 우리가 봐주느라 살살 뛰었다는 둥, 이제 봐주면 안 되겠다는 둥, 이런 이야기들을 읊더라고요.

희정   정말 하찮다.

혼비   그러고는 우리 선수가 볼 몰고 갈 때 그냥 한 번만 꺾으면 되는데, 괜히 멋 부리느라 두 번, 세 번 꺾는다는 둥, 이런 잔소리를 늘어놓은 거죠. 그러니까 국가대표 출신인 우리 주장이 이제 그만하라고 그랬어요. 하지만 그 남자들이 계속 깐족거렸고요. 주장이 원래 그런 사람이 아닌데 하도 시끄럽게 구니까 자기 이름을 말하면서 "내 이름 찾아봐라, 나 국가대표 출신이다" 그랬더니, 또 "여자 국가대표는 별로 티가 안 나네요" 이러면서 기분을 상하게 만든 거죠. 사진 찾아보고 나서는 그때랑 비교하면서 "주장님, 국대 때 비해 살이 많이 붙으셨다" 이러면서.

윤옥　'얼평'까지!

희정　나라면 물이라도 엎었을 것 같아. "어이쿠" 이러면서.

혼비　그런 이야기를 하면서 "트레이너 소개해 준다"는 둥 "나 아는 동생이 유명한 트레이너다"라는 둥, 그놈의 아는 동생! 남자들은 참 아는 동생, 아는 형님들이 많아요. 여튼 그러니까, 우리 팀 사람들이 화르르 불타오른 거죠.

희정　다 읽은 내용인데 또 화가 나네요.

혼비　그렇게 후반이 시작됐고. 게임이 굉장히 거칠어졌어요. 여자들이 넘어져서 좀 아파하면 남자들이 "그것도 못 견딜 거면 축구하지 말라"는 식으로 이죽대기도 하고.

윤옥　고구마 막 먹는 것 같다.

혼비　그러니까 주장이 작정을 했나 봐요. 맨스플레인을 좀 심하게 한 남자 선수를 딱 찍어서 그 남자한테 공을 몰고 가서 한 번 제치더니, 그래서 이제 골대를 향해 달려가는가 싶더니, 다시 그 남자한테 돌아가서 한 번 더 또 꺾으면서 제쳤어요. 그 사람이 주장한테 "한 번 꺾어도 될 거 멋 부리느라 두 번, 세 번 꺾는다"고 말했던 사람이었거든요.

희정　멋지네요!

혼비　저희 팀에 축구 국가대표 출신이 두 명, 프로 출신이 세 명이 있었어요. 아까도 말했지만 축구를 좀 한다 싶어도 일반인 남성이 프로 출신 여자 선수의 기술을 따라가지 못하거든요. 파워나 스피드 같은 면에서 불리한 경우는 있어도요.

그 사실을 주장이 아주 똑똑히 가르쳐 줬죠. 지금 주장은 새로운 일을 맡게 되면서 경북으로 이사해서 더 이상 같은 팀에 없는데요. 하지만 여전히 제 마음속 가장 멋진 선수이자 영웅이에요.

윤옥　이야기에 흠뻑 빠져서 진행의 본분을 잊어버렸네요.

희정　선생님이 제일 좋아하는 에피소드는 다른 거잖아요.

윤옥　그렇죠. 저는 작가님이 자책골 넣는 얘기가 왜 그렇게 재밌는지. 에피소드 시작에서 "갑자기 골 욕심이 생겼다"고 쓰길래, 아 드디어 골을 넣는가 보다 했는데. ☺ 골키퍼 하다가 자책골 넣는 이야기였어요.

혼비　사실 책을 쓰기 시작할 때, 근사한 골을 넣는 장면으로 책을 꼭 마무리하고 싶었어요. 책 계약 이후로 진심으로 그러고 싶었는데요.

희정　그렇죠. 글을 쓰는 사람이라면, 머릿속에 자기만의 엔딩이 있는 건데.

혼비　그렇죠. 마지막에 되게 멋지게, 극적으로, 모두 박수 치게 만들면서, 딱 그렇게, 엔딩을 하고 싶었죠.

희정　사실 독자인 나도 기대했다, 그렇게.

혼비　그런데 결국 못 넣고 끝났어요. ☺ 사실 저는 애초에 성격도 그렇고 실력을 고려해도 그렇고 굉장히 소극적으로 플레이하는 편이거든요. 괜히 나대다가 팀에 해 끼칠까 봐. 차라리 안 움직이다가 폐 끼치면 덜 민망한데…….

윤옥　그래서 "정말 미안하고 싶습니다"라고 쓰셨네요.

혼비　나대다가 폐 끼치면 진짜 민망하거든요. 아무튼 그렇게 원래 굉장히 소극적인데 근데 골 욕심이 생기면서 조금 나대기 시작한 거예요. 괜히 저 앞까지 가서 골도 어떻게든 넣어 보려고 하고. 감독님이 그 모습을 보고 오해하신 거죠. '저 친구 이제 공을 안 무서워하는구나, 골키퍼를 시켜도 되겠다.' 하지만 공은 정말 무섭더라고요.

희정 그럴 것 같아요. 발로 찬 공이 또 속도도 빠르고……

혼비 맞아요, 골키퍼로 대면한 공은 정말 어마어마했어요. 직접 해보면서 골키퍼라는 포지션을 다시 보게 됐어요. 필드 플레이어로 뛸 때와는 차원이 다른 위압감인데, 약간 생존과 안위를 위협당하는 유의 압박이라고 할까요? 강슛을 정통으로 맞으면 진짜 아프겠다 싶고, 실제로 머리를 맞아 봤는데 두통이 온종일 가더라고요. 심하면 뇌진탕도 오겠는데? 싶어서 정말 무서웠고, 그래서 계속 골을 먹었고, 계속 지고 있었어요. 그러다가 상대팀 슛이 또 정면으로 날아와서 제가 쳐낸다고 쳤는데, 그게 바닥을 맞고 바운스가 되어 골대 안으로 들어가면서 자책골이 돼버렸어요. 고백하면 책 이후에도 비슷한 전개로 자책골을 한 번 더 넣었어요.

윤옥 그때는 골키퍼 아니셨어요?

혼비 그때도 골키퍼였어요. 정말 골키퍼 딱 세 번 했는데, 세 번 하면서 두 골 넣었죠. ☺

희정 작가님, 나 골키퍼 시키지 말라는 아주 강한 메시지를 감독님한테 보내시는 거 아닌가요? ☺

윤옥 저는 골을 넣고 싶었지만, 결국 그렇게 해서 넣게 된 골이 상상하지도 못했던 자책골이었다는 것도 너무 웃겼는데, 거기에 대해 이렇게 쓰신 것도 정말 재밌었어요. "축구가 진짜 이렇게 전복적인 종합예술이다."

혼비   그 상황에 갖다 붙인 건 농담이었지만 원래 그런 생각을 하고 있었어요. 축구는 전복적인 종합예술이라고. 제가 야구 팬이기도 해서 야구랑 비교를 해보자면, 야구는 룰이 아주 촘촘하잖아요. 룰이 촘촘하다는 건 보는 사람에게 촘촘한 관전 포인트들이 분명 있다는 거예요. 아주 간단히 말해서 공이 던져지면 매 순간 볼이다, 스트라이크다, 판단해야 하는 것처럼요. 쉴 틈 없이 판단해야 하고 그게 또 재밌죠. 근데 축구는 처음 봤을 때, 뭐랄까, 룰이랄 것도 별로 없고, 그러다 보니 도대체 뭘 봐야 하는지 모르겠더라고요. 허허벌판에서⋯⋯.

지혜   우르르 몰려다니는 느낌이죠.

혼비   네 맞아요. 그래서 제가 스스로 읽어 내야 할 것들이 너무 많은 거예요. 그래서 축구를 잘 모를 때는 야구는 두뇌 게임이고 축구는 원초적인 게임이라고 생각했는데, 축구에 대해 알면 알수록, 오히려 제가 적극적으로 찾아내서 읽어 내야 할 것이 더 많은, 머리를 더 써야 하고 또 쓴 만큼 보이는 운동이라는 걸 알게 됐어요. 그때 전복적인 느낌이었죠.

윤옥   그래서 '오프 더 볼'인가요? 볼을 안 잡고 있을 때에도 뭔가 계속 하고 있어야 하는 상황들. 그 순간이 굉장히 중요한 거더라고요.

지혜   볼 안 잡고 있는 순간도 중요하다, 이런 이야기 읽으면서 축구와 인생을 비교해 지혜를 얻게 되기도 했어요. 저는 여성들의 연대가 느껴지는 부분이 좋았어요. 특히 프로 선수로 활동하는 팀원인 김나래 선수가 다쳤을 때. "김나래, 김나래, 우리 여기 다 있다"고 응원하는 순간. 여성노동자회(이하

	'여노')에서 집회할 때도 이런 응원의 순간들이 있거든요.
윤옥	우리가 여기 함께 있다고 느껴지는 순간.
혼비	맞아요. 그런 연대의 순간들이 떠오르죠. 저도 그 구호가 정말 뭉클했어요. 그때가 저 역시 여자 축구를 처음 보러 간 거였거든요. 우리 팀 프로 축구 출신 선수들을 따라서요. 평소에 이 친구들에게 합숙 생활이 얼마나 힘들었는지, 또 훈련 과정이 얼마나 폭력적이고 억압적이었는지를 종종 들어 왔었어요. 그날 경기를 보러 가는 길에도 그런 이야기가 나와서 또 들었는데 그들의 고충을 아는 상태에서 선수들이 뛰는 걸 보니까 복잡한 마음도 들고 정말 다르게 느껴졌어요. 저렇게 주전으로 뛰기까지 어떤 시간들을 건너왔을까 싶고.
희정	그라운드에서 뛰는 선수들의 이야기를 알고 나면, 또 다르게 보일 것 같아요.
혼비	네, 정말 그랬어요. 게다가 경기 끝 무렵에 한 선수가 다쳐서 쓰러졌는데…… 그때 제 주변에서 함께 경기를 보던 관중들 대부분이 프로 축구에서 뛰었거나 현재 뛰고 있는, 전직·현직 선수들이었어요. 다들 부상의 경험들이 있으니까 저 멀리 쓰러진 선수의 상태나 정황을 보고 어느 부위가 얼마나 심각하게 다쳤을지 대충 알아차려요. 생각보다 심각한 부상이라서 다들 안타까워하면서 울먹이고. 다들 어느 순간부터 경기는 안 보고 부상당한 선수만 보고 있고 결국 그 선수는 실려 나왔는데 누군가 "○○야, 파이팅! 잘했어! 우리 여기 다 있어!" 이렇게 외치고, 그분이 선창을 하니까 발 빠른 몇 명이 그것을 구호로 삼아 박수를 치면서 "김○○ 파이팅,

지혜	우리 여기 다 있다" 이러면서 응원을 하는데 눈물 났어요. 여자 축구는 남자 축구보다 리그도 더 작고, 남자 축구에 비해 냉대를 받는다는 걸 책을 읽으면서 알았어요.
혼비	심지어 경기 입장권도 무료거든요. 그러다 보니 서로 연대하는 마음이 더 끈끈한 것 같았어요.

"뭐 이런 여자들이 다 있어"

윤옥	"뭐 이런 여자들이 다 있어." 그 얘기가 저희가 정말로 듣고 싶은 얘기잖아요. 아마추어 여자 축구단의 사람들 이야기 더 해주세요.
혼비	아직도 너무 인상적으로 기억하는 장면이 있는데요. 축구 시작한 지 얼마 안 돼서 어쩌다가 원래 모이는 시간보다 30, 40분 일찍 축구장에 가게 됐는데, 언니들이 먼저 와서 몸을 풀고 있더라고요. 운동장에 각종 운동기구가 있었는데, 50대 초반인 언니들이 철봉에 거꾸로 매달려 있어서 그런가 보다 했는데, 이 언니들이 그렇게 거꾸로 매달린 채로 상체를 들어 올려서 윗몸일으키기를 하는 거예요, 허공에서.
윤옥	50대인데요?
혼비	네, 50대 초반이요. 그렇게 스무 개쯤 하고 잠깐 쉬고, 또 스무 개 하고 쉬고 하면서 3세트를 하더라고요. 저는 윗몸일으키기는 고사하고 다리 힘만으로 철봉에 단단히 매달려 있을 자신도 없거든요. 제가 너무 놀라서 계속 쳐다보고 있었더니 언니들이 땅에 내려와서 숨을 몰아쉬면서 저한테

	그러는 거예요. "놀랄 것 없어. 나도 네 나이 때는 이거 못했어. 너도 꾸준히 운동하면 내 나이쯤엔 다 할 수 있어."
윤옥	50대 여성들에게는 굉장한 충격적인 이야기네요. ☺
지혜	그러니까요. 우리 생각에는 반대여야 하잖아요. 젊을 때는 운동을 잘하다가 나이 들수록 체력이 약해지는.
희정	저도 좀 놀란 게, 여자 축구단의 평균 연령이 40, 50대라고 해서요. 저는 20, 30대 여성들 중심이지 않을까 했거든요.
혼비	제가 축구를 시작한 2015년이랑 비교하면 요 몇 년간 분위기가 확 변한 것 같아요. 예전보다 축구에 흥미를 느끼고 팀을 만들어서 축구하는 20, 30대 여성이 한결 많아진 것 같아요. 공중파에서도 여자들이 축구하는 프로그램이 만들어져서 인기리에 방영되고 『우아하고 호쾌한 여자 축구』의 판매량도 오히려 요즘 다시 늘었고요. 여자 축구에 대한 관심이 늘어나서도 그렇고 비혼·비출산 여성이 늘어서 그런 것도 있겠고요. 지금도 여전히 임신과 함께 축구를 무기한 그만두는 30대 여성들이 많거든요. 그랬다가 아이들이 초등학교 들어갈 때쯤 되면 다시 필드로 돌아오기도 하고. 여성들의 출산 육아로 인한 경력 단절이 사회생활에만 있는 게 아니라 취미 생활에도 있는 셈이죠.
희정	그래서 책에도 작가님이 쓰셨죠. 임신해서 떠나는 동료한테 "애 낳아도 언제든지 나와라, 아이는 같이 볼 수 있다"라고 말은 해도 못 나올 거라는 걸 안다고요. 한편으로는 책을 관통하는 주제처럼 다가오기도 하고 그랬어요.
혼비	게다가 제가 책에 쓴 그 친구 같은 경우에 남편도 조기 축구를 하고 있거든요. 제 생각에 남편이 아내가 임신했다고 조

	기 축구회를 그만두지는 않았을 것 같아요.
윤옥	운동하는 데 보통 시간을 얼마나 들이나요?
혼비	지금은 코로나19 때문에 팀 훈련에 나가는 선수들이 반도 안 되고 훈련도 확 줄었어요. 아무래도 축구가 어디서 무엇을 하다가 왔는지 모를 스물두 명의 선수들이 몸 부딪치고 땀 섞이는 굉장히 밀착적인 운동이라서 위험부담이 큰 데다, 마스크를 쓰고 해도 금세 땀으로 젖어요. 젖은 마스크는 효과가 현저히 낮아진다고 해서 조심하는 팀원들은 지금 축구를 다 쉬고 있어요. 저도 4월 이후 지금까지 한 번도 나가 본 적이 없는데 이렇게 축구를 오래 쉬는 건 처음이에요. 코로나 이전에는 일주일에 세 번씩 있었어요. 평일에 두 번, 주말에 한 번. 저는 주말만 나갔고요. 이 글을 쓰기 시작할 때, 그러니까 축구팀 시작하고 초반 8개월 동안은 프리랜서여서 그때는 저도 평일에도 나갈 수 있었는데 말이에요. 일주일에 세 번 다 나오는 언니들 중에 한 번도 안 빠지고 개근한 언니가 네 명이나 있었어요. 단 한 번도 안 빠지다니.
희정	와, 대단하네요. 그런데 저는 또 무슨 생각이 들었냐면요. 이게, 그러니까 책을 읽으면서도 그런 게 느껴지지만, 운동을 하는 사람들의 승부욕이라는 게 있잖아요. 지면 못 살고 은근과 끈기로 해내고. 그런데 이런 성격의 사람들이 한 공간에 모여서 복작거리면 또…….
혼비	싸우고 갈등이.
희정	갈등이나 이런 게 장난이 아닐 것 같긴 하거든요.
혼비	맞아요. 제가 처음에 "뭐 이런 여자들이 다 있어"라고 하는 포인트 중에도 그게 있었어요. 갈등이 종종 불거져요. 북토

크나 강연에서 '책에서 현실과 가장 많이 다른 것은 무엇이냐'라는 질문을 받곤 하는데요, 답변을 드리자면…… 말을 많이 순화했다, 대화를 많이 순화했다고 할 수 있습니다. 욕도 다 빼고요. ☺ 근데 갈등이 한번 불거지면 무시무시한데, 저는 그게 또 신선하기도 했어요. 왜냐하면 사회생활을 하다 보면 친한 사이라고 할지라도 웬만해서는 갈등을 피하고 싸워야 하는 상황을 피하기 위해 최선을 다하잖아요. 근데 어떤 경우에는 갈등이나 싸움을 피하느라 해야 할 말을 안 하고 참기만 해서 상황을 더욱 나쁘고 복잡하게 만들거나, 수동 공격적 화법을 주고받으며 건강하지 못한 방식으로 문제를 해결하려 들기도 하고, 겉으로는 적정선을 지키면서 서로 나이스하게 대하는 듯해도 그 안에는 서로 곪아 가는 것들이 있기도 하고. 물론 '싸우는 게 무조건 좋다!' 이런 건 절대 아니고 다 일장일단이 있겠지만, 싸움이 필요할 때 싸우지 못하는 것도 어떤 억압들이 작용해서라고 생각해요. 그래서 팀원들끼리, 혹은 다른 팀 선수들과도 뭔가를 거침없이 이야기하고 싸우고 또 화해하고, 화해 끝에 더 친해지는 경우도 있고 끝내 화해하지 못해서 아예 갈라서는 경우도 있지만, 이런 것들이 필요한 순간들에 대해 생각해 보게 되었어요. 건강한 방식으로 잘 싸우는 방법에 대해서요.

윤옥 사실 그렇게 잘 싸우려면 믿음이 있어야 하거든요. 믿음이 없으면 싸울 수가 없어요. 어찌 보면 그 안에서 쌓인 단단한 신뢰 같은 게 있는 모양이에요. 그렇게 거침없이 싸울 수 있다니 말이죠. 그냥 관계가 헐거운 상황에서 거침없이 싸우면 큰일 나거든요. 거침없다는 건 또 사람으로 하여금 다른 사람의 내밀한 어떤 부분으로 쑥 들어가게 하는 계기이기도 하고요. 그런 장벽을 걷을 수 있다는 건 '지금 내가 여기서 이렇게 해도 너 다음 주에 나 또 볼 거잖아'라는 신뢰가 있어야 가능한 일이죠.

희정   그런 신뢰는 어떻게 만들어질까요?

혼비   그러게요. 저도 그 점이 좀 부러웠어요. 아마 사회생활에서는 적당히 감출 수 있는 부분들도 팀 운동처럼 체력의 극한까지 함께 도달하는 일을 하고 나면 서로 에너지가 달려서라도 감추지 못해 툭툭 삐져나오는 부분들이 있으니까 아예 드러내는 방향으로 가기 때문이기도 할 것 같아요. 게다가 팀플레이를 하다 보면 누가 컨디션이 안 좋다거나 고민이 있어 마음이 딴 데 있다거나 이런 것도 귀신같이 알아채게 되는 순간이 있거든요. 또 축구를 하고 나면 아드레날린이 폭발하면서 평소보다 용기백배해지는 부분이 있어서 '에라 그냥 질러 보자' 하는 순간도 있고. ☺ 운동하는 사람들끼리는 그래도 된다고 어느 정도 용인되는 부분도 있고. 아마 그런 것들이 다 맞물리면서 싸우고 화해하고 싸우고 화해하면서 쌓인 신뢰 같아요.

윤옥   목욕탕에서 뭔가가 끈끈해진다, 그런 것 같은 건가요? ☺ 몸으로 부딪치고 함께 훈련하다 보면, 날것 그대로 만날 수 있다는 의미인가 싶기도 하네요. 교양 세우고 체면치레하고 이럴 필요도 여유도 없이 있는 그대로 드러나는 시간들일 것 같아서요.

혼비   맞아요. 요약하면 딱 그 말이 맞는 것 같아요. 날것 그대로 만나는 관계. 그게 굉장히 부담스럽기도 한데 또 겪어 보지 못한 식의 해방감이 되기도 하고.

윤옥   일주일에 사흘씩 시간을 내어 운동장에 가고, 그곳에서 자신을 솔직하게 드러낼 수 있다는 이야기를 들으니까 문득 궁금해지네요. 그분들 인생에서 축구를 한다는 건 무슨 의미일까? 이거 그냥 단순한 취향이나 취미의 문제는 아닐 것 같거든요.

혼비   어느 순간 그냥 생활이 된 것 아닐까 싶어요. 안 그래도 책을 내고 나서 그런 질문을 많이 받았어요. "팀원들에게 축구는 무엇이냐?" 그래서 저도 많이 물어봤죠. 그런데 언니들은 뭐라고 하냐면 "축구가 뭐냐고? 글쎄, 잊어 버렸다. 축구가 축구지 뭐야." 이런 반응들이에요. 그런 말을 들으면, 아 언니들에게 축구는 그냥 밥 먹는 거 같은 거구나, 싶어요.

─ 마무리

윤옥   이야기가 너무 재밌어서 시간 가는 줄 몰랐네요. 마무리를 해야 할 것 같은데요. 마지막으로 축구를 하면서 달라진 점, 그리고 책을 내고 나서 또 달라진 점이 무엇인지 궁금해요.

혼비   축구를 하면서 달라진 건…… 싸워야 할 때 잘 싸울 수 있게 됐다는 것? 그리고 전보다 여성들의 문제에 더 관심을 갖게 되었다는 점인 것 같아요. 그리고 책을 낸 뒤의 변화는, 두 번째 변화와 좀 연결되는데요. 제가 이 책을 처음부터 페미니즘의 관점에서 쓰려 한 건 아니지만 쓰다 보니까 그렇게 되었듯이, 여자들의 글쓰기라는 것에 대해 진지하게 생각해 보게 되었어요. 제가 요즘 '여성주의 글쓰기' 강의를 듣고 있는데요. 여자들이 글을 쓰면 그야말로 한 편의 페미니즘 에세이로 완성이 되더라고요. 그러면서 여러 분들이 제게 저는 이런 운동을 해요, 저런 운동을 해요, 하며 다양한 운동 얘기를 해주세요. 그런 이야기를 듣다 보니 다른 운동도 해 볼까? 하는 생각이 들기 시작했어요. 제 인생에 운동은 축구 밖에 없을 것 같았거든요. 축구를 한 10년 하고 나면, 이제 다른 것도 해보고 싶다, 진지하게 생각하고 있어요.

윤옥   책 작업이 또 새로운 문을 열어 준 거네요.

희정   우리 녹음 시작할 때 작가님이 그런 얘기를 하셨어요. 축구를 한다는 것은 그라운드를 넓게 쓰는 경험을 하는 것이라고. 저한테는 이 책이 그렇게 그라운드를 넓게 쓰는 경험을 하게 해준 것 같아요. 몸에 대해서도 생각을 해보게 되었고, 또 같이 뛴다는 게 어떤 일인지 상상하게 해주었죠. 책 덕분에 '나는 무엇을 할 수 있을까?' 하는 가능성을 떠올려 볼 수도 있었어요. 너무 고마운 책입니다.

혼비   고맙습니다.

윤옥   작가님 오늘 저희와 함께하신 시간 어떠셨나요?

혼비   와, 좋은 시간이었어요. 여태 해본 방송이나 팟캐스트 중에 제일 즐거운 시간이었어요. 이런 페미력 상승. 저도 좋은 에너지를 받아 갑니다. 제가 지금 여기 분위기에 동화되어서 마치 일원이 된 것 같은 기분인데요. 〈을들의 당나귀 귀〉도 많이 사랑해 주세요. ☺

윤옥   작가님, 또 이렇게 심쿵 하게 만드시네요. 그라운드를 넓게 쓰는 경험이라는 게 인생을 좁게 보지 않고 여러 각도에서 자기의 삶을 조망해 볼 수 있는 그런 경험이라는 생각도 들고요. 〈읕당〉도 사실 그렇게 하자고 만드는 방송이거든요. 저희도 열심히 하겠습니다. 애청자분들도 저희와 함께 그런 경험치, 능력치를 쌓아 가도록 하죠!

희정　그럼 여기서 마치겠습니다, 감사합니다!

+ **김혼비가 덧붙이는 말**

2020년 9월, 예능 프로그램 〈오늘부터 운동뚱〉에서 방송인 김민경이 몇 회분에 걸쳐 축구 기술을 익히며 성장할 때도, 2021년 1월, 〈노는 언니〉에서 여자 운동선수들이 4대 4 축구 시합을 신나게 한바탕 펼칠 때도, 이게 어떤 일의 '전조'일 줄은 꿈에도 몰랐다. 아직 갈 길이 한참 멀지만 '축구하는 여성'을 미디어에서 이렇게나마 볼 수 있다는 사실이 마냥 기쁘고 가슴 벅찰 뿐이었다. 특히 〈노는 언니〉는 '운동하는 여성들'을 전면에 내세워 승부욕과 근육과 체력이 한가득한 여자들이 신체를 단련하고 아낌없이 몸을 쓰는 모습을 본격적으로 조명해 내며 여성 스포츠 예능의 시발점이 된 프로답게, 일일 코치로 축구선수 장슬기와 이민아를 초대해 여자 축구 이야기를 더 깊이 들려주기도 했다. 그리고 2021년 2월, 〈골 때리는 그녀들〉이 시작됐다. 그 후 근 1년 사이에 벌어진 일은 쓰면서도 잘 믿기지 않는다. 공중파의 힘은 실로 대단해서, 정말 많은 사람들이 그동안 미디어에서 주로 형용사로 수식되곤 했던 여성들이 그라운드 위에서 마음껏 뛰고 차고 구르고 밀치고 다독이고 고함치고 분노하고 울고 웃고 열광하며 온갖 동사들을 쏟아 내는 모습을 뜨거운 마음으로 시청했고, 그 뜨거운 마음은 직접 축구를 하고 싶다는 마음으로 이어져 많은 여성이 풋살장을 찾고 있다. 실제로 축구팀에 가입하는 여성 회원 수도, 새로 축구팀을 만들어 축구하는 여성들도 대폭 늘었다. 언젠가부터 북토크나 강연에 가면 (예전에는 1년에 한두 명 만날까 말까 했는데) '현재 축구팀에서 뛰고 있다'고 자신을 소개하는 여성을 심심찮게 볼 수 있고 말이다. 그러면서 2018년에 출간된 『우아하고 호쾌한 여자 축구』에서 묘사한 아마추어 여성 축구팀의 몇몇 장면들은 빠른 속도로 점점 옛날이야기가 되어 가는데 나는 이 책의 이런 '낡아져 감'이 너무 행복하다. 게다가 2021년 올림픽 여자 배구팀의 활약과 얼마 전 시작한 여자 농구 예능 프로그램까지, 여성 구기 종목에 대한 관심이 높아지고 있어, 여성의 운동 선택지가 점점 넓어져 가는 것도 반길 만하다. 축구든 배구든 농구든 격투기든 유도든, 여성이 어떤 운동을 하든, 그것이 더는 신선하게 느껴지지 않고 당연하고 자연스러운 세상에서, 많은 여성들이 운동을 통해 몸속에서 당장 튀어나오기를 기다리는 수많은 동사들을 만날 거라 생각하면 가슴이 뜨거워진다.

이 세계의 스테레오타입은
너무 지루하지 않은가

게스트   전고운
___

한국예술종합학교 영상원에서 영화를 공부하고, 〈내게 사랑은 너무 써〉(2008), 〈배드신〉(2012) 등의 단편으로 영화제에서 주목을 받았다. 영상원 동기들과 독립영화 제작사 '광화문시네마'를 설립하고, 〈1999, 면회〉(2012), 〈족구왕〉(2013), 〈범죄의 여왕〉(2016), 그리고 〈소공녀〉(2017) 등을 제작했다. 광화문시네마의 김태곤 감독의 장편 데뷔작 〈굿바이 싱글〉(2016)에 각색과 스크립터로 참여했다. 장편 데뷔작 〈소공녀〉로 제39회 청룡영화제 신인감독상, 제55회 대종상영화제 시나리오상과 신인감독상 등을 수상했다. 가수 아이유를 주인공으로 네 명의 감독이 연출한 넷플릭스 옴니버스 영화 〈페르소나〉(2019) 중 〈키스가 죄〉를 연출했다.

― **오늘의 주제**

윤옥   페미니스트 지혜를 나누는 팟캐스트, 〈을당〉! 오늘도 특별한 게스트와의 만남을 준비하고 있지요?

지혜   그렇습니다. 임윤옥 선생님이 강렬하게 원했던 그분. 바로 〈소공녀〉의 전고운 감독님을 모셨어요. 단편 〈내게 사랑은 너무 써〉와 〈배드신〉으로 주목을 끌었고, 장편 〈소공녀〉로 큰 사랑을 받고 계시죠. 이렇게 뵙게 되어 영광입니다.

고운   안녕하세요. 반갑습니다.

희정   임윤옥 선생님, 왜 그렇게 전고운 전고운, 하셨어요? 〈소공녀〉가 어땠길래요?

윤옥   사실 극장에서 보지는 못했어요. 처음 볼 때는 집 소파에 편안하게 누워서 봤는데요. 한 번 보고 "이게 뭐지?" 싶어서 한 번 더 봤어요. 토요일에 보고, 일요일에 또 보고. 연달아 두 번을 봤는데, 도대체 뭐라고 딱 한마디로 정리가 안 되는 거예요. 보통 어떤 사회적인 문제를 다루는 영화를 보면 '이건 홈리스에 대한 영화, 이건 청년 실업에 대한 영화' 이렇게 범주화할 수 있잖아요? 이 작품은 범주화가 안 되는 거예요. 굉장히 슬프면서도, 아름답고, 당당하고.

희정   그렇죠, 그렇죠.

윤옥   그래서 사회문제를 다룬 다른 영화들의 문법하고는 다르다는 생각을 했어요. 주인공이 자신의 삶과 노동을 가로지르면서 자기답게 살아가는 법을 찾는. 게다가 '미소'(이솜 분)라는 캐릭터는 또 얼마나 독특한지. 정해진 거주지는 없지만 그 문제에 갇혀 있지 않고 주체적으로 살아가죠. 그런데 그게

이 세계의 스테레오타입은 너무 지루하지 않은가

또 한국 사회가 그려 왔던 '주체적인 삶의 모델'과는 전혀 다른 모습이더라고요. 처음 보는 모델이었어요. 그래서 궁금했어요. 대체 감독은 어떤 사람이지?

희정   여러 가지로 충격을 준 작품이군요?

윤옥   네, 그랬죠. 지혜 님은 어땠어요?

지혜   저는 미소라는 캐릭터가 너무 신기했어요. 사람들이 보통 좋아하는 걸 하면서 살고 싶지만, 그렇게 살지 못하는 게 현실이잖아요. 그런데 미소는 자기가 뭘 좋아하는지 정확히 알고 있기도 했고, 그걸 선택할 수 있는 용기도 있었던 것 같아요. 그런 미소를 보면서 '결국 나로 살아간다는 건 뭐지?' 하는 생각이 들었어요.

〈소공녀〉

전고운 감독의 장편 데뷔작. 담배와 위스키를 좋아하는 미소는 가사도우미로 일하면서 최소한의 생계비를 벌며 살고 있다. 미소에게 최소한의 생계비란 식비, 담뱃값, 위스키 값, 집세, 그리고 머리카락이 하얗게 새는 걸 방지하는 약값이다. 때는 2014년, 담뱃값이 크게 오르고 집세도 5만 원이나 올라간 상황. 미소는 일을 더 구해 보지만 생활비를 대기에는 충분하지 않다. 미소는 담뱃값과 위스키 값을 충당하기 위해 집세를 아끼기로 한다. 방을 빼서 여행용 가방에 모든 짐을 담아 떠돌이 생활을 시작하는 미소. 영화는 그가 대학 시절 함께 밴드를 했던 멤버들을 찾아다니며 그 집에서 신세를 지면서 펼쳐지는 일들을 다룬다. 미소뿐만 아니라 미소 친구들의 캐릭터가 생생하게 살아 있는 수작.

윤옥   지금까지 없던 이런 신선한 캐릭터를 창조하게 된 배경, 문제의식, 무엇이었을까요?

고운   제가 캐릭터 자체를 워낙 좋아하고, 캐릭터가 살아 있는 영화를 좋아해요. 그래서 재밌는 여성 캐릭터를 만들어 보고 싶단 생각을 많이 해요. 그렇다고 멀리 가는 건 아니에요. 미소 캐릭터가 시작된 결정적 계기는 제 결혼이었거든요. 원룸에서 살다가 방 두 개짜리 집을 구해야 하는데, 남편도 창작자라 각자의 방이 필요했거든요. 집을 알아보는데 정말 뜨악한 거죠. 방 세 개짜리는 아예 딴 세상 이야기고. 방 두 개짜리도 구할 수가 없었어요. 처음에는 우리가 너무 돈이 없어서 그런가 싶었어요. 둘 다 영화를 하니까 수입이 안정적이지 않을 뿐더러, 둘 다 감독 데뷔 전이었거든요.

희정   감독님 남편이 〈범죄의 여왕〉의 이요섭 감독이거든요.

고운   그런데 저뿐만 아니라 주변을 둘러보니, 회사 다니는 친구들도 다 부모님 도움 없이는 집을 구하기가 불가능한 거예요. 인간한테 가장 기본적인 의식주 가운데 하나인 집이 해결 안 된다니, 부조리하다 싶었죠. 결국 부모님 도움을 받아서 월세 70, 80만 원 정도 하는 투룸을 구했어요. 불안정한 수입으로 생활을 유지하려니, 좋아하는 걸 다 줄여 나가게 되더라고요, 본능적으로. 그러던 어느 날 와플이 너무 먹고 싶어서 와플을 먹는데, 눈물이 났어요. 결혼 전에는 자주 사 먹던 건데, 결혼을 하면서 집세가 너무 커지니까 와플도 못 먹네 싶었죠. 분노가 쌓이더라고요.

희정   생생한 삶의 경험에서 비롯된 영화군요?

고운   그럼요. 그렇게 집값 때문에 좋아하는 것들을 포기하는 나를 보면서 그 반대 인물을 보고 싶은 열망이 커졌던 것 같아요. 그냥 좋아하는 거 하고 집을 포기하는 사람. 심플하게, 보고 싶었어요, 그런 사람이. 멋있을 것 같다, 내가 못하는 거니까. 그리고 또 하나는 담배 피는 여성에 대한 새로운 이미지를 쓰고 싶었어요. 영화에 담배 피는 여성이 나오는 걸 보는 게 뭔가 반갑고 좋았는데, 담배 피는 여성의 이미지가 소비되는 방식이 별로더라고요. 하나같이 센 캐릭터로 그려지고. 장르에서도 소비되는 방식이 획일적이고요. 사실 제 주변에 있는 담배 피는 여자들은 그렇지 않거든요. 담배는 그냥 기호품일 뿐이지 성격이 강하고 아니고, 그런 문제가 아니잖아요, 남자들도 그렇듯이. 그래서 담배 피우는 여자 3부작을 찍고 싶다는 생각을 할 정도로, 그렇게 전형적이지 않은 담배 피는 여자 이미지를 좀 만들고 싶었죠.

희정   담배 피우는 여자 이야기를 하시니까 생각났는데요. 감독님 인터뷰 중에 굉장히 인상적이었던 게 있었어요. 여자 캐릭터한테 담배를 쥐게 하는 순간 그 여자 캐릭터가 '센캐'[센 캐릭터]가 되거나 섹시한 여자가 되는 경우가 많아서, 그걸 좀 벗어나고 싶었다는 내용이었어요. 그래서 미소 캐릭터를 만들 때는 담배와 성적 매력을 결부시키지 않으려고 했다고요. 몇 가지만 바꿔도 그게 가능하다고.

고운   너무 쉬워요. 그건.

희정   어떻게 하신 건가요?

고운   그냥 리액션만 없애도 되죠. 보통 여성이 사회생활을 하면서 하는 '서비스 리액션'이 많아요. "아, 맞아요" 하고 맞장구를 친다든가 하는, 그런 거. 그거 싹 없애고, 쓸데없이 웃지 않게 했죠. 영화 보신 관객들이 그런 질문 많이 하시더라고요. "미소는 왜 잘 안 웃냐?" 그래서 당황했어요. 사실 안 웃는 남자 캐릭터 엄청 많은데 그런 질문은 잘 나오지 않잖아요. 그런데 미소는 왜 안 웃는지, 그런 질문이 나온다는 게 재밌었어요. 웃음을 지운 보람이 있구나 싶었어요.

윤옥　의도적으로 지우셨나요?

고운　그럼요. 항상 여성은 잘 웃기를 기대하는 그런 분위기가 있잖아요. 그런 걸 무시하고, 특정한 눈빛, 태도, 이런 것만 안 해도 완전히 달라져요. 저는 '섹슈얼한 느낌'이란 거, 그리고 소위 말하는 '섹시함', 이런 건 무조건 만들어진 거라고 생각하거든요.

희정　그러니까 보통 영화에서 여성 캐릭터가 남성 캐릭터한테 하는 감정노동 이미지랑 웃는 것만 없애도 담배와 여자가 만났을 때 만들어지는 스테레오타입이 많이 깨지는 거네요. 사실 저는 미소의 옷차림도 되게 인상적이었거든요. 그렇게 복장만 조금만 바꿔도.

고운　맞아요. 치마를 최대한 안 입혔죠.

희정　그렇게 치마만 안 입혀도 담배와 섹시미라고 하는 것을 분리할 수 있다는 게 너무 재밌어요. 이런 상상력이 이미지를 창조적으로 만든다고 생각하거든요.

윤옥　진짜. 영화에서 미소가 담배 피울 때는 정말 좋아서, 기호에 따라 피는 것 같았어요. 창밖을 바라보며 맛있게 한 대, 아니면 직업적 노동인 청소가 끝난 다음 하루를 마감하면서 피는 한 대, 그런 느낌의 담배였어요.

희정　그러면 좀 궁금한 게…… 웃지 않는 여성 캐릭터인데 이름은 왜 미소인가? 싶은데요.

고운 '미소'는 '마이크로'micro의 미소微小예요, '미생물'이죠. 그래서 영어 제목이 "Microhabitat", '미소 서식지'예요. 그런데 한국어 제목으로 '미소 서식지'라고 하려니, 이게 재밌는 제목은 아니잖아요. 너무 직역인 데다가 관객들에게 다가가기 좀 어려울 것 같았어요. 그래서 제목을 고민하는데, 제 친구 중 한 명이 영화 이야기를 듣더니 자기가 아는 제일 유명한 거지는 '소공녀'라는 거예요. 아, 이 제목이 좋겠다 싶었어요. 왜냐하면 영화 콘셉트가 한편으로는 '현대판 거지'였거든요. 하지만 원작에서 주인공이 '하녀'로 그려지는 것이 마음에 들지 않았어요. 그뿐만 아니라 그런 톤의 '소녀 이야기'를 또 싫어하고요. 그래서 '현대판 거지 소공녀'의 다른 이미지를 쓸 수 있다는 것이 마음에 들었죠.

윤옥 바로 그런 점이 좋았던 것 같아요. 의도적으로 섹슈얼한 이미지를 지움으로써 인간으로서 청년 여성을 그냥 그대로 볼 수 있어서. 그게 영화의 새로움이 아니었나.

희정 뭐라고 설명해야 할지 몰라서 답답했던 걸 감독님이 잘 설명해 주셨네요. 미소라는 캐릭터는 주변에서 늘 봐온 여성인 것 같은데, 또 영화에서는 너무 새로운 캐릭터이고.

어른은 뭐든지 베푸는 사람

희정 영화 속으로 좀 더 들어가 보자면, 저는 영화의 오프닝이 굉장히 인상적이었어요. 그 장면이 미소의 삶을 함축적으로 보여 주는 장면이라고 생각했거든요. 미소가 친구 집에서 청소를 해주고 돈 받고 내려오려다가, 씩 웃으면서 "쌀 있어?" 하고 묻고, 친구에게 쌀을 얻어 가는 장면이에요. 그렇게 검은 봉지에 쌀을 잔뜩 받아 가지고 길을 걸어가죠. 교통비가 없으니까 집까지 걷는데 검은 봉지 밑에 구멍이 뚫려서 쌀이 줄줄 새요. 그래서 미소가 걸어가는 길이, 쌀이 흐른 흔적으로 남는 거죠. 그러면 비둘기들이 모여들어서 미소가 흘린 쌀을 쪼아 먹어요. 그걸 보면서 미소가 집 없이 떠돌아다닐 때, 친구들을 만나 그들의 삶에 영향을 미치고…… 그러면서 사실은 친구한테 신세를 진다기보다는 그 친구들이 미소에게 신세를 지면서, 미소가 먹여 주고 돌봐 주는 것 같은 느낌이 들거든요. 이 장면 하나가 미소의 삶 모든 걸 보여 주는 건 아닌가 싶었어요. 뭐든지 베푸는 사람.

윤옥　와, 역시 평론가는 다르세요! 😊 저는 그냥 안타까운 마음이었어요. 어떻게 해서 얻은 쌀인데! 미소는 또 타박타박 걸어가는 걸음이어서 미소라는 캐릭터가 현실감이 없구나. 쌀을 흘린 줄도 모르고 집에 가는구나, 그 정도 생각을 했어요.

고운　쌀은 함축적 의미였어요. 이 친구가 가난하다는 걸 바로 보여 줄 수 있는 장치인 셈이죠. 옛날에는 쌀이야말로 부와 힘의 상징이었는데, 요즘에는 그렇지는 않죠. 의미도 많이 바뀌었고, 누구나 가질 수 있는 것처럼 여겨지고요. 그런데 돈이 없을 때 처음 알았어요. 쌀이 비싸다는 걸. 그리고 쌀이 떨어질 수도 있다는 걸. 그래서 '쌀'이 저한테는 매력적으로 다가왔어요. 사실 손희정 선생님이 말씀하신 것처럼 깊은 의미를 담고 있지는 않았지만, 이미지를 통해 압축적으로 미소의 상황을 보여 주고 싶기는 했죠. 다른 한편으로 그 장면에서 서울 풍경을 보여 주고 싶었어요. 그래서 멀리서 미소가 쌀 흘리며 가는 모습을 찍었죠. 그런데 카메라가 멀리 떨어져 있으니까 촬영 중인 줄 모르고 이솜 씨에게 다가와서 쌀 흐른다고 알려 주는 이들이 계셨어요. 다 여성이었어요. 재밌지 않나요?

윤옥   쌀 흘리면서 간다고 알려 주는 사람이…….

고운   네, 다 여성들이었죠. 쌀을 다루는 사람들이니까요. 아주머니들이 계속 너무 안타까워하시는 거죠.

지혜   와, 그러네요.

윤옥   또 궁금한 거 좀 질문 드려도 되죠? 저는 위스키도 궁금했거든요. 이 친구가 집을 포기할망정 나의 취향을 포기하지 못하겠다고 했을 때, 그게 담배하고 위스키예요. 왜일까요?

고운   일단 저는 영화의 계절이 '겨울'이라고 생각했어요. 이 친구가 살고 있는 계절도 겨울이지만 상황도 겨울처럼 추운 상황이라고. 추울 때는 역시 독주가 짱이죠, 진짜로. 러시아에서 보드카 나오고, 추운 나라에서 독주 나오는 건 다 이유가 있지 않을까요? 몸을 데우는 데 위스키가 짱이고, 그런 의미도 있었고요. 또 우리나라에서는 위스키가 고급술이잖아요. 사치스러운 술이라고. 그런 게 미소를 설명할 때 필요하다고 생각했어요. 그리고 영화 같은 데서 봐도 위스키가 남성 캐릭터 손에 들린 비중이 훨씬 높잖아요. 그런 남성성을 상징하는 술의 이미지를 희석하고 싶은 욕망도 컸어요.

희정   켄 로치 감독 작품 중에 〈에인절스 셰어: 천사를 위한 위스키〉The Angel's Share, 2021라는 작품이 있어요. 노동 계층 출신

	의 청년이 일도 없이 온갖 사고를 치고 다니다가 위스키를 감별하는 탁월한 미각을 가지고 있다는 걸 알게 돼요. 그러면서 벌어지는 일을 그린 작품인데요. 미소 생각을 하니 이 영화가 떠오르네요. 그러니까 이게 '어떤 취향은 어떤 계급에게는 어울리지 않는다'라는 고정관념이 있잖아요. 그것을 뒤엎는 것 자체가 한편으로는 전복적인 재현 아닌가 싶어요.
고운	맞아요. 그리고 제가 위스키를 좋아해요. 영화에는 제가 지금껏 살아오면서 사랑한 모든 게 들어 있다고 할 수 있어요.
지혜	청취자 한 분이 이런 질문을 주셨어요. "소공녀는 실재하는 인물이었나요? 밴드에서 미소 역할이 너무 궁금해요. 이미 보컬, 베이스, 기타, 드럼, 키보드까지 모든 악기 파트가 등장하는데 그러면 미소는 무슨 파트였는지 궁금하더라고요. 미소의 파트는 없나 싶기도 하고요. 누구나 공감하지만 실존하기 힘든 인물이었다는 느낌이 들었어요."
고운	질문을 듣고 고민을 좀 해봤는데요. 저는 미소가 실존했다고 생각해요. 저나 제 주변 친구들 모두 미소였던 적이 있었어요. 집이 없었던 적도 물론 있었고, 뜨거웠던 시절, 미소 같았던 시절이 있었죠. 이제 그 시절은 지나갔지만 그래도 그 순간들을 저는 목격했고, 함께했고, 그 조각들이 제게 남아 있죠. 제가 미소였던 시절에 친구들을 난처하게 만들기도 했겠지만, 그로 인해 재밌었던 기억도 많아요. 편한 것이 꼭 좋은 것만은 또 아니니까요. 그런 미소에 대한 그리움, 보고 싶은 마음이 컸던 것도 같아요. 그리고 미소는 밴드 매니저였어요. 미소 성격에 가장 잘 맞는다고 생각했어요.
지혜	또 영화에서 눈에 띄는 설정이 하나 있었어요. 미소가 친구

들을 찾아갈 때마다 계란을 한 판씩 사 가잖아요. 무슨 의미일까요?

고운   의미라기보다는…… 미소의 태도를 보여 주고 싶었어요. 저는 태도가 그 사람이라고 생각해요. 미소는 예의 바른 사람인 거죠. 돈이 없어도 친구를 만나러 갈 때 빈손으로 가지 않는. 뭐라도 주고 싶어 하는. 그럴 때 몇 천 원이면 살 수 있으면서도 아주 유용한 것이 계란인 거죠. 계란은 또 여러 사람에게 에너지가 공급되잖아요. 그래서 제가 미소라면 이것을 선택하겠다는 생각을 했어요.

윤옥   그래서 이 캐릭터가 저한테는 전복적으로 다가왔어요. 사회가 생각하는 홈리스나 피해자의 이미지, 이런 것들이 있죠. 불쌍하고, 안됐고, 때로는 지질하고. 하지만 미소는 전혀 주눅 들지 않아요. 그래서 계란이 중요하다고 생각했어요. 집 없이 떠돌면서 "나 좀 재워 줘" 하는 것이 아니라, 서로 대등한 위치에서 상호 부조적인 관계를 만들 수 있으니까요. 계란이라는 설정 하나 덕분에 미소는 "집 없이 떠도는" 것이라기보다 여행을 하고 있는 것처럼 보이기도 했어요.

희정   미소가 매번 계란으로 요리를 해주잖아요. 집안일을 잘 못하는 전업주부 친구 집에서도 계란장조림 해주고, 하우스푸어 친구 집에서도 계란말이 해주고. 그렇게 계란을 사갈 뿐 아니라 그 계란으로 이 사람들을 먹이는 거죠. 그렇게 서로 돌보는 관계가 되는.

윤옥   처음 이 영화 이야기할 때, 슬프지만 당당하고 아름답다고 했던 게 그런 의미이기도 했어요. 홈리스가 되는 사회적 현실에 대한 비판적 시선을 놓지 않으면서도, 미소가 살아가는 방식은 아주 당당하게 그리니까요. 하지만 그러면서도 그 당당함이 혼자의 고립된 실천이란 것이 또 제 마음을 아프게 했어요.

희정　저는 미소가 성숙한 캐릭터라는 생각이 들어요. 어디 인터뷰에서 감독님이 "미소는 완성된 인간이다"라는 이야기를 하신 걸 봤는데요. 완성됐다는 건 무슨 이야기일까요?

고운　많은 영화가 주인공이 성장하는 이야기를 다루는 것 같아요. 어떤 여정을 가고, 그 여정이 끝났을 때 무언가를 얻는다는 식으로요. 집을 얻는다든지, 취직을 한다든지. 저는 그런 이야기를 하기는 싫었어요. 그래서 한 인간이 그냥 처음부터 끝까지 변하지 않는 걸 고집하는 과정을 보여 주는 게 〈소공녀〉의 의미라고 생각했죠. 그런 의미에서 이미 완성된 상태라는 거였어요.

영화 속 캐릭터와 '서울'

희정　이 영화가 나이브한 낭만에 빠지지 않고 사회 비판적인 작품으로 다가오는 건, 사실 미소라는 캐릭터보다는 미소가 찾아가는 밴드 멤버들 때문인 것 같은데요. 이 캐릭터들 이야기를 조금 더 나눠 볼까요?

지혜　친구 캐릭터들이 참 다양했어요.

희정　그러게요. 처음 찾아가는 친구는 자기계발형 친구. 비타민 주사 맞아 가면서 열심히 대기업에서 일하는 친구. 두 번째는 시부모와 함께 사는 가사에 서투른 전업주부 친구. 세 번째가 하우스푸어 후배. 결혼하면서 자가로 집을 마련했지만 이혼하고 갚아야 할 빚이 한참 남은 사람이었고요. 네 번째가 정말 특이한 캐릭터인데, 나이 먹고도 부모님 집에 얹혀사는 캥거루족 선배. 미소가 그 집에 하루 자러 갔더니 선배 아버지가 미소를 며느리 삼으려고 거의 집에 가두다시피 하는 난리 법석이 벌어지죠. 마지막이 완전 부잣집에 시집을 가서 전업주부가 된 속물 선배.

윤옥　그 각각의 집에서 벌어지는 일들이 다 너무 재밌었어요.

고운　일단은 이 사례를 고르는 건 전혀 어렵지 않았어요. 아주 흔한 유형들이기 때문에, 너무 쉽나 싶은 생각이 들 정도였죠. 제가 이 친구들을 통해서 하고 싶었던 얘기는 결국 서울이라는 공간이었어요. 처음부터 끝까지 집값 이야기를 하게 하는 서울이요.

희정　네, 노동과 주거만큼이나 서울이 하나의 주제라는 생각을 했어요. 서울이라는 공간을 카메라가 의식하고 있다는 느낌이 들었거든요.

고운　맞아요. 영화의 주인공이 저한테는 둘이었어요. 미소 그리고 서울. 이 집값이 얼마나 문제냐면, 그 방 하나를 가지려고 우리가 뭔가 하나씩은 버리고 사는 거예요. 사실 첫 번째 친구를 '자기계발형'이라고 생각하진 않았어요. 그저 집세 내려고 아등바등 일하는 거죠. 제가 본 직장인들은 다 너무 피곤해 보였거든요. 그래서 대화하기도 힘들고, 이야기는 나누고 있는데 다른 생각하는 것 같고. 관계 맺기가 점점 힘들어지는 것 같았어요. 그에 대한 안타까움을 표현하고 싶었죠. 두 번째 친구도 시부모랑 같이 살아야만 하죠. 왜냐?

집값이 비싸니까. 그러면서 자기 공간이 없고, 꿈이 사라지는 거예요. 하우스푸어 후배는 그 집을 위해 빚을 지고 슬픔에 잠겨 있죠. 나이 많은 선배 오빠 캐릭터는…… 집값이 비싸니까 결혼 같은 계기가 아니면 독립하기가 어려운 현실을 보여 주죠. 그런 캥거루족 얘기를 담았어요. 부자와 결혼한 친구를 속물이라고 생각하지 않습니다. 남편의 재산을 자신이 누린다고 생각해 어쩔 수 없이 눈치를 보게 되는 거라고 생각해요. 결국 사람들이 집 때문에 많은 걸 잃고 산다는 이야기를 하려다 보니, 캐릭터가 다양해졌어요.

윤옥 확실히 그 '잃는다'라는 문제가 느껴졌어요. 영화를 보면서 생각하게 되더라고요. 미소는 집은 잃었지만 자신을 잃지는 않았는데, 다른 사람들은 살 곳은 있지만 자신을 잃은 것 같다는. 하지만 그게 우리들의 모습인 거죠. 그런데 이솜 배우는 처음부터 '작정'하셨나요? ☺ 참 매력적이에요.

고운 사실 제가 작정했다고 섭외에 성공하는 건 아니에요. 그래서 애초에 작정은 안 해요. ☺ 다만 열심히 쓰면서 준비하는 거죠. 원래 미소는 나이가 더 많은 여자였어요. 30, 40대 여성으로 만들고 싶었거든요. 하지만 여러 한계가 있어서 나이대를 낮췄는데, 그러니까 바로 이솜 씨가 보이더라고요.

희정 〈소공녀〉는 보통 청년 영화로 해석되죠. 제가 어디서 '여성 청년 영화'라고 했다가, 바로 "아니다, 이건 (그냥) 청년 영화다"라는 반박을 받은 적이 있어요. 아니, 주인공이 여성 청년이고, 그가 하는 노동 역시 여성으로 젠더화된 노동인데, 왜 굳이 '여성'을 지우느냐는 질문을 하고 서로 토론을 했었죠. 물론 결론은 안 났어요. 주인공이 30, 40대였다면, '여성고운 　빈곤'에 대한 영화로 더 많이 소통될 수도 있었겠다 싶네요. 일단은 미소라는 캐릭터가 많이 기억에 남길 바랐어요. 〈소공녀〉를 보고 가끔 미소를 떠올릴 것들이 필요했어요. 영화다 보니까 이미지도 중요하고요. 텀블러 재떨이, 청소솔 같은 액세서리들도 이용했죠. 하지만 무엇보다 이 시대에 좋아하는 걸 가지려면 속이 하얗게 탄다는 생각을 했어요. 머리도 하얗게 샐 수 있죠. 그런 걸 상징적으로 보여 줄 수 있겠다 싶었어요.

지혜 　확실히 강한 인상이 남은 것 같아요. 특히 엔딩에서는 진짜 도인 같은 느낌이었거든요. 얼굴도 안 보이니까요.

── 여성 노동과 선택의 문제

희정 　'여성 노동'이라는 관점에서도 영화는 참 흥미로워요. 미소가 '프레카리아트'를 보여 주는 이미지여서. 프레카리아트는 불안정한 고용, 노동 상황에 놓인 비정규직, 파견직, 실업자, 노숙자들을 총칭하는 말인데요. 미소야말로 청년 프레카리아트인 거죠.

윤옥 　저는 미소가 가사 도우미라는 직업을 선택한 것이 좀 놀라웠어요. 자기계발형 친구와 대화를 나눌 때 미소도 전에 회사를 다녔었다는 이야기가 나오잖아요. 하지만 왜 회사를 그만두었는지는 설명하지 않아요. 보통 20대 여성은 좀 더 나은 근로조건, 임금이 좀 더 많거나 복지가 좋거나, 그런 직업을 선택하려고 노력할 것 같은데, 미소는 가사 도우미를 선택한 거죠. 대체 왜지? 싶었어요. 한국여성노동자회가 '전국가정관리사협회'라고 가사 노동자들의 경제 공동체 조직을 만들어서 계속 지원하고 있거든요. 그래서 가사 노동을 하시는 분들의 연령대, 수입, 근로조건 이런 걸 잘 알고 있어요. 그런데 20대 여성들은 많지 않아요. 그러다 보니 미소는 왜 가사 도우미를 선택했을까, 궁금했어요.

고운 편집되어서 그 대사가 빠져 있긴 한데요. 미소가 처음에는 회사를 다녔지만, 이 캐릭터가 또 호불호가 분명하고, 잘 웃지도 않아요. 그런 젊은 여성이 회사 조직에서 살아남을 수 있었을까? 현실적으로 어려웠을 것 같아요. 그래서 미소는 회사를 그만둔 거죠. 다른 한편으로, 저는 개인적으로 '더 나은 일자리'라는 것이 있는지 잘 모르겠어요. 회사를 다닌다고 더 좋나? 분명히 잃는 것이 있거든요.

윤옥 개인적인 이야기이긴 한데, 아는 사람 딸이 직장에 다니거든요. 그런데 팀이 같이 밥 먹으러 가고 그럴 때, 계란 부치는 코너가 있는 식당이 싫대요.

고운 아, 셀프로 계란 부쳐 먹는 곳이요?

윤옥 네, 얘가 신입 사원이니까 부장님 것부터 일고여덟 개를 부쳐야 한다는 거예요.

희정 자기가 부쳐 먹지 왜?!

윤옥 그러니까요. 내 것은 내가, 니 것은 니가, 그래야 하는데, 그렇지 않다는 거죠. 근로조건이 괜찮은 회사인데, 그것과는 또 별개로 '여직원'에게 기대하는 태도가 있는 거죠.

고운 사람마다 우선순위가 다르잖아요. 어떤 사람들에게는 근로조건이 중요할 수 있겠죠. 하지만 미소는 자기 자신으로 지낼 수 있는 조건이 더 중요한 거고. 그 기준에서 봤을 때 청소 일이 더 좋은 거죠. 아무도 자기한테 웃어라 마라 안 하고, 외모 품평 안 하고. 딱 한 만큼 돈 받고. 그런데 사실 미소는 청소 일을 시작하기 전에 유기농 푸드 트럭을 했었다는 전사가 있었어요. 사람들에게 유기농, 그러니까 좋은 걸 주고 싶다는 생각으로 사업을 했던 거죠. 그건 사실 제가 해보고 싶기도 했던 건데. ☺ 어쨌든 미소는 그걸로 망하고, 이제 일을 좀 빨리 구해야 될 때 여성이 가장 진입하기 좋은 게 가사 도우미인 거죠. 한편으로 젊은 여성인 미소가 이 일을 했을 땐, 캐릭터의 매력이 될 수도 있겠다고, 영화적으로 생각했던 것 같아요.

윤옥 이해가 되네요. 왜 미소가 회사를 그만뒀는지. 제 주변에도 회사에서 탈주한 사람들 있거든요. 그래서 수입이 불안정하니까 난방도 못 떼고 옷 여러 겹 입고 사는 사람들. 영화에만 있는 게 아니죠. 미소라면 그랬을 것 같아요. 회사 못 견디죠.

희정 저는 개인적으론 왜 또 가사·돌봄 노동인가, 하는 생각이 들기도 했던 것 같아요.

고운 전 돌봄 노동 프레임을 미소에게 씌우는 건 좀 답답하게 느껴져요. 그렇게 접근한 게 아니거든요. 오히려 미소가 원하는 근로조건을 제1조건으로 고려했어요. '내가 원하는 근로조건이 아니야? 그럼 나는 혼자 일하겠어.' 그렇게 자연스럽게 가사 도우미가 됐던 거고. 그리고 저는 그 '돌봄'이라는 것이 정말 대단한 능력이라고 생각하거든요. 근데 우리 사회에서는 너무 저평가되어 있죠. 왜냐하면 우리 엄마도 해준 거니까. 여자들이 해왔으니까. 그 능력이 너무 저평가되는 거예요. 그게 좀 화가 났던 것 같아요. 전 존경을 표하고 싶어요. 왜냐하면 저는 그런 노동을 잘 못하니까, 저한테는 없는 능력이니까.

희정   공감이 가네요.

고운   저는 사람이 자기 뒤치다꺼리는 자기가 해야 한다고 생각하거든요. 그런데 일이 많아지다 보면 또 바빠서 잘 못 챙기게 되죠. 그러면 역으로, 내가 도대체 무슨 대단한 일을 하길래 내 뒤치다꺼리도 못하고 이러고 사나, 이런 자괴감이 들기도 해요. 그런 존경의 마음을 담아서 미소 캐릭터에도 돌봄 노동 부분을 넣은 것 같아요.

희정   미소가 또 특이한 것이…… 모든 물가가 오르는데 임금은 4만 5000원 그대로예요. 그러면 일반적으론 노동시간을 늘리겠죠. 미소는 그렇게 하지 않아요.

고운   그게 하고 싶은 말이기도 했어요. 집값은 계속 올라가는데, 인간의 가치는 안 올라간다는 것. 그래서 인건비는 그대로인데, 이거 저거 다 오르고 뛰니까, 정말 문제구나 싶었던 거죠. 제 주변 사람들도 다 부지런해요. 하지만 집을 못 사죠. 그러니까 계속 반성을 해요. 내가 더 열심히 살아야 하는데, 이렇게요. 일은 정말 중요하죠. 먹는 게 몸을 찌우고, 육체에 에너지를 주는 거라면, 노동은 정신에 에너지를 주는 거라고 전 생각해요. 노동은 꼭 해야 하는 거죠. 안 하면 자존감을 떨어트리기도 하고요. 하루 네 시간. 미소가 일하는 시간인데요. 청소 일 정말 힘들잖아요. 미소는 자기가 할 만큼의 적절한 노동을 하는 거죠.

윤옥   그런 상황은 한국여성노동자회가 잘 알죠. 가사 노동 정말 골병들거든요. 네 시간을 풀타임으로 일하면, 월수입이 200만 원 정도 나오는데, 그거 다 약값으로 들어가요.

고운 그런데 일이라는 게, 없어도 불행하고, 또 너무 많아도 불행하잖아요. 그래서 미소는 자기가 생각하기에 '일은 여기까지 하는 게 내 행복'이라고 판단한 딱 그만큼만 하는 거죠. 그럴 때 사람들은 "왜 더 안 하냐?" 이렇게 묻는데, 그 질문을 다시 생각해 볼 필요가 있는 거죠.

희정 한편으로, 미소 역시 포기하는 것이 있어 보였어요. 제일 인상적이었던 장면은 안재홍 씨와 연기한, 애인과 섹스를 하려다가 너무 추워서 하지 못하는 장면. N포 세대의 초상이랄까, 그런 생각이 들기도 했고요.

고운 사실 영화를 만들 때 오히려 어떤 개념을 표현하려고 한다기보다는 동물적인 촉으로 그리는 건데요. 그런 표현들을 듣고 보면, 네, 맞는 것 같아요. N포 세대의 모습이기도 하죠. 여러 가지를 다 포기하고 살아야 하는. 사실 사람이 고등학교 졸업하면 대학 가야 하고, 대학 졸업하면 취직하고, 취직하면 결혼하고, 결혼하면 애 낳고⋯⋯ 이런 코스가 왜 있는지 저에겐 잘 이해되지 않고 또 그대로 다 살아야 한다고 생각하진 않지만, 요즘 청년들이 많은 걸 포기하는 건 사실이죠. 결혼했다고 바로 왜 출산 안 하냐고 하는데, 어떻게 출산을 하나요. 내 입에 풀칠하기도 힘든데.

윤옥 그러다 보니 미소가 찾아간 여러 캐릭터들을 보면서 전 '꾸역꾸역'이라는 단어가 떠올랐어요. 집을 가지고 있어도 인간들은 꾸역꾸역 살아가는 것 같다.

고운 저는 '포기와 선택'에 대한 이야기도 하고 싶었어요. 포기도 일종의 선택이거든요. 다들 너무 바쁘고, 그저 앞만 보며 달리다 보면 그냥 떠밀려 가는 것 같아요. 그런데 미소는 '집을 버리겠어, 포기하겠어'라는 선택을 한 거죠. 제 기준에서는 가장 중요한 건 선택인 것 같아요. 떠밀려 가는 게 아니라요.

윤옥   그래서 그 장면이 인상적이었어요. 자신이 써야 할 내역을 정확하게 분류해서 정리를 한 다음에 선택을 하죠.

희정   〈소공녀〉가 정말 똑똑한 게, 직접적으로 그런 부분을 이야기하기보다는 재미 요소로 잘 녹여 낸 것 같거든요.

고운   제가 하고 싶은 이야기는 굉장히 명확했어요. 여기에 대한 욕. 이 세계에 대한 분노를 표현하는 것. 그런데 여성으로 살면서 여자가 분노를 직설적으로 표현하면 어떻게 외면받는지 터득했던 것처럼, 영화를 만들 때도 그에 대해 잘 알고 있었던 것 같아요. 영화 역시 대자본 산업이기 때문에 외면당하면 곤란하니까요. 그래서 이걸 어떻게 하면 잘 돌려서 말할까, 내가 품은 칼을 어떻게 예쁘게 포장해 볼까, 이런 생각을 했고. 그러다 보니 해석이 다양해지는 것도 같아요.

해피엔딩? 새드엔딩?

희정   이제 엔딩으로 가볼까요? 미소가 집을 나와서 떠돌다가 결국 한강변에 텐트를 치고 사는 장면으로 끝나는데, 이게 해피엔딩인가 새드엔딩인가 말이 많았고, 관객들 해석도 분분하더라고요. 저희 청취자께서 이런 질문을 주셨어요. "저는 슬프게 봤는데요. 마지막에 결국 그녀의 얼굴이 보이지 않고 아예 익명의 존재가 되어 버린 것 같았어요. 그리고 누구도 찾아가지 않는 한강공원 텐트에서 살게 된, 미소가 아닐 수도 있는 어떤 존재를 보면서 눈물이 났습니다. 미소는 생존한 걸까요? 텐트 속에 사는 사람은 미소였을까요, 아니면 또 다른 미소였을까요?"

고운   그 두 가지 다겠죠. 미소는 어디에나 있지만, 동시에 자본주의사회에서 점점 더 안 보이는 존재가 되어 간다고 생각하거든요. 관계 속에서도 사라지는 것 같아요. 그런 것에 대한 표현이었어요. 그러니까 미소일 수도 있고, 또 다른 미소일 수도 있겠죠. 그런 결말이 해피엔딩이냐 새드엔딩이냐는 저한테 중요한 문제는 아니었어요. 저는 사실 영화를 통해 우리가 사는 세계에 대해 이야기하고 싶었어요. 살수록 희망이 사라져 가는 이 시대에 대한 이야기였다고 할까요? 엔딩도 그런 세계에 대한 스케치였던 거죠. 그렇게 생각하면 슬픈 이야기죠. 하지만 반대로, 그래도 자기가 좋아하는 걸 지키고 사는 이야기라고 한다면, 그런 뜨거움을 지닌 미소에 대한 이야기라고 한다면, 또 해피엔딩일 수도 있겠죠. 전 제가 살아 있다고 느끼는 순간이 제 안의 뜨거움을 발견할 때거든요. 그런 뜨거움을 유지하는 한 명의 인간을 보는 건 희망적인 것 아닐까 싶기도 해요. 미소는 끝까지 지키죠.

윤옥   백발이 되면서도.

고운   네, 그래서 끝까지 자신을 지키는 걸 보는 것이 좋았다는 관객도 계시고, 그 때문에 우울했다는 분도 계세요. 바로 이런 부분이 영화의 엔딩 자체가 아닐까 싶어요. 지금 베를린에 살고 있는, 또 다른 미소라고 할 수 있는 제 친구는 이 엔딩이 너무 좋았대요. "미소에게 드디어 자기 방이 생겼잖아"라고 하더라고요.

윤옥 아, 그 텐트를 자기만의 방이라고 볼 수도 있겠군요.

희정 저한테 이메일을 주신 한 청취자분은 "〈소공녀〉를 보고 참담한 마음보다는 고고한 삶의 태도에 대한 동경에 더 사로잡혔다"고 얘기하면서 "사회제도의 부재와 집값 문제 같은 현실에 화나면서도 미소가 가진 게 훨씬 크고 귀해 보여서 그런 문제쯤은 대수롭지 않게 느껴지는 착각도 들었다"라고 하셨어요. 친구 아버지 장례식에 미소가 나타나지 않고, 친구들끼리 미소에 대해 대화를 나눈 뒤에, 영화 엔딩으로 이어지잖아요. 미소가 위스키를 먹고 난 후 장면이 텐트로 이어지는데, 끝까지 미소 얼굴이 안 나오는 거예요. 그래서 저는 뭔가 미소가 세상을 떠난 것 아닌가 하는 슬픈 감정을 느꼈거든요.

고운 그렇게 얼굴이 안 보이는 건, 슬픈 사인이죠, 사실. 한 관객분이 얘기하셨던 것처럼, 자본주의사회에서 돈이 없으니 사라지는 미소에 대한 은유일 수도 있겠고요.

―― 〈내게 사랑은 너무 써〉〈배드신〉

희정 감독님 단편 이야기를 좀 해볼까요? 먼저 〈내게 사랑은 너무 써〉라는 작품.

⟨내게 사랑은 너무 써⟩

전고운 감독의 단편. 고3 커플인 병희와 목련은 병희의 좁은 고시원 방에서 첫 경험을 나누게 된다. 첫 경험이 달콤하지만은 않지만 사랑하는 그들에겐 소중한 순간이다. 섹스가 끝나고 병희가 목련을 위해 간식을 사러 간 사이 고시원 옆방의 남자가 목련이 혼자 있는 방으로 들어오는데……. 섹스에 대한 사회의 보수적 관념 때문에 우울하고 힘든 첫 경험을 하게 되는 한국 여성들에 대한 가슴 먹먹해지는 이야기.

이 작품도 어느 부분에선 ⟨소공녀⟩랑 비슷한 부분들이 있다고 생각하는데, 고통스럽지만 고통스럽게만 그리지 않는 감독님의 방식이랄까요? 그런데 이 영화 맨 마지막 장면에서 목련이 집에 돌아와서 문제집을 푸는데 답이 틀린 거예요. 그래서 틀렸다고 작대기를 찍 그었다가, 나중에 틀린 답을 지워 맞는 답으로 고치고는 작대기를 동그라미 표시로 고치며 끝나거든요. 그런데 저는 그 엔딩이 정말 중요하게 다가왔어요. ⟨소공녀⟩를 봤을 때, 바로 이 엔딩이 떠올랐거든요. 사회에서 오답이라고 얘기하는 것에 이 주인공들이 어떻게 맞서서 '나에게는 이게 정답일 수 있다'라고 말하는 방식. 고통스러운 경험인 건 분명하지만, 거기에서 머물지 않는 느낌이었다고 할까요?

고운　맞아요. 그런 엔딩이었죠. 저로서는 ⟨내게 사랑은 너무 써⟩와 ⟨소공녀⟩를 연결해 본다는 것 자체가 '어? 그럴 수 있나?' 싶기는 해요. 하지만 재밌는 관점이네요.

윤옥　저는 캐릭터를 그려내는 감독의 시선이 좋았어요. 인물이 자본주의사회의 '정상성' 규범에서 탈주하는 방식이 비참하게 그려지지 않고 자기 스스로 한 선택이라는 점을 부각하고 있거든요. 여성주의 시선이 아니라면 이렇게 그리기 힘들 것 같아요.

희정 〈내게 사랑은 너무 써〉가 서울국제여성영화제 단편 경선에 출품해 우수상을 받은 작품이었는데, 그게 10년 전쯤이거든요. 저는 성폭력을 그렇게 다루는 영화를 많이 보지 못했어요. 정말 인상적인 작품이었던 거죠. 저만 그랬던 건 아닌 게, 여성학자 권김현영 님이 너무 팬이라면서 이것 좀 물어봐 달라고. "여배우 오디션 준비 과정을 다룬 단편 〈배드신〉이나 〈내게 사랑은 너무 써〉처럼 욕망하는 여성이 겪는 위기 상황을 자주 다루시는데, 특별한 이유가 있으신지?"

고운 일단은 이야기가 성립이 되려면 인간의 욕망이 필요하잖아요. 그 욕망에 따라 장애물이 생기고. 그러니까 여성의 욕망이라기보다는 그냥 인간의 욕망은 이야기의 필수 조건인데요. 제가 관심 있는 건 오히려 폭력적이고 모순된 상황인 것 같아요. 제가 여성이다 보니 그런 상황이 많이 보이는 걸 수도 있고요. 〈내게 사랑은 너무 써〉에서 제가 다루고 싶었던 아이러니는 '엄마'였던 것 같아요. 가부장적인 사회에서 폐쇄적인 엄마한테 섹스 이야기를 할 수 없기 때문에, 사실 폭력이 일어나는 거죠. 그 영화에서 강간범이 주인공에게 가만히 있으라고 협박을 하는데, 그 협박이 총이나 칼이 아니라 "너 여기 와서 남자친구 만나는 거, 너희 엄마한테 말한다"였어요. 이게 가장 큰 무기가 될 수 있다는 것이 저에게는 너무 큰 아이러니였죠. "엄마한테 말해도 상관없다"

할 수 있었다면, 오히려 피할 수 있었던 폭력이고요. 이거야 말로 여성들은 아는데 남성들은 모르는 공포죠.

희정 맞아요. 그렇게 여성으로 살아 본 이들만이 이해할 수 있는 순간들이 있다는 생각이 들거든요.

고운 그렇죠. 그리고 〈배드신〉에서는 노출이란 왜 그렇게 문제일까라는 생각을 했어요. 왜 신인 여배우가 세상 밖으로 나오려면 꼭 베드신을 거쳐야만 되는가도 문제적이라고 생각하지만, 그것을 다 떠나서, 한국 사회가 여성의 알몸을 아주 이상하게 소비하기 때문에, 그 알몸을 남자 스태프 앞에서 노출한다는 것이 너무 힘든 일이 되는 거거든요. 그런데 또 남자들은 그 공포를 이해하지 못하죠. 그런 상황들이 여성 배우들에겐 엄청 힘든 일이거든요. 〈배드신〉은 그런 공포를 다룬 거였고요. 저는 그런 것 같아요. 여성으로 살면서 부조리함을 많이 볼 수밖에 없었고, 그걸 다루는 게 가치 있는 이야기라고 생각하다 보니 이런 이야기들을 하게 되는 것 같아요. 그래서 할 얘기가 끝도 없고요. 여성이 경험하는 폭력과 모순에 대한 얘기를 하자면.

〈배드신〉

무명 배우 진홍에게 전라의 베드신을 연기해야 하는 초단역 '콜걸' 캐릭터 제의가 들어온다. 성실하고 열정적인 진홍은 이번 기회를 잘 살리고 싶다. 하지만 배역을 준비하고 연기하는 과정은 녹록하지 않다. 베드신 연기 연습을 위해 상대역을 부탁한 친구에게 성폭력을 당할 뻔하기도 하고, 노출 수위가 높은 연기를 하는 배우를 배려하지 않는 촬영 현장에서 착취당하기도 한다. 하지만 그는 "열심히 하겠습니다" "할 수 있어"를 외치며 버틴다. 진홍이 경험하는 일은 그야말로 일련의 '배드신', 즉 나쁜 장면들이다. 영화는 '여배우'가 경험하는 노출의 공포와 폭력성을 생생하게 전달한다.

희정 성평등 영화정책 이야기를 하면서 여성 감독의 수가 그저 기계적으로 많아지는 것만으로도 여성 서사가 다양해질 수 있다고 주장하는 게, 그냥 나오는 이야기는 아닌 거죠.

지속 가능한 영화 작업

희정 전고운 감독님 작업을 이야기하면서 '광화문시네마'를 빼놓을 수 없을 것 같아요.
윤옥 광화문시네마가 제작사인가요? 공동 제작 형태인 거죠?
고운 맞아요.
윤옥 그럼 제작비는 어떻게 구하시는 거예요?
고운 광화문시네마도 남들 다 하듯 투자를 받아서 영화를 제작하죠. 자비로 만들기엔 큰돈이 드는 작업이니까요. 그런데 〈소공녀〉 같은 경우는 영화진흥위원회와 서울영상위원회의 지원을 받고, 부가 판권을 먼저 팔아서 돈을 미리 당겨 썼어요. 기업 차원에서 제대로 받은 투자라고 할 수 있는 건 기업은행에서 소량으로 받은 거였고요. 제작 지원금이 없었으면 영화를 못 찍었을 거예요.
윤옥 단도직입적으로 여쭤볼게요. 돈, 버셨어요? ☺
고운 정말 중요한 문제죠. 〈소공녀〉는 손해는 안 본 것 같아요.

말이 나온 김에 꼭 드리고 싶은 이야기가 있어요. 독립영화가 개봉할 때, 정말 극장과 전쟁을 치르거든요. 저도 반성을 많이 했던 게, 여성 서사가 더 다양해져야 한다고 생각하면서도, 참 많이 안 보러 갔구나 싶어요. 그래서 영화 다양성을 고민하시는 분들은…….

윤옥   영화관에 가야 된다?
고운   네, 운동의 의미로라도 극장에 가야 한다. 왜냐하면 이게 하루하루 관객 수에 따라 극장에서 판단을 하거든요. 계속 걸 건가, 아니면 뺄 건가. 그래서 개봉해서 최대한 빠른 시일 내에 찾아가서 봐주시면 그 영화를 지키는 데 도움을 주실 수 있습니다.

─── 마무리

윤옥   오, 알겠습니다. 벌써 시간이 이렇게 됐나요. 제가 오늘 감독님 이야기에 너무 빠져들어서 사회자로서 시간 엄수, 이런 걸 잘 못했어요. 이제 마무리를 좀 해볼까요?
고운   너무 즐거웠어요. 방송이라는 걸 잊고 말을 하다가 지금에서야 무슨 말을 더 드려야 되지, 이런 생각이 막 몰려오는데요. 관심사가 비슷한 사람이랑 수다 떠는 게 저는 제일 즐겁거든요. 다들 파이팅하세요. ☺
희정   저는 그런 생각을 했어요. 항상 비평은 작품보다 한 발짝 늦게 오는구나. 감독님이랑 오늘 얘기하면서 제가 맨날 어려운 개념 쓰면서 청취자들 괴롭혔던 것을 반성하게 되네요.

그냥 편안하게 말하면 그 안에 삶의 철학이 다 들어 있는 건데 말이죠. 나와 주셔서 정말 감사합니다.

윤옥 궁금한 게 참 많았던 영화, 그리고 미소라는 캐릭터에 대해 이야기 나눌 수 있어서 좋았어요. 미소에게 반하면서도 또 가슴이 아릿했거든요. 또 감독님께 감사하다는 말씀을 드리고 싶은 게, 동시대를 살아가는 여성으로서 그런 삶의 결들을 꾹꾹 눌러 담아 새로운 여성상을 보여 주신 거, 그게 참 고마워요. 제가 영화를 세 번 봤는데, 세 번 다 재밌었거든요. 청취자들께서도 꼭 보세요!

지혜 단체에서 공동체 상영하셔도 좋겠죠. 제작사로 연락 주시고, 감독님 초대도 하시고 그러시면 좋겠네요.

윤옥 당당한 선택을 한, 자신답게 살기를 선택한, 미소를 응원하고 싶습니다. "파이팅!" 수고하셨습니다.

+ 전고운이 덧붙이는 말

지난 4년 동안 많은 것이 변했습니다. 〈소공녀〉를 만들 때보다 집값이 더 올랐습니다. 인간이 인간에게 '공간'이 되어 주길 바라는 마음으로 만든 영화였는데, 이제는 만남 자체가 어려워졌습니다. 극장 사정도 안 좋아져서 영화들이 갈 곳을 잃었습니다. 저 역시 어디로 가야할지 모르겠습니다. 이 힘난한 시기에 어떤 영화를 만들어야 할지, 영화 만드는 의미조차 잘 모르겠습니다. 큰 영화들도 버티기 힘든 시기에 창작자로서 저의 비주류 취향이 버겁게 느껴지기도 합니다. 이런 시기에 지난 이 대화들을 다시 읽게 되었습니다. 잊고 있었던 '미소'가, 과거의 제가 현재의 제게 보내는 메시지처럼 느껴졌습니다. 취향은 죄가 없으니 이제 그만 의기소침하고, 좀 더 버티고 좀 더 나아갈 용기를 지녀야겠습니다.

익숙하지 않은,
예상되지 않는

게스트 **이경미**

단편 〈잘돼가? 무엇이든〉(2004)으로 제6회 서울국제여성영화제 아시아 단편 부문 최우수작품상과 관객상, 제2회 아시아나국제단편영화제 대상 등을 수상했다. '두 여자의 관계'에 대한 관심을 확장한 장편 데뷔작 〈미쓰 홍당무〉(2008)로 제29회 청룡영화상 신인감독상과 각본상 등을 수상했다. 배우 손예진의 새 얼굴을 선보인 장편 〈비밀은 없다〉(2016)로 제36회 한국영화평론가협회 감독상, 제17회 부산영화평론가협회상 대상 등을 수상했다. 단편 〈아랫집〉(2017), 넷플릭스 옴니버스 영화 〈페르소나〉(2019) 중 〈러브 세트〉, 정세랑 소설 원작의 넷플릭스 드라마 〈보건교사 안은영〉(2020)을 발표했다. 저서로 에세이집 『잘돼가? 무엇이든』(2018)과 각본집 『비밀은 없다』(2017), 『잘돼가? 무엇이든』(2019), 『미쓰 홍당무』(2020)가 있다.

― **오늘의 주제**

윤옥　오늘은 굉장히 특별한 곳에 와있는데요. 양천무중력지대에서 개최하는 제1회 무중력영화제 MUFF를 축하하며, 공개방송으로 〈을들의 당나귀 귀〉를 진행하고 있습니다. 오늘 특별히 함께해 주실 문유진 무중력지대 센터장님을 소개합니다.

유진　안녕하세요? 문유진입니다. 반갑습니다.

윤옥　또 한 분의 특별한 게스트가 계신데요. 손희정 선생님이 소개해 주세요!

희정　무중력지대를 소개하는 말이 "자유롭게 놀고, 함께 일하고, 이야기를 나누고, 새로움을 만들어 가는 청년 공간"인데요. 이렇게 서울시 청년 공간을 표방하는 무중력지대에서 만나는 〈을당〉이니만큼 '청년, 영화, 서울' 이 세 가지 키워드와 아주 잘 어울리는 게스트를 모셨습니다. 영화면 영화, 에세이면 에세이, 본인만의 개성을 뿜뿜 뿜내며 관객들, 독자들과 만나고 있는 이경미 감독님 모셨습니다. 영화에 이어 『잘돼가? 무엇이든』이라는 에세이집을 발간하셨어요. 박수로 환영해 주세요!

경미　안녕하세요? 영화감독 이경미입니다. 만나서 반갑습니다.

윤옥　〈을당〉에서도 〈비밀은 없다〉를 소개한 적이 있고, 그 내용이 『을들의 당나귀 귀』에 수록되어 있는데요. 정말 열정적으로 이야기 나눴었죠. 이번에 이경미 감독님을 모시게 돼서 영화를 며칠 전에 다시 봤거든요 두 번째 볼 때가 더 재밌는 영화는 처음이었습니다.

희정　몇 번을 다시 봐도 재밌죠. ☺

윤옥　어련하시겠어요. ☺ 오늘은 감독님 작품 세계와 삶에 대한 이야기를 두루 촘촘하게 나눠 볼 생각이에요. 영화 이야기는 뒤에서 차차 나누기로 하고요. 우선 책 이야기부터 해보려고 해요. 책 작업은 영화와 또 다를 것 같은데요, 어떠셨나요?

경미　'잘돼가? 무엇이든'이란 책 제목은 제가 영화학교 다니던 시절에 졸업 작품으로 만든 단편영화 제목이에요. 영화는 개봉 스코어가 중요하기 때문에 극장 개봉하고 종영할 때까지 피를 말리는 시간이었는데, 책은 절판될 때까지는 계속 그냥 시장에 나와 있는 거니까 조금 더 편안한 마음으로 지내고 있습니다.

윤옥　책이 첫 장부터 끝장까지 술술 넘어가던데요? 그렇다고 가볍기만 하다는 건 아니고, 이야기를 따라가다 보면 눈물이 나기도 하고 위로가 되기도 하고 그랬어요. 글을 쉽고 편안하게 쓰는데도 마음을 울리는구나, 재능이 대단하다, 이런 생각이 들었어요. 부럽습니다.

희정　타고난 이야기꾼이라는 생각이 들죠.

윤옥　힘을 빼고 쓰는데 왜 이렇게 가슴을 울리지? 이런 느낌이요.

─── **있는 그대로의 나를 보여 주는 방식**

윤옥　제 인생철학 하나가 '뜻대로 안 되는 게 인생이다'이고요. 아이 둘 키우면서는 제 신념이 '내비 둬'예요. 감독님도 『잘돼가? 무엇이든』에서 "인생 참 계획대로 되지 않는다. 이 사실을 농담으로 넘기지 못하면 숨 막혀 죽을 것 같아서 혼자 끄적였던 지난 15년의 부끄러운 기록들을 모았다"라고 쓰셨어요. 저하고 비슷하시다 싶더라고요. 그러면서 프롤로그에서 "감독은 영화로 말해야 된다고 생각해서 〈미쓰 홍당무〉 이후에 들어온 책 작업을 거절했지만, 〈비밀은 없다〉를 만들고선 이 책을 내게 됐다"고 쓰셨어요. 왜 마음이 바뀌셨나요?

경미 〈미쓰 홍당무〉 직후에 책 작업을 하자는 제안을 거절했던 건, 다음 영화를 바로 찍을 수 있을 줄 알았기 때문이었어요. 근데 그 후로 8년이 흘렀죠. 그래서 8년 뒤에 〈비밀은 없다〉 촬영을 마치고 후반 작업을 하면서는 그런 생각이 들더라고요. 인생이 뭐 그리 길다고, 이렇게 재고 따지고 앉아서 이건 하고 저건 안 하고, 이러고 있나 싶었어요. 그리고 한 가지만 계속 하는 게 좀 지겹기도 했고요. 계획에 없던 일을 하면 또 새로운 일들이 펼쳐지지 않을까라는 기대감도 있었고. 그래서 8년 동안 계속 책 내면 좋겠다고 옆에서 이야기해 온 아르테 출판사의 정유선 팀장에게 연락했죠, 오랜만에. 만약 〈비밀은 없다〉가 흥행했다면 책을 안 썼을지도 모르겠어요. 다음 영화에 바로 들어가야 했을 수도 있으니까요.

희정 저는 감독님 작품도 좋아하고 인터뷰도 많이 읽고, 심층 GV 진행도 해본 적이 있어서 어쩐지 감독님이 잘 아는 사람인 것 같다는 혼자만의 착각? 내적 친밀감? 이런 것이 있었는데, 책을 읽으면서 더 친근감을 느끼게 된 것 같아요. 무엇보다 감독님 영화가 어떻게 탄생하게 되었는지, 그 설명이 책에 들어 있어서 좋았고요. 감독님 본인의 생각이 어떻게 시나리오로 이어졌는지, 그런 걸 보니까 영화를 더 잘 이해하게 된 것도 같아요. 그러면서 문득, 영화는 관객들이 작품과 감독을 동일시하진 않으니까 영화를 봤다고 해서 '내가 이 감독을 잘 안다'고 생각하지는 않는데, 에세이에는 저자의 내밀한 이야기가 많이 들어가니까, 독자들이 감독님을 잘 안다고 느끼지 않을까요. 모르는 사람인데 갑자기 '널 잘 알아' 이러면서 다가오지는 않는지 궁금해요.

경미   그렇죠. 책을 읽은 뒤 저에 대해 미리 단정 짓고, 제가 앞으로 영화나 드라마를 찍을 때 '이경미가 이런 사람이 아니잖아' 하고 판단되는 일이 생길까 봐 걱정이 되기는 해요.

윤옥   아무래도 그럴 것 같아요.

희정   저도 뭐랄까…… 에세이 쓰는 분, 영화 만드는 분, 이렇게 작업을 따로 봤을 때는 그런 느낌을 가지지 못했는데요. 책을 읽고 나서 '영화감독 이경미'에 대해 느끼는 제 감정적 거리랑 '에세이스트 이경미'에 대해 느끼는 감정적 거리가 달라진 것 같아요. 이런 면에서 에세이 작업은 매력적일 수도 있고, 또 감독한테는 부담일 수도 있겠다 싶더라고요.

경미   그래서 저는 새로운 미션이 생긴 것 같아요. 에세이로 만들어진 벽을 다음 작품 때 넘어서야 한다는.

윤옥   15년간의 기록이라고 했는데요. 평소에 아주 짤막하게 그날의 어떤 감정이나 느낌 같은 것을 기록을 하시더라고요.

경미   네, 굉장히 오래된 습관이에요. 회사 다닐 때부터 생겼어요. 답답한데, 그걸 풀 길이 없으니까 뭔가를 적기 시작한 거죠. 그게 쭉 이어져 왔어요.

윤옥   그렇구나. 답답한 것을 표현하고 싶은 생각에.

경미   제가 어떤 부분에선 아주 적극적이지만, 또 다른 부분에선 굉장히 소심하거든요. 평소에 자기표현을 쉽게 하는 편이 아니다 보니 일상에서 표현 못하는 것들을 글로 쓰는 거죠.

윤옥   솔직하게 내면의 이야기를 쓴 것이 흥미로웠어요.

희정   이 책을 같이 읽은 독자가 꼭 물어봐 달라는 질문이 있어요. 책을 보면 짝사랑 얘기, 영화 망한 얘기, 그러니까 '망했다'는 건 감독님 표현으로 '망했다'고 하셨으니까……. ☺ 그리고 길티플레저guilty pleasure, 술 마시고 하는 주사 등등 그야말로 거침없이 감독님의 이야기가 펼쳐지는데요. 그렇게 내밀하고도 때로는 부끄러울 수도 있는 이야기를 풀어내는 배짱이 도대체 어디서 나오는지요.

경미   책 준비하면서 버린 글들도 많아요. 훨씬 더 오픈해서 쓴 글들이 있었거든요. 그런데 주변에서 말렸어요. 이렇게까지 다 공개할 필요가 있느냐고요. 이 책 일러스트를 친동생인 이경아 작가가 그렸는데 동생이 그러더라고요. "나라면 이런 글을 안 쓸 것 같아." 그래서 알았어요. 그런 부분에 대해선 내가 조금 단순한 편이구나. 만약 내 이야기를 풀어내는 것이 그렇게 스트레스가 된다면, 이 작업을 아예 시작 안 했겠죠? 저는 그냥 재밌게 했어요. '내 이야기가 뭐 특별하고 대단하다고'라는 생각이 늘 머릿속에 있어서 오픈하는 게 그다지 어렵지 않았어요. 그리고 사실 그 과정을 통해서 제가 위안을 많이 받았어요. 자유로워진 기분을 느꼈어요.

윤옥   타인이 어떻게 보는지에 대해 자유로우신 편인가요?

경미   아니에요. 저도 강박적으로 신경 쓰는 부분이 있는데요. 다만 제가 제일 두려워하는 건, 나는 '그런 사람'이 아닌데

'그런 사람'으로 포장되거나 오해받는 거예요. 그렇게 오해받을 바에는 그냥 활자화해서 내 입으로 까발려 놓으면 뭔가 나중에 억울한 일이 생길 때 오히려 도움이 되지 않을까? 생각했는지도 모르겠어요. 저는 설사 유리한 방향이더라도 내가 다른 사람으로 오해받는 게 제일 무서워요.

윤옥　진심이 느껴졌어요. 그래서 이렇게까지 솔직할 수 있구나 싶네요.

─── 계획에 없이 들어섰던 영화 공부의 길

희정　이제, 영화 이야기로 넘어가 볼까요? 청취자께서 이런 질문을 주셨어요. "영화감독이 되고 싶은 학생입니다. 이경미 감독님께서는 감독이 되겠다고 결심하셨을 때 가장 먼저 어떤 행동을 하셨나요?"

경미　감독이 되겠다고 결심을 한 적은 없어요. 영화감독이 꿈이었다거나, 감독이 되겠다고 결심을 했다거나, 그래서 영화 공부를 시작한 게 아니었거든요. 회사를 너무 다니기 싫은데 영화학교 시험에 붙어서 영화 공부를 시작한 거죠. 다른 사람들하고는 시작이 좀 달랐던 것 같아요. 영화학교 시험을 본 것도 제가 원서를 내긴 했지만 학교에 들어가고 싶어서 냈다기보다는, 감독이 되고 싶어 하는 친구들이 주변에 있어서 그런 학교가 있다는 걸 알게 되었기 때문이었어요. 그래서 지원했던 곳이 한국예술종합학교 영상원이었는데요. 거긴 수능을 안 봐도 된다고 하더라고요. 전 학력고사 세대라…… 다른 걸 시작하고 싶어도 수능 준비가 큰 벽이었어요. 그래서 마침 친구들이 그 학교 입학시험을 볼 때 저도 재미 삼아 원서를 냈는데 덜컥 합격했어요. 그리고 나서 부모님께는 영화감독이 꿈이었다고 연기를 했어요. 부모님이 깜짝 놀랐죠. 아니 어떻게 그렇게 힌트도 안 주고 혼자서 감독의 꿈을 키워 왔냐고요. ☺

희정　영화감독이 되겠다고 따로 결심한 적이 없으니 가장 먼저 한 행동도 없는 거네요?

경미　네, 영화학교에서 공부를 하면서도 감독이 될 수 있을 거란 생각은 못 했어요. 쉬운 일이 아니니까요. 학교 다니면서 생각했던 건 '미래에 대해 생각하지 말자'는 거였어요. 결심이라면 그게 결심이었던 것 같아요. 미래를 생각해 봤자 어떻게 될지 아무도 모르고, 그렇게 미래를 생각하느라 쏟는 에너지가 무의미하고 무모할 뿐이라는 생각이 들더라고요. 그래서 영화 공부에만 집중했어요. 그 자체도 물론 너무 재밌었고요.

희정　졸업 작품으로 찍었던 〈잘돼가? 무엇이든〉이 평단과 영화제 서킷에서 주목을 받으면서 장편 데뷔를 하게 된 건가요?

〈잘돼가? 무엇이든〉

'주성쉬핑'에 입사한 지 4개월 된 경력 3년 차 지영은 책임감 있고 영리하여 박 사장의 신임을 받지만 정작 본인은 사회생활에 신물이 난 여직원이다. 한편 지영보다 두 살 어리지만 이 직장에서 3년 넘게 일해 온 희진은 일 욕심이 많고 노력파이나 눈치가 없어 주변 사람을 피곤하게 만든다. 너무 다른 성격과 행동 양식 때문에 서로 안 좋은 감정만 쌓인 두 사람에게 어느 날 장부를 조작하라는 비밀 업무가 주어지고, 두 사람은 어쩔 수 없이 매일 밤 둘만의 야근을 시작한다.

경미   네, 그렇죠. 〈잘돼가? 무엇이든〉 전에 박해일 배우와 〈오디션〉이라는 영화를 한 편 찍었어요. 박해일 씨가 〈살인의 추억〉에 출연하기 전인데요. 〈오디션〉은 전혀 칭찬도 주목도 못 받았죠. 그래서 속이 좀 상했고, 졸업 작품은 정말 사랑받고 싶다는 생각을 했어요. 그게 〈잘 돼가? 무엇이든〉이었고, 큰 사랑을 받았죠. 덕분에 입봉도 했고요.

희정   〈잘돼가? 무엇이든〉은 한국여성노동자회와 〈을당〉 청취자들이 아주 좋아할 것 같아요. 작은 무역 회사에서 일하는 두 명의 여직원 사이에서 벌어지는 갈등과 미묘한 화해, 두 사람 사이의 관계, 이런 이야기를 하는 영화거든요. 무역 회사에서 탈세를 하려고 회계장부를 조작하는데, 그 일을 두 여성 노동자에게 시키는 사악한 상사가 나오죠. 책 『잘돼가? 무엇이든』에도 영화의 모티브가 된 회사 생활 이야기가 나오더라고요.

경미   맞아요. 제가 영화학교 들어가기 전에 회사 생활을 3년 정도 했는데요. 회사 다닐 때는 그 생활이 저에게 영감을 주거나 영향을 줄 거라고는 생각도 못했는데, 이후 작품 활동에 영향을 줬어요.

윤옥   딱 떠오르는 게⋯⋯ 회사 관련 이야기를 하면서 "좆같은 인생"이라고 쓰셨죠. 성희롱을 3년간이나 참았는데. 회사를 그만두고 어디선가 그 사람을⋯⋯.

경미   마주쳤다. 레지던스 호텔에서 촬영을 하면서요. 그런데 그렇윤옥 게 오랜만에 마주친 상황에서도 그에게 뭔가를 부탁해야만 했어요. 저희 촬영장이 하필이면 그 사람의 숙소였거든요. 그래서 "좆같은 인생" 이렇게 쓰셔서 좀 웃었어요. 한국여성노동자회는 워낙 직장 내에서 여성들이 겪는 다양한 사례들을 상담하니까요. 확 와닿더라고요. ☺ 하지만 그때가 IMF 직후라 워낙 취직이 어려운 시절이니까 버틸 수밖에 없었다고 쓰셨어요. 어떻게 보면 그 경험이 여성 노동자들의 처지와 위치를 이해하게 하고, 여성으로서 이 사회를 살아간다는 것이 어떤지에 대한 감각으로 남은 것 같아요. 그래서 페미니스트가 되겠다, 이런 생각을 하지 않아도 감각적으로 여성의 삶에 대해 이야기하게 되고, 그로부터 작품도 출발할 수밖에 없고……. 그런 건 아닐까요?

경미 분노에서 출발하게 되죠.

희정 SNS에 가끔 그런 이야기들이 돌아요. "당신들이 지금 괴롭히는 어린 여자는 죽지 않는다. 반드시 돌아와서 복수할 거다." 어떻게 보면 감독님 작품에도 그런 경험들이 살아 있고, 결국 이런 영화가 세상을 바꾸는 데 힘을 미치는 것이 아닌가, 감독님이 복수를 의도하지 않더라도 일종의 복수가 되는 건 아닌가…….

윤옥 〈미쓰 홍당무〉나 〈비밀은 없다〉에 깔려 있는 어떤 관점이나 태도가 이 부분에서 서로 연결되는 느낌이네요.

희정 작품을 하다 보면 소통에 성공하기도 하고 실패하기도 할 텐데, 영화 만들기를 계속하게 하는 에너지나 쾌감은 어떤 걸까요?

경미 어머니가 웃음이 되게 많은 편이에요. 잘 웃으세요. 제가 어릴 때 뭔가 재밌게 이야기하면 눈물을 흘리면서 웃으셨거든요. 그때 느낀 성취감이 있었어요. 비슷한 거 같아요. 제가 뭔가 쓰고 이야기할 때, 누군가가 동화되어 즐거워하면 저도 기분이 좋아요. 그러니까 자꾸 얘기를 만들고, 쓰고, 그렇게 되는 거죠.

―― 〈비밀은 없다〉의 도전

희정 〈비밀은 없다〉 흥행 실패가 감독님한테 큰 타격이었나 봐요.

〈비밀은 없다〉
국회 입성을 노리는 신예 정치인 종찬과 그의 아내 연홍. 선거를 보름 앞둔 어느 날, 그들의 딸이 실종된다. 갑작스럽게 사라진 딸의 행방을 찾기 위해 애를 쓰던 연홍은 딸의 실종에도 불구하고 선거에만 집중하는 종찬과 사건을 제대로 조사하지 않는 사람들에게 분노하고, 점점 누구도 믿을 수 없는 상황 속으로 빨려 들어간다. 딸이 남긴 단서들을 집요하게 추적하던 연홍은 점차 드러나는 충격적인 진실과 맞닥뜨리게 된다. 지금까지 볼 수 없었던 손예진의 파워풀한 얼굴을 볼 수 있는, 촘촘하고 치밀한 추리극.

경미 저는 운이 좋았죠. 영화가 흥행되지 않았지만, 사랑을 많이 받았어요. 사실 영화 스코어가 안 좋으면 가장 고통스러운 점은 다음 작품을 못 할지도 모른다는 공포거든요.
희정 책 서문에 보면, 감독님이 힘든 시간을 보내고 있을 때 지하

철에서 『씨네21』을 한 권 샀는데, 그게 〈비밀은 없다〉 특집호였다는 이야기가 나와요. 당시 평단에 있던 사람들도 〈비밀은 없다〉가 그렇게 빨리 극장에서 내릴 줄 모르고 특집을 준비하고 있었어요. 그런데 너무 빨리 내려오니까 서둘러서 특집을 꾸렸거든요. 그때 저도 글을 한 편 기고했는데요. 잡지를 보면서 눈물이 났다고 쓰셨어요. 팬으로선 '아, 내 글도 읽으셨구나' 싶어서 뿌듯하고 좋더라고요. 😊 이 영화를 내놓으실 때, 어느 정도로 흥행하겠다, 관객들과 뭘 나누고 싶다, 이런 기대가 있었다면요?

경미 〈비밀은 없다〉는 관객이 재밌게 즐길 수 있을 거라 생각했어요. 안타깝고 무거운 이야기지만, 장르적인 재미를 즐길 수 있기를 바랐죠. 저의 회심의 포인트는 역시 주인공 캐릭터였어요. '아이 잃은 엄마 중에 이런 엄마 봤어?' 이런 야심 찬 부분이 있었던 거죠. 대박이 날 거라 생각하진 않았어도 〈미쓰 홍당무〉보다는 많이 볼 거라고 생각했어요. 손예진 배우가 또 흥행 불패의 인기 배우니까요.

윤옥 개봉 당시 손희정 선생님이 〈을당〉 녹음하면서 분기탱천하셨어요. "아니 이 영화가 어떻게 흥행을 안 하냐"며.

희정 저는 사실 배급 구조의 영향이 컸다고 생각해요. 한국에서 흥행하려면 기본적으로 확보해야 하는 스크린 수가 있는데 〈비밀은 없다〉에겐 좀 불리한 구조가 아니었나.

윤옥 사실 저는 당시에 봤을 때는 손예진 씨가 연기한 연홍이란 캐릭터가 관객들과 접점을 찾기 어려운 캐릭터가 아닌가 싶었어요. 관객들의 기대를 너무 보기 좋게 저버렸으니까요. 너무 빨리 온 캐릭터 아닌가. 손희정 선생님은 "이 정도 캐릭터는 지금이라면 먹힐 거야"라고 생각했던 것 같고요. 가부장제에 전면적으로 도전하는 캐릭터로 보였어요. 대중적이지 않은 거죠.

경미   처음부터 가부장제에 전면적으로 도전하는 캐릭터라고 의도했어요. 그것을 향해 나아갈 때의 쾌감이 있거든요. 하지만 이 영화가 만들어질 때는 그런 캐릭터가 매우 낯설었기 때문에 많이들 불편해했어요. 상업적인 측면에서 불리했던 거죠. 예상했지만 해볼 만하다고 생각했어요. 아니 꼭 하고 싶었어요. 제가 너무 답답했거든요.

윤옥   이 감독은 타협하지 않는다는 생각이 들더라고요.

희정   어디 방송에선가, 이경미 감독님과 함께 작업하는 스태프가 이런 이야기를 했어요. "이경미의 작품은 이해하려고 하면 안 되고 그냥 따라가야 한다." 타협 없이 뜻대로 밀어붙인다는 이야기였던 것 같아요. 그렇게 해서 〈잘돼가? 무엇이든〉〈미쓰 홍당무〉〈비밀은 없다〉까지 오신 거잖아요. 그러면 흥행을 위해서 타협을 좀 해야겠다는 생각은 안 하셨나요?

경미   제 딴에는 타협을 해온 거예요. 그 노력이 뭔가 못 미치고 있는 것이긴 한데…… 다만 저한테는 마지노선이 있죠. 내가 모르거나 싫어하는 것을 아는 척하거나 좋아하는 척은 못 하겠어요. 흥행을 위해서는 이렇게 저렇게 해야 한다는 공식들이 늘 납득이 되는 건 아니에요. 그 공식들이 정말 맞는다면 모두 흥행했겠지요.

희정   셀러브리티가 됐든 감독이든 작가든, 사람들 사이에 둘러싸여 있다 보면 그 사랑과 관심을 유지하기 위해서 어느 순간 사기를 치기 시작하거든요. 잘 모르는 것도 아는 척하거나,

믿지 않으면서 믿는 척하거나, 그렇게 타협하면서 이게 진짜라고 우기거나. 어떻게 보면 감독님은 사기를 치지 않는 창작자이기도 한 거네요.

웰컴 투 이경미 월드

희정　JTBC에서 〈아랫집〉이란 영화를 만드셨어요. 와, 정말 재밌게 봤는데요.

〈아랫집〉
현업에 있는 영화감독들이 방송국으로부터 소액의 제작비를 지원받아 단편영화를 만들어 공개한다는 콘셉트의 JTBC 예능 〈전체관람가〉에서 이경미 감독이 연출한 영화. 406호 여자는 아랫집에서 올라오는 담배 연기 때문에 점점 미쳐 간다. 그녀는 마침내 306호를 찾아가지만 그곳의 남자는 의외의 말을 건넨다. 과연 담배 연기는 306호에서 올라온 것이 맞을까? 이경미의 독특한 상상력이 짧은 시간 안에 강렬하게 빛을 발하는 단편. 오랜만에 영화에 출연한 이영애의 모습을 볼 수 있다.

〈아랫집〉의 모티브가 된 이야기도 『잘돼가? 무엇이든』에 나와요. 아랫집 남자가 자꾸 담배를 피워서 예의를 차리느라고 "담배 좀 그만 피세요"라고 편지를 써서 줬더니, 이 남자가 썸을 타려고 들었다는 이야기. ☻ 그 경험을 모티브로 작품을 만드셨죠.

경미   맞아요. 참다 참다 남자친구가 직접 찾아가서 항의했더니 얼마 안 있다가 이사 갔어요.

희정   제가 이 작품이 재밌었던 건 〈비밀은 없다〉 연장선상에 있는 작품으로 보여서예요. 〈비밀은 없다〉에서 연홍의 딸 민진이가 죽으면서 자신이 피우던 말보로를 남기고 죽고, 연홍이 그 담배를 잡는 장면이 나와요. 그 연홍이 〈아랫집〉의 이영애 씨 캐릭터로 연결된 건 아닌가 했어요. 이영애 씨가 연기한 406호 여자가 어째서 그렇게 담배에 집착하게 되었는가를 생각해 보면, 그 이유가 〈비밀은 없다〉의 경험으로부터 온 것일 수도 있겠구나 싶었던 거죠. 그렇게 〈잘돼가? 무엇이든〉에서 〈아랫집〉까지 작품이 이어지면서 이경미의 세계가 만들어지고 있다는 생각이 들더라고요. 방송에선 '이경미 월드'라고 표현하던데요.

경미   역시 예리한 분이에요. ☻ 〈미쓰 홍당무〉 시나리오를 쓸 때 염두에 둔 건 〈잘돼가? 무엇이든〉의 희진이었어요.

〈미쓰 홍당무〉

시도 때도 없이 얼굴이 빨개지는 안면홍조증에 걸린 양미숙은 비호감에 툭하면 삽질을 일삼는 고등학교 러시아어 교사. '지지난해 회식 때도 내 옆에 앉았고, 집으로 가는 차 안에서도 내 옆에 앉은 걸 보면서 선생님은 나를 좋아하는 게 분명해!'라고 생각하던 그녀 앞에 단지 예쁘다는 이유로 사랑받는 모든 여자의 적 이유리 선생이 나타났다. 같은 러시아어 교사인 이유리 선생. 그러나 러시아어가 인기 없단 이유로 양미숙은 중학교 영어 선생으로 발령 나고, 자신이 짝사랑하는 서 선생과 이유리 사이에도 미묘한 기운이 감지되는데⋯⋯. 열심히 해도 미움받는 양미숙, 대충 해도 사랑받는 이유리. 미숙은 자신이 영어 교사로 발령 난 것도, 서 선생의 마음을 얻지 못한 것도 모두 그녀 때문이라고 생각한다. 급기야 질투와 원망에 사로잡힌 양미숙은 서 선생과 이유리 사이를 떨어뜨리기 위해 서 선생의 딸이자 싸가지 없는 전교 왕따 서종희와 모종의 비밀스러운 동맹을 맺게 되는데……!

굉장히 답답하고 짜증나는데 좀 웃기기도 한, 그런 인물이죠. 그리고 지영이라는 캐릭터는 절대 제도에 편입되지 않으면서 불의에는 저항하면서 맞는 말만 따박따박 하는 사람인데, 그 두 사람을 섞어서 공효진 씨가 연기한 양미숙 캐릭터를 만들었어요. 〈미쓰 홍당무〉에서는 방은진 감독님이 연기했던 유부남 교사의 아내 캐릭터를 참 좋아했어요. 가장 어른스러운 인물이라고 생각했거든요. 그 인물을 이어서 만든 게 〈비밀은 없다〉의 연홍이었죠. 그렇게 작품을 하나 쓰는 동안 그 인물들을 계속 생각하게 되는데, 그러다 보니까 사람들이 재밌어하는 부분에서 영향을 받기도 하고, 또 그 인물들에게 내가 영향을 받으면서, 인물들이 계속 번식하는 느낌을 받아요. 〈비밀은 없다〉의 기괴한 느낌을 사람들이 무서워하더라고요. 그게 또 흥미로워서 〈아랫집〉은 진짜 무서워할 만한 영화를 찍어 보자 했어요.

윤옥   그 말씀을 듣고 보니 생각나는데, 저는 〈비밀은 없다〉를 보면서 민진과 미옥이 하는 음악이 굉장히 비호감이랄까요. 막 시끄럽고, 그래서 이상했어요. 음악이 몰입을 방해한다고 느꼈는데요.

경미	영화 작업할 때 그 음악 때문에 말이 많았어요. 아이들이 멋진 록이나 이런 걸 하면 좋겠는데, 왜 그렇게 이해하기 어려운 이상한 음악을 하느냐고들 물었죠. 제가 그런 음악을 선택한 이유는 민진과 미옥의 역사 때문이었어요. 이런저런 일을 겪으면서 살아온 이 아이들이 과연 어떤 음악을 만들까. 뭔가 제정신이 아닌 것 같은 상태가 표현되는 음악이면 좋겠다. 얘네들 정도의 스토리를 가진 사람들이라면, 이런 음악을 할 수 있겠다 싶었죠. 근데 영화가 추리물이다 보니까 이 인물들의 과거가 영화가 끝나야 드러나는 거잖아요. 그러다 보니 인물들의 이상한 행동들이 처음 볼 때는 이해가 잘 안 가고 이상하게 받아들여지는 거죠. 그런데 이제 와서 드는 생각은, 그 아이들의 충격과 아픔을 기막히게 멋진 예술로 승화시켜도 좋았을 거라는 생각이 들어요. 만약 그런 방향의 음악이라면 영화 클라이맥스를 지배하는 오리지널 사운드트랙으로 아이들의 음악을 변주했겠네요.
윤옥 희정	왜 영화를 두 번째 볼 때가 더 재밌었는지 이해가 가네요. 〈비밀은 없다〉에 대한 부당한 평가 중 하나는 이 영화가 치밀하지 않은 스릴러라는 평이었어요. 그런데 실은 영화가 아주 촘촘하고 꼼꼼하죠. 그러다 보니 영화를 두 번 보고 세 번 볼 때, 더 재밌는 것 같아요.
윤옥	그러게요. 두 번째 볼 때 더 긴장되고 쫄깃하다고 할까, 쫄림이 느껴지는 거예요. 내용은 다 아는데도 보기가 힘들고. 눈을 이렇게 가리면서 봤어요.
희정	이게 핵심인 것 같아요. 아까 감독님이 장르적 재미를 추구했다고 하셨는데, 사실 장르물은 어느 정도 익숙해야지 스며

드는 건데 감독님의 영화는 익숙한 게 아니라 낯선 것들로 관객들을 공격하니까요. 그러니까 처음 보고 영화에 조금 익숙해지고 나면, 다시 볼 때 그 장르적 재미를 더 느끼게 되는 거죠.

유진 저도 두 번 봤는데요. 두 번째는 핸드폰으로 봤거든요. 영화를 보다가 핸드폰을 던졌잖아요. 긴장해 가지고. ☺ 그렇게 되더라고요.

희정 저는 책을 읽으면서 더 그런 생각을 했는데요. 감독님 본인이 스스로 페미니스트라고 생각하시는지 어쩐지는 잘 모르겠지만, 그럼에도 불구하고 페미니스트들이 이경미 감독 작품을 좋아할 수밖에 없는 이유가 있다고 생각해요. 종종 '여성 영화' '여성 서사'라고 하면 반쪽의 이야기, 일부분의 이야기라고 받아들이는 이들이 있지만, 감독님 작품에선 여성이 보편 인간으로 그려지고, 여성의 이야기가 보편이자 인간의 이야기라는 생각을 하게 돼요. 그건 어쩌면 감독님이 여성으로서 살아온 경험에 기반해 인간의 이야기를 하기 때문이죠. 저는 이경미 영화의 힘이란 여성으로 살아온 경험에서 나오는 거구나 싶었어요.

경미 제가 여성이라서 이야기를 만들 때 재밌는 점들이 있어요. 아직 많이 이야기되지 않았기 때문에 할 수 있는 이야기가 많아요. 이건 좋은 점이기도 하지만 아쉬운 점이기도 하죠. 그만큼 많이 이야기되지 않았다는 거니까요. 또 제가 여자를 가지고 이야기를 만들 땐 자신감이 차올라요. 내가 제일 잘 알고 있다는 기분이 들어서 그런 것 같아요. 여성이기 때문에 속상할 때는, 영화를 만들었는데 그게 내가 만든 작품이기 때문에 편협한 시선으로 해석된다고 느낄 때예요. 그리고 "여자가 만든 것치고는 괜찮네" 하는 평가들이 듣기 싫어요. 작품 자체로 다뤄지면 좋겠는데, 여성 감독, 여성 영화로만 한정될 때는 시장에서 좀 더 정확하게 평가받고 싶은 마음도 들죠.

윤옥   감독님 다음 작품이 너무 궁금한데요.

경미   몇 가지 있는데, 드라마를 할 수도 있을 것 같고요. 영화를 할 수도 있을 것 같아요.

이경미와 넷플릭스

〈을당〉과의 인터뷰 이후 이경미 감독은 넷플릭스를 통해 두 편의 작품을 공개한다. 한 편은 옴니버스 영화 〈페르소나〉, 다른 한 편은 드라마 〈보건교사 안은영〉이다. 영화 〈페르소나〉는 '네 명의 감독이 담은 각기 다른 배우 이지은'이라는 콘셉트로 완성한 옴니버스 영화다. 임필성, 전고운, 김종관, 이경미 감독이 배우 이지은(아이유)과 함께 단편영화를 한 편씩 찍었다. 이경미의 〈러브세트〉에서 이지은은 아버지를 사이에 놓고 아버지의 연인과 테니스 경기를 벌이는 아이유를 연기한다. 게임이 진행될수록 아이유의 마음이 아버지를 향하고 있는지, 아니면 아버지의 연인인 두나를 향하고 있는지 모호해진다. 〈보건교사 안은영〉은 정세랑의 동명의 원작을 바탕으로 넷플릭스가 제작한 6부작 드라마다. 남들 눈엔 보이지 않는 '젤리'를 볼 수 있는 특별한 능력을 가진 보건교사 안은영이 새로 부임한 고등학교에서 심상치 않은 미스터리를 발견하고, 한문 교사 홍인표와 함께 이를 해결해 가는 명랑 판타지 시리즈이다.

희정 이쯤에서 청취자 질문 하나 또 드릴게요. "감독님 영화 속의 캐릭터들을 정말 좋아해요. 그래서 감독님은 캐릭터를 구상하고 스토리를 만드시는지 스토리 안에서 캐릭터를 만드시는지 궁금합니다." 저도 좀 궁금했는데요. 학교에서 영화 수업을 하고 있는데, 여학생이건 남학생이건 다들 너무 '남성 영화'들만 봐왔고, 한국 영화든 외국 영화든 명작이라고 얘기된 것도 다 남성 중심적인 영화가 많으니까, 여성 캐릭터를 상상하기가 좀 힘들다는 이야기를 하더라고요. 그리고 여자가 뭘 한다는 것 자체가 상상이 잘 안 된다고요. 감독님 영화들에 주목할 만한 여성 캐릭터들이 많은데요. 공효진이나 손예진 같은 매력적인 여성 캐릭터, 어떻게 만드시나요?

경미 스토리와 캐릭터 중에 뭐가 먼저인지는 좀 모호한 것 같아요. 동시에 생각하거든요. 확실한 건 제가 인물을 만들 때 내가 되고 싶은 사람으로 만든다는 거예요. 그래서 〈잘돼가? 무엇이든〉에서는 주인공 여자가 제도에 순응하지 않고 생각하는 여자였어요. 그 인물이 너무 멋있다고 생각했거든요. 〈미쓰 홍당무〉의 주인공은 비록 사랑받기 힘든 사람이지만 끝내 '나는 내가 부끄럽지 않다'고 생각할 수 있는 사람이고, 그런 엔딩이잖아요. 저도 그런 사람이 되고 싶었어요. 〈비밀은 없다〉의 주인공이야말로 정말 저의 이상형인 여자죠. 자기 욕망에 충실하고요. 재밌는 건 이 여자도 제도 속에 들어가고 싶지만, 동시에 자기 욕망과 제도가 서로 맞지 않는 사람이거든요. 그래서 본인이 더 충실하게, 되는 순간까지 진실하게 가는 과정을 그렸어요.

윤옥 캐릭터들이 다 살아 움직이는 것 같아요. 그러니까 '이경미 월드'라는 말이 와닿네요. 그곳에서 또 성장하고 확장되고, 이런 느낌이 있어요.

희정 연결해서 지금 현장에서 방청객이 주신 질문을 드려 보면 좋을 것 같아요. "오기 전에 〈미쓰 홍당무〉을 다시 봤는데요. 지금 더 '빵' 뜬 배우들이 조역·단역으로 많이 나오더라고요. 돌이켜 보면 서우, 공효진 같은 분들도 〈미쓰 홍당무〉 이후 많은 조명을 받았고요. 이 감독님의 안목에 감탄하게 됩니다. 배우를 뽑으실 때 기준이 궁금합니다."

경미 제가 재미있다고 느낄 때, 그 배우와 함께 작업하고 싶다고 생각하는 것 같아요. 사실 오디션 보면 기본적인 연기들은 다 잘하죠. 그래서 오디션에서 연기를 보기보다는 그 배우가 어떤 사람인지를 보죠. 그 사람이 재밌는 사람인지 아닌지.

윤옥 감독님이 느끼는 재미는 어떤 거예요? 예를 들면, 손예진 배우의 경우 제 머릿속에 있던 로맨틱 코미디 배우의 이미지와 〈비밀은 없다〉의 연홍하고는 완전히 달랐거든요.

경미 익숙한 것, 예상 가능한 것은 재미없어요.

유진 그런데 〈미쓰 홍당무〉에 나왔던 배우들을 생각해 보면 정말 예상하지 못한 모습들이 있었기에 지금 이렇게 뜰 수 있었던 게 아닌가라는 생각도 들어요. 손예진이란 배우도 사실 〈비밀은 없다〉에서 좀 파격적인 모습을 보여 줬거든요.

윤옥 그렇죠. 엄마로 나온 것부터 시작해서, 그것도 중학생 딸이고. 너무 달랐거든요. 감독님은 관객이 보지 못하는 다른 모습을 배우 안에서 잘 잡아내는 것 같아요. 관객들은 그저 배우들이 보여 주는 모습만 보는 건데, 보여 주지 않은 낯선 모습을 흥미롭게 제시해 주시는 거죠.

나의 고통이 타인의 고통과 만나는 순간

희정   방청객들의 질문들 받아서 좀 더 여쭤보겠습니다. 영화 이야기부터 해볼게요. "시나리오 쓸 때 어떤 걸 가장 중요하게 생각하시나요? 장편 시나리오 한 편을 완성하는 데 얼마의 시간이 걸리는지요?"

경미   영화마다 다른데 〈미쓰 홍당무〉은 2년. 2년이면 빨리 잘한 편이죠. 〈비밀은 없다〉는 아시다시피 8년.

윤옥   한국 감독들은 다 이렇게 시나리오를 직접 쓰시나요?

경미   한국이 유독 본인이 시나리오를 쓰는 감독들이 많은 편이에요. 할리우드에서는 감독들은 연출만 맡고, 좋은 작가들과 작품들이 많으니까 그중에서 작품을 고를 수 있죠. 그런데 한국 영화 산업은 시장이 그렇게 크지 않다 보니 직접 쓰는 경우가 더 많은 것 같고요.

희정   시나리오 쓸 때 가장 중요하게 생각하는 점은 무엇인가요?

경미   자존감. 시나리오 쓸 때 자존감이 떨어지면 좋은 글이 안 나오더라고요.

윤옥   "내가 흥행에 실패해 가지고" 이런 자기 검열 얘기가 책에 막 나오잖아요.

경미   네, 인터뷰 같은 거 할 때 "제가 〈비밀은 없다〉 망해 가지고" 이런 얘기하면 기자들이 굉장히 민망해해요. 그런데 사실 스코어 보면 망했는데, 우물쭈물하지 말고 빨리 말하고 넘어가야 될 것 같아서.

윤옥   그러면 자존감을 높이는 방법으로 어떤 방법을 쓰시나요?

경미   글쎄요. 뭐가 있을까요. 저는 그때그때 다른데.

윤옥　책에 쓰신 것처럼, 잠자는 거?

경미　네, 요즘에는 머리 복잡할 때는 그냥 자요. 자고 나면 머릿속이 깨끗해져서 좋아요.

희정　잔다고 하시니까 청취자 질문 중에 그런 게 있어요. "죄책감 없이 잘 자는 방법 뭐가 있나요?" ☺

경미　그러게요. 예전에는 잠을 많이 자면 죄책감에 시달렸어요. '내가 이렇게 살면 안 되는데' 하는 생각이 들었는데, 불면증으로 너무 오래 고생을 하고 나니까 잠잘 수 있을 때 잘 자는 게 삶의 질을 높인다는 걸 알게 됐어요. 그래서 잠을 많이 잤을 때 '내가 큰일을 했다'고 느끼게 되니까 전혀 죄책감이 안 생겨요.

희정　저도 여덟 시간은 꼭 자야 되거든요. 낮잠도 30분은 자야 되고. 그런데 감독님 말씀을 들으니까 위안이 확 되네요.

경미　우리 같은 사람은 한 시간만 덜 자도 되게 하루가 힘들잖아요. 이걸 이해하지 못해요, 적게 자는 사람은. ☺

윤옥　저도 거기에 한 표예요. 저도 잠을 잘 자고 나면 갑자기 인생 우울했던 일들도 이렇게까지 해야 될 일이 뭐 있어, 이런 생각이 들더라고요.

유진　자존감이라고 하니까 궁금한 것이, 사실 여러 사람과 같이 일하다 보면 어떤 사람 때문에 상처받는 일도 있을 것이고, 또 저도 작은 센터이지만 센터를 운영하면서 어떤 조직을 컨트롤한다고 하는 게…… 가끔은 내가 이런 리더가 되는 게 맞나 고민이 들기도 하고 그렇거든요. 감독님도 현장에서 그런 고민들을 하실 텐데요. 여러 사람들과 함께 협업할 때 마인드 컨트롤을 어떻게 하시나요?

경미   고민을 하는 태도는 굉장히 중요한 것 같아요. 늘 고민을 해야 되는 게 맞는 것 같고요. 영화 현장에서는 감정적으로 일하지 않으려고 노력해요. 특히 분노나 화, 이런 감정을 조심하죠. 한번 화가 나고 그 감정을 조절하지 못하기 시작하면 일이 흐트러지기 쉽더라고요. 현장에선 올바른 결정을 내려야 하니까요, 감정적이 되지 않으려고 하죠. 꼭 필요할 때 화를 잘 내는 사람이 부러워요.

윤옥   저는 '자유롭다'고 할 때 '무엇으로부터 자유롭고, 무엇을 향한 자유인가?' 이런 생각을 가끔 하는데요. 감정으로부터 자유로운 건 정말 중요하다고 생각해요. 물론 사회적 분노는 괜찮지만, '아이, 짜증나' 이런 감정은 조절할 수 있으면 좋겠어요. 그런 감정에 사로잡히면 관계도 흐트러지고 일도 그르치니까요.

유진   그런데 또 한편으로는 굉장히 컨트롤하기 어려운 것이기도 하잖아요. 감정이라고 하는 게.

경미   책임을 지는 자리에 있다면, 그 어려움을 감수해야 하는 것 같아요.

희정   감정을 조절하는 게 참 지치는 일이기도 할 텐데요……. 마침 방청객 질문 중에 이런 게 있네요. "감독님은 영화 만드는 일 외에 삶을 풍요롭게 하기 위해 무슨 일을 하시나요? 그리고 감독님에게 좋은 삶이란 어떤 건지 궁금합니다." 이 질문과 함께, 감정이 바닥을 칠 때는 어떻게 극복하시는지 여쭤볼게요.

경미   삶을 풍요롭게 하는 게 저는 사랑을 하는 일인 것 같아요. 그게 사람이 될 수도 있고 동물이 될 수도 있고 식물이 될 수도 있고요. 그런데 그게 무엇이 됐든 내가 사랑하는 마음이 계속 생기게 만드는 게 되게 중요한 일이죠. 이런 생각을 한 지 오래되진 않았어요. 지금 돌이켜 보면 〈비밀은 없다〉 시나리오 작업을 할 때 '내가 일부러 고통을 찾아다니는 거 아닐까' 싶을 정도로 파고드는 편이었어요. 그렇게 부정적인 감정들로부터 벗어나려는 노력 자체를 별로 하지 않았던 시기가 있었죠. 그런 시기들을 거치면서 삶을 풍요롭게 하는 건 사랑이라는 걸 느끼게 된 것 같아요. 그게 나와 화해하는 길인 것도 같고요. 나와 화해하기 위해서, 나를 이해하기 위해서는 타인을 이해하는 것이 중요하다는 생각을 하기 시작했죠.

희정 저도 예전엔 고통이 나를 풍부하게 만들어 준다고 생각했어요. 고통으로 스스로를 내몰면서 고통이 내 창작의 자원이 될 거라고 생각했는데. 이제 와서 돌이켜 보면 내가 고통스럽다고 외치는 작품보다는 그 고통스러운 세계로부터 거리를 두고 밖에 있는 고통을 표현하는 작품들, 그런 외부의 고통에 마음을 열고 그것에 말을 거는 작품들이 더 큰 울림을 주었더라고요. 예술은 내 고통에 대한 것이라기보다는 세상의 고통에 대한 것은 아닐까라는 생각도 들고요.

경미 내 고통으로부터 출발하더라도, 내 고통에 머물면서 그것만을 사랑하는 것이 아니라, 내 고통으로부터 출발해서 내 고통이 누군가의 고통과 닿는 순간을 찾아서 그걸 바라볼 줄 아는 시선을 만드는 게 중요한 것 같아요.

사랑, 파트너, 사는 이야기

희정 사랑 얘기를 하시니까…… 우리가 못 나눴던 얘기 가운데 하나가 에세이집의 숨은 주인공, 책에서 "내 사랑 내 사랑" 이런 얘기를 하시지는 않는데, 그래도 정말 중요한 또 하나의 주인공이 '신랑'인 것 같아요. 최근 인생에 등장한 사랑하는 사람, 결혼도 얼마 전에 하셨고. 풍요롭게 해주고 있나요, 그 사랑이?

경미 제가 누구랑 같이 살 수 없을 거라고 생각했었어요. 왜냐하면 이기적이라서. ☺ 그래서 누군가와 같이 사는 것을 되게 불편해하고 서로 맞춰 가기 어려울 거라고 생각했는데요. 요즘엔 같이 있는 사람을 생각하고, 그에게 뭔가를 내주는 것에 재미를 좀 느끼는 것 같아요. 그런 게 좋아요.

희정 결혼하시기 전에, 키가 193센티미터인 남편과 아주 작은 침대를 함께 나눠 써야 했던 때에 대해 쓰셨어요. 저는 정말 상상도 안 가는데. 그거야말로 사랑이구나 싶더라고요.

경미 그래서 어쩔 수 없이 잘 때는 부대끼면서 잘 수밖에 없었는데, 얼마 전에 큰 침대로 바꿨거든요. 그랬더니 등을 돌리고 자더라고요. ☺

희정 책에 나오는 묘사대로 "열세 살이 어린 백인 남자"와 결혼하셨어요. 그런데 한국은 굉장히 편견이 심한 나라이기도 해서 결혼 결정하고 추진하는 게 쉽지 않았을 수도 있겠다 싶은데, 어떠셨어요?

경미 사실 예전엔 잘 몰랐는데, 외국인을 만나면서 비로소 우리나라가 배타적이라는 걸 확실하게 알게 되었어요. 그래서 좀 답답할 때도 많았죠. 사실 어느 순간 결혼을 결심을 했다기보다는, 그냥 자연스럽게 이런 사람이라면 새로운 경험을 해보는 것도 괜찮다는 생각이 들었어요. 제일 좋은 건 다른 생각을 경험하게 되는 거고요. 남편이 한국에서 나서 자란 사람이 아니니까, 자란 환경과 교육에 의해 길들여진 어떤 생각들은 아주 신선하고 재밌을 때가 있어요.

유진 저도 2016년에 결혼을 했어요. 주변에서 다 결혼 못 하고 혼자 살 거라고들 했는데, 지금 행복하게 살고 있어요. 그런데도 사실 연애 이야기를 다루는 드라마 같은 건 불편해서 잘 못 보겠더라고요. 여성은 늘 수동적인 위치에 있는 것처럼 그려지곤 하니까요. 〈비밀은 없다〉는 여성 캐릭터가 능동적이고 오히려 남성 캐릭터가 수동적으로 보여요. 관객들 중에 영화를 불편해했던 사람들은 그런 전도된 성 역할에 익숙하지 않기 때문은 아니었나 싶기도 한데요. 그런 걸 의도하셨나요?

경미 영화 만들 때 그런 생각을 하진 않아요. 그냥 내가 보고 싶고 재밌다고 느끼는 것을 만들 뿐이죠. 제가 만든 영화가 사회에서 어떤 의미를 가지고 있는지는 해석하는 이들 몫인 것도 같아요. 결혼 이야기를 하시니까 덧붙이고 싶은 이야기가 있는데요. 한국에서 결혼은 참 힘든 일이죠. 그러니까 안 할 수 있으면 안 해도 괜찮죠. 어떤 형식이 됐든 내가 사랑을 나누고, 나의 의미를 나 혼자가 아니라 사랑을 나누면서 함께 찾을 수 있다면, 그렇게 좀 더 성숙해질 수 있는 관계가 있다면, 그거 자체로 좋은 것 같아요.

희정 이런 질문이 있었습니다. "영화를 만드는 것도 굉장히 창의적인 작업인 것 같은데요. 창의력을 키우기 위해 감독님께서는 어떤 특별한 노력을 하시는 게 있나요?"

경미   여러 가지 방법을 썼던 시절도 있어요. 내가 좋아지기 위한 음식을 먹거나 여러 가지 체조 같은 것을 열심히 하던 때도 있었는데.

희정   음식과 체조가 나올 줄은 몰랐네요. ☺

경미   좋은 컨디션을 유지하는 게 정말 중요해요. 정서적으로 안정적인 상태를 유지하는 것도요. 그런데 그게 절대로 그렇게 안 되죠. 물론 마음이 격동에 휩싸여 있는 시기는, 그 시기가 지나고 마음이 안정됐을 때 또 새로운 영감을 주죠. 그래서 그런 격정적인 시기는 타고 넘어야 하는 것 같아요. 뭘 어떻게 하려고 한다기보다 그냥 타고 넘으면…….

윤옥   그 순간에는 그게 뭔지 모르지만, 지나고 나면 더 큰 자원이 되기도 하죠.

경미   맞아요, 그렇더라고요.

희정   격동을 좀 넘어서고 싶네요.

윤옥   하긴, 우리가 그런 힘들고 고통스러운 구체적 경험으로부터 많은 걸 배우잖아요? 그런데 어제 읽은 책에는 그런 구절이 나오더라고요. "나는 이제 그만 배우고 싶다. 정말 나한테 아무 일도 안 일어났으면 좋겠어." 하지만 삶의 파도는 계속 밀려오죠.

희정   농담처럼 그런 얘기하잖아요. "내 인생 책으로 쓰면 열 권이야." 어찌 보면 쓸 말 없는 인생이 제일 좋은 인생인 건가 싶기도 하고. 그래서 『잘돼가? 무엇이든』 책에서 제일 마음에 남았던 장면이 뭐냐 하면, 감독님이 점을 보러 가셨는데

"네 팔자는 앞이 안 보이는 수풀에서 낫을 들고 베면서 가는 팔자다"라는 소리를 들었다는 내용이었어요. 그 말을 듣고 정말 싫으셨다면서요.

윤옥　계속 어떻게 이렇게 사냐고 책에 쓰셨잖아요.

경미　그때 그 얘기를 듣고 너무 기분 나빠했더니 그 점쟁이가 "아니, 여태까지 그렇게 살아와 놓고 뭘 그리고 새삼스럽게 기분 나빠해? 살던 대로 살아" 그러더라고요.

윤옥　그런데 어쨌든 전진하잖아요. 거기에 함몰되는 게 아니라 언제든지 갈대를 베면서 간다는 거잖아요. 저는 그게 참 희망적이라고 느꼈거든요.

희정　저는 그런 생각을 했어요. 그래서 이렇게 낯선 영화들을 만드시는구나. 없는 길을 내면서 가는 사람이니까. 그러면 되게 모순적인 삶인 거예요. 없는 길을 내면서 가는 사람인데, 또 다른 한편으로는 버펄로 무리 맨 뒤에서 가는 사람이기도 한 건가?

유진　저는 책에서 그 버펄로 이야기가 좋았어요. 이경미 감독님이 지인들하고 술 마시다가 한 분이 그런 얘기를 한 거죠? "우리는 버펄로 같은 사람들이다. 버펄로가 무리를 지어 이동할 때 맨 뒤에서 달리는 버펄로 속도에 맞춰서 전체가 움직인다. 육식동물의 습격을 받으면 후방을 담당하는 버펄로가 제일 먼저 잡아먹힌다. 모두 죽지 않기 위해 걔네들 속도에 맞춰 움직인다. 우리가 맨 뒤에서 달리는 버펄로다." 사실 한국 같은 경쟁 사회에서 1등을 하지 않으면, 맨 앞에서 달리지 않으면 도태되는 것처럼 이야기하지만, 맨 뒤에서 달리는 사람들이 모두를 구하는 것이라고. 위로가 되더라고요.

희정 하지만 감독님은 그 이야기에도 너무 화가 났다고 쓰셨어요.
경미 잡아먹히는 인생으로 살아야 되는 게 무섭더라고요. 그리고 인생이 답답하고 안 풀리는 문제에 꼭 버펄로까지 끌고 들어와 존재의 이유를 찾아야 되나 싶기도 하고.
희정 저는 그 이야기가 좋았어요. 제 자아상이 좀 버펄로 같다고 할까요? 맨 뒤에서 움직이는 우리가 사실은 세상을 밀어내고 있다는 믿음을 가지고 있기도 하고요. 저는 뒤에서 잡아먹히는 버펄로이고 싶기도 하거든요. 그렇게 잡아먹히고 사라지는 게 아니라, 잡아먹힘으로써 결국 기억에 남는 거 아닐까 싶고요.
경미 사람마다 다양한 거죠. 손희정 선생님처럼 뒤에서 달리는 버펄로의 인생을 가치 있게 느끼는 사람이 있고, 무서워서 그렇게 하지 못하는 사람도 있겠죠. 하지만 전자에서 가치를 느끼는 정신은 정말 고귀한 것 같아요.

마무리

희정 예전에 한 학원 특강에서 "사람이 간절히 원하면 뜻이 닿는다"라고 말했지만, 지금은 땅을 치며 왜 그런 이야기를 했을까 생각하신다고……. 지금 여기 계시는 분들에게 그럼 어떤 이야기를 해주실 수 있을까요?
경미 그게 참 어려운 질문인데요. 그냥 제가 요즘 스스로 하는 말을 말씀드리자면, 〈미쓰 홍당무〉의 대사 중에 이런 말이 있어요. "네가 생각하는 것처럼 사람들은 너한테 관심 없어." 저의 올해의 모토이기도 합니다. 이 말이 마음을 편하게 해주더라고요. 좀 자유롭게도 해주고요.

윤옥   맞아요. 오늘 이경미 감독님과 이야기를 하면서 자신을 속이지 말자는 생각이 들었어요. 그런데 정말 자기가 자기한테 속으면서 살잖아요. 일상에서 자기에게 속고, 또 남에게도 좀 더 나은 모습을 보이려다 보면 또 속이게 되고. 그러지 말자 싶네요. '정직'이 이경미 감독님의 힘인 것도 같아요.

유진   저는 책에서 많은 위로를 받았어요. "필요 이상의 두려움은 이성을 마비시키고, 결국 실수를 만든다. 무서워하든 안 무서워하든 닥칠 일은 닥친다." 이 말을 마음에 새기고 앞으로 뭔가 두려워질 때마다 꺼내 봐야겠다고 생각했어요.

희정   감독님 혹시 마지막으로 하고 싶은 얘기 있으시면?

경미   사실 제가 여기에 오기 전에 불미스러운 일이 있어서 기분이 별로 안 좋은 상태였는데요. 이야기를 나누다 보니 기분이 좋아졌어요. 너무 고마워요.

희정   〈을당〉은 그런 존재인 것으로. ☺

윤옥   그런 존재인 〈을당〉 오늘 여기서 마치겠습니다. 수고하셨습니다.

\+   **이경미가 덧붙이는 말**

이 인터뷰는 2018년 9월 출연했던 팟캐스트 녹음을 바탕으로 나온 것이다. 그 후 나는 넷플릭스 드라마 〈보건교사 안은영〉을 만들었고 지금은 한창 다음 작품 각본을 쓰는 중이다. 나는 매번 작품을 만드는 과정에서 겪는 여러 가지 감정과 충격에 영향을 받는 편이다. 그래서 한 작품을 마치고 나면 깎이고 패여서 어떤 부분은 없던 모가 생기고 어떤 부분은 무던하게 다듬어지기도 하고 때론 닳아 아예 사라지기도 한다. 그래서 그런지 오래전 내 모습을 확인하는 일은 늘 생경하다. 기록은 미래를 만드는 작업이라고 생각한다. 오래된 기록을 정리하느라 수고하신 손희정 평론가님과 강소영 편집자님께 감사드린다. 부디 이 기록이 독자 분들에게도 좋은 의미로 남았으면 좋겠다.

페미니스트 감각이
다큐멘터리가 된다면

게스트 **김일란**

영화는 여전히 이 세상에 대한 새로운 상상력을 제시한다고 믿는 영화감독이자 미디어 활동가이다. 다양한 인권 침해 및 국가 폭력 현장에서 목격자로서 영상을 기록하면서, 그것을 통해 말 걸기를 시도하는 여성주의 단체 성적소수문화인권연대 연분홍치마에서 활동하고 있다. 연출한 다큐멘터리 영화로는 〈3xFTM〉(2009)과 공동 연출작 〈마마상, Remember me this way〉(2005), 〈두 개의 문〉(2012), 〈공동정범〉(2018) 등이 있다.

— **오늘의 주제**

윤옥   오늘도 역시나 정말 만나 뵙고 싶었던 분을 콕! 집에서 이 자리에 초대했습니다. 성적소수문화인권연대 연분홍치마의 활동가이면서 〈두 개의 문〉〈공동정범〉 등을 연출한 다큐멘터리스트 김일란 감독님을 모셨습니다.

희정   감독님, 어서 오세요. 반갑습니다.

일란   반갑습니다. 김일란입니다.

지혜   한국여성노동자회가 여러 여성 단체들과 함께 사무실을 사용하고 있는데요. 그러다 보니까 여성 활동가들이 정말 많거든요. 오늘 김일란 감독님 모시고 녹음한다니까 반응이 정말 폭발적이었어요.

일란   제가 확인할 수 없다고 이렇게 띄워 주시는 건가요? ☺

지혜   아니요, 아니요, 그렇지 않습니다.

윤옥   우리 그런 사람들 아니에요. ☺ 정말 반가워들 하셨어요. 그럼 이렇게 여성 활동가들, 페미니스트 활동가들이 사랑하는 김일란 감독님, 어떤 분이신지 손희정 선생님이 소개 좀 해 주시죠.

희정   정말 이력이 화려해서 뭐를 골라 소개를 해야 할지 잘 모르겠네요. ☺ 여기저기 다양한 현장에 신출귀몰하시니, 활동가들이 또 특별히 좋아하지 않나 싶기도 한데요. 오늘은 작품 활동을 중심으로 내용을 정리해 보았습니다. 김일란 감독님은 2005년 〈마마상, Remember Me This Way〉(이하 '마마상')를 연출하면서 다큐멘터리 작업을 시작했습니다. 2009년 트렌스젠더 남성들의 이야기를 다룬 〈3×FTM〉을 발표하고, 같은 해에 당시 '진보신당' 소속이었던 최현숙 씨가 종로구 국회의원에 출마하는 과정을 따라간 다큐 〈레즈비언 정치 도전기〉를 제작했죠. 2011년에는 게이 남성들의 이야기를 담은 다큐멘터리 〈종로의 기적〉의 제작을 맡았고요. 이렇게 〈3×FTM〉〈레즈비언 정치 도전기〉〈종로의 기적〉 세 편의 다큐멘터리를 묶어서 연분홍치마의 '성소수자 커밍아웃 3부작'이라고들 합니다. 2012년 용산 참사를 다룬 연출작 〈두 개의 문〉을 발표하면서 사회 비판 다큐멘터리로는 최고 흥행 스코어를 기록했고요. 2013년 〈노라노〉, 2014년 〈밀양, 반가운 손님〉을 제작하고, 2018년 〈두 개의 문〉의 후속작인 〈공동정범〉을 내놓았습니다.

윤옥 〈두 개의 문〉이 최고 흥행 스코어라고 말하셨는데, 어느 정도였어요?

일란 지금은 그 작품보다 흥행이 잘된 작품들이 좀 있는데요. 2012년 당시로는 극장 관객 7만 3000명 조금 넘은 정도? 상업 영화를 기준으로 보면 그렇게 큰 숫자는 아니지만 한국 독립 다큐멘터리의 열악한 환경과 배급 조건을 생각해 보면 의미 있는 스코어라고 볼 수 있을 것 같아요. 후속작인 〈공동정범〉은 만 명 조금 넘었거든요.

희정 감독님, 제 소개에 덧붙이고 싶은 이야기가 있을까요?

일란 자기소개가 정말 어려운 일인 것 같아요. 덧붙이자면, 저는 퀴어 페미니스트이고 미디어 활동가라는 이야기를 해야 할 것 같아요. 특히 미디어 활동가라는 사실이 잘 알려져 있지 않아서 좀 아쉽거든요.

윤옥 그 점이 왜 아쉬운가요?

일란   저는 여성주의 문화 운동과 성소수자 인권 운동을 하는 연분홍치마에서 활동하고 있는데요. 저를 다큐멘터리 감독으로 아는 분들은 연분홍치마 활동 내용을 잘 모르세요.

성적소수문화인권연대 연분홍치마

2004년 '성적소수문화환경을 위한 모임 연분홍치마'로 발족한 연분홍치마는 여성주의적 삶을 지향하면서 일상의 경험과 성적 감수성을 바꿔 나가는 감수성의 정치를 실천하고 새로운 성적 문화 환경을 만들기 위해 노력해 왔다. 2015년, 여성주의 문화 운동뿐 아니라 여성주의 인권 운동을 실천하는 단체로서 비전을 세우고 '성적소수문화인권연대 연분홍치마'로 이름을 바꾸었다. 〈3×FTM〉〈종로의 기적〉〈레즈비언 정치도전기〉 등 성소수자 커밍아웃 3부작을 비롯하여 다양한 다큐멘터리를 제작했다. 2019년부터는 퀴어 커뮤니티의 웃음을 지향하면서 유튜브 채널 '연분홍TV'를 개국하여, 〈퀴서비스〉라는 예능 프로그램과 한국 최초의 가족 시트콤 〈으랏파파〉 시즌1을 선보였다. 그뿐만 아니라 다양한 성소수자 인권 운동의 이슈들을 기획하거나 라이브 방송을 송출하고 있다.

지혜   그러면 감독과 미디어 활동가는 어떻게 다른가요?
일란   미디어 활동가는 제도에 얽매이지 않는 결과물을 생산한다는 의미가 좀 더 큰 것 같아요. 감독은 영화제에 출품을 한다거나 극장 배급을 한다든가, 그런 이미 짜여 있는 영화 유통 방식을 염두에 두고 작업하게 되겠지만, 미디어 활동가는 그 행위의 목표와 행위가 만들어 내는 사회적 의미를 좀 더 고민할 수밖에 없어요. 예를 들어 집회에서 카메라를 들고 인권 감시 활동을 한다거나, 투쟁 현장을 충실하게 기록하면서 당사자들을 응원하고 지지한다거나, 이런 활동을 하게 되는 건데요. 이 활동들은 함께 싸우는 방식이기도 하죠. 결과물 자체는 같을 수 있지만, 결과물을 대하는 태도는 아무래도 달라질 것 같아요. 한편, 결과물에 대한 기대도 조금 다르고요.

희정   결과물에 대한 기대가 다르다는 건 뭘까요?

일란   하나의 작품을 들고 활동가로서는 광장에서 시민을 만난다면, 감독으로서는 극장에서 시민을 만나는 거죠. 물론 그게 서로 분리된다기보다는 교차되는 일이에요. 그래서 극장에서 관객을 만난다 하더라도 관객이 극장 문을 나서서 광장에 나갔을 때 어떤 마음을 가지게 될 것인가를 두고 고민하는 부분은 또 활동가의 정체성과 괴리되지 않아요.

윤옥   감독님 안에 그 두 정체성이 조화롭게 섞여 있겠네요.

일란   네, 예전에는 이게 서로 조금 어긋나나? 불균형적인 건가? 그렇게 약간 어긋나는 느낌이 들었는데요. 시간이 지날수록 억지로 통일해야 하는 것은 아니라는 생각을 하게 됐어요.

윤옥   그것이 '연분홍치마'라는 단체를 만들어서 활동하게 된 계기일까요?

일란   시작할 때부터 그런 건 아니었어요. 처음에는 페미니즘 공부도 하고, 여성주의 문화 운동도 해볼까 하는 목적에서 시작되었죠. 그리고 성소수자 인권 운동을 새로운 방식으로 해보고 싶다는 생각도 있었고요. 그렇게 여러 가지 구상을 하면서 다양한 사람들이 모였어요. 처음부터 다큐를 해야겠다는 목표를 가진 건 아니었죠.

희정　그런 단체가 다큐멘터리를 제작하게 된 시작에 아무래도 〈마마상〉이 놓여 있는 것 같은데요. 〈마마상〉은 어떻게 만들게 되었나요?

일란　처음에는 다큐를 하게 될 거라고 생각도 못 했어요. 단체 결성을 위한 준비 단계에 있을 때, 한 여성 단체에서 진행하는 기지촌 성매매 여성들의 혼혈 자녀들에 대한 인권 실태 조사에 함께하게 됐어요. 조사를 하면서 성매매 여성들을 만나고, 이야기를 듣고, 그걸 '실태 조사 보고서'라는 형태로 작성을 했는데, 뭔가 아쉬운 거예요. 그분들의 음성이라거나 표정, 그런 생생함이 보고서로는 잘 전달되지 않더라고요.

희정　보고서에 들어가는 공식적인 언어나 수치, 이런 것으로는 표현할 수 없는 어떤 것들이 있었던 거네요.

일란　맞아요. 그뿐만 아니라 현장에서 인터뷰를 하면서 제가 느꼈던 감정적인 부분들을 보고서에 쓰는 게 되게 어색했어요. 그래서 내 감정이나 느낌을 어떻게 전달할 수 있을까, 다큐를 찍어 보자, 이렇게 된 거죠. 처음에는 다큐 제작이 별거 아니라고 생각했어요. 홈비디오 카메라 들고 가서 그냥 찍으면 되는 거지, 싶었죠.

윤옥　보통 집에서 애들 유치원 입학하면 찍고, 이런 정도로요?

일란　네, 그게 다큐인지 알았어요. 제가 다큐를 너무 얕잡아 봤던 거죠. 당시에는 편집 프로그램이 뭐가 있는지도 몰랐고, 그냥 찍어서 이렇게 저렇게 하면 얼추 나오겠지 생각했어요. 그런데 하다 보니 어렵더라고요. 뭘 찍어야 되는지도 모르겠고 글로 쓰는 것과 이미지로 표현하는 것은 완전 다른 문제였어요. 우여곡절 끝에 마무리를 했는데, 운 좋게 서울국제

여성영화제에서 상영할 수 있게 되었어요. 그리고 다양한 관객들을 만나 코멘트를 듣게 되었는데, 엄청 비판을 받았죠. 그 비판 내용들이 억울하기도 하고 속상하기도 했어요. 해명하고 싶기도 했고요. 그런데 시간이 지날수록 스스로를 돌아보는 계기가 되었어요. 좀 더 잘하고 싶어서 한 편 더 만들고, 또 한 편 더 만들고, 결국은 재밌어서 계속 만들게 되었네요.

윤옥   맞아요. 무슨 일을 오래 할 때는 재밌어서.

일란   설레는 것 같아요. 작업을 처음 시작할 때 설레는 부분이 있고, 상상하면 재밌고. 제가 가장 많이 상상하는 건 관객들이 극장을 나갈 때 어떤 표정일까 하는 거예요.

윤옥   찍으면서 그런 상상을 하시는 거예요?

일란   네, 시작할 때부터 끝날 때까지 그래요. 관객들 표정이 어떨까. 그런 생각을 하면 막 설레요. '그 얼굴을 보고 싶다' 그런 마음 때문에 작업을 계속하는 것 같아요.

윤옥   어쨌든 다큐도 말 걸기인 거잖아요. 그 말 걸기가 관객과 만났을 때 어떤 화학 반응이 일어나는지, 그걸 보고 싶은 마음이 큰가 봐요. 한편으로 그건 또 사람의 변화에 대한 기대이기도 하겠고요.

일란   맞아요.

지혜   이야기를 하다 보니 감독님이 어떤 사람인지 살짝 엿볼 수 있었던 것 같은데요. 이제 본격적으로 작품 이야기를 나눠볼까요?

양희 이모의 삶과 다큐멘터리 〈마마상〉

윤옥　감독님의 첫 작품인 〈마마상〉부터 이야기해 볼까요? 기지촌 여성의 목소리를 직접 듣기 위해서 송탄으로 내려가서 '양희 이모'를 만나는 작품이죠. 양희 이모는 열일곱 살에 부산 텍사스에 들어가 평생을 기지촌에서 살아왔고요. 그런데 마마상이 말하자면 중간 포주인 건데, 성 착취 구조를 지탱하고 있는 중간 단계인 셈이죠. 왜 그 인물을 기록하고 싶었을까요?

〈마마상, Remember me this way〉
연분홍치마의 첫 다큐멘터리 프로젝트. 김일란, 조혜영의 공동 연출작으로 2005년 작품이다. 다큐가 제작되던 2000년대 초, 한미동맹에 의해 미군 남성들을 위한 공창 역할을 했던 기지촌을 둘러싸고 다양한 이야기가 오갔지만 정작 기지촌 여성 당사자의 목소리는 잘 들리지 않았다. 연분홍치마는 기지촌 여성으로 살아온 양희 이모를 만나 그의 삶에 대해 듣는다. 그는 평생 기지촌을 떠나지 못한 채 하루 벌이를 걱정하며 기지촌 미군 클럽의 '마마상'으로 일하고 있다. 다큐는 양희 이모가 마마상이 될 수밖에 없는 이유와 기지촌 여성의 현재 삶을 이해하기 위해 기지촌에서 성매매가 이뤄지는 과정을 들여다본다.

일란　〈마마상〉이라는 작품이 저한테는 일종의 원형 같은 그런 작품이에요. 처음 다큐 작업을 시작할 때 이모가 성매매 피해 여성이라는 생각이 확고했어요. 그게 사실이기도 하고요.

그런데 기지촌에서의 성매매는 굉장히 특수해요. 왜냐하면 기지촌村이라는 말에서 볼 수 있는 것처럼 여기가 하나의 동네인 거잖아요. 대부분 어느 시점부터는 그 동네 주민으로서 다른 사람과 어울리면서 살아가게 되거든요. 그게 나이 듦의 문제하고도 연결이 되는데요. 이모 같은 경우에는 성매매 여성으로 나이가 들었어요. 나이 든다는 건 자신의 섹슈얼리티를 상품화할 수 있는 기회가 점점 줄어든다는 의미이고, 그렇게 되면 먹고사는 문제가 생기는 거죠. 그랬을 때 실질적으로는 그 메커니즘 안에서 자신이 먹고살 방법을 찾을 수밖에 없어요. 저희 팀이 작업을 시작했던 시기가 언제였냐면, 성매매 여성이 다른 국적의 여성으로 대체되기 시작한 시점이었어요. 그래서 사장, 그러니까 포주들이 소위 '아가씨' 관리를 중간 관리자들에게 맡기고 자기는 영업 같은 다른 업무를 보게 되는 시점이었던 거죠. 그래서 그 일을 성매매의 구조를 잘 알면서 영어도 잘하는 여성들에게 맡기기 시작했어요. 그렇게 양희 이모도 마마상이 된 거죠.

희정　그런데 〈마마상〉 다큐멘터리를 촬영하고 제작하던 시기가 한국에서 성매매특별법을 둘러싼 논쟁이 한참 뜨거울 때였어요.

성매매특별법

2004년 9월 23일부터 시행된 '성매매 알선 등 행위의 처벌에 관한 법률'을 말한다. 성매매특별법은 성매매, 성매매 알선 등 행위 및 성매매 목적의 인신매매를 근절하고, 성매매 피해자의 인권을 보호함을 목적으로 한다. 국가 및 지방자치단체는 성매매, 성매매 알선 등 행위 및 성매매 목적의 인신매매를 예방하고 근절하기 위한 교육 및 홍보 등에 관하여 법적·제도적 대책을 마련하고, 필요한 재원을 조달하여야 한다. 이 법에 따르면 누구든지 다음의 행위를 해서는 안 된다. ① 성매매, ② 성매매 알선 등 행위, ③ 성매매 목적의 인신매매, ④ 성을 파는 행위를 하게 할 목적으로 다른 사람을 고용·모집하거나 성매매가 행하여진다는 사실을 알고 직업을 소개·알선하는 행위, ⑤ 이런 행위가 행해지는 업소에 대한 광고 행위.

일란 그렇죠. 그 토론 안에서 성판매 여성들의 위치를 어떻게 볼 것인가는 아주 논쟁적이었어요. 물론 피해자인 것은 맞지만요. 양희 이모 역시 그 구조 안에서 본다면, 어떤 순간에는 피해자이지만, 어떤 순간에는 또 가해자이기도 한 거죠. 그래서 그런 질문이 들었어요. 가해와 피해의 이분법 안에서만 이 삶을 설명할 수 있을까. 이모의 삶 자체가 문제이기 이전에 이모의 삶을 설명할 수 없는 여성운동이 문제다. 그래서 이모의 삶을 성찰하되 부정하지 않는 방식으로 이모와 이야기를 나눌 수 있는 틀이 있었으면 좋겠다는 생각이 들었어요. 그러면서 이 여성의 나이 듦 역시 성매매 여성의 삶 속에서 하나의 중요한 변수로 보고 싶었고요.

지혜 정말 쉽지 않았을 것 같아요.

일란 특히 이모의 삶을 어떻게 입체적으로 드러낼까 하는 것이 고민이었어요. 성매매를 둘러싼 여성주의의 언어가 참 부족하더라고요. 하지만 이게 첫 작품이다 보니 이런 고민을 잘 드러내지 못했죠. 다큐멘터리를 제작하는 것은 미숙했지만, 고민만큼은 깊었어요. '이모의 삶을 잘 드러내고 싶다. 이분법에 가두고 싶지 않다. 이 영화가 이모의 삶을 설명할 수 있는 언어를 개발하는 데 조금이라도 도움이 되었으면 좋겠다.' 이런 희망을 가지고 제작을 했던 기억이 납니다.

희정   여성운동과 페미니즘이 이게 단순한 문제가 아니라는 이야기를 계속 해왔잖아요. 그러니까 성매매라는 것 자체가 성착취적이고 여성이 피해자가 되는 시스템인 게 맞지만, 그 안에서 살아가는 여성들의 삶을 어떻게 구체적으로 대면하고 또 이해할 것인가를 계속 고민해 왔다고 생각하거든요. 그럼에도 불구하고 때때로 논의가 납작해지기도 하고요.

윤옥   저도 다큐를 보면서 감독님의 고민이 많이 느껴졌어요. 처음부터 그런 복잡다단함을 포착하고 싶다, 그렇게 생각하지는 않았을 것 같고. 어떤 계기들 안에서 생각과 태도에 변화가 있지 않을까 싶었는데요.

일란   네, 맞습니다. 처음에 실태 조사를 할 때까지만 해도 그런 생각을 하지는 못했었는데요. 실제로 이모와 함께 생활을 하다시피 하고…….

윤옥   거의 생활을 같이 하셨어요?

일란   네, 이모가 사는 곳 근처에 여관을 얻어서 같이 생활하면서 이모가 차려 주는 밥도 얻어먹고 그랬죠. 그러면서 이모를 관찰하고 질문하고 느끼고 이런 시간을 보냈어요. 보통 이모는 늦은 오후에 출근을 하세요. 미리 출근해서 홀 청소도 하고 준비를 하고 있으면 본격적인 영업시간이 되는 거죠. 그날도 이모와 점심을 같이 먹고 헤어지면서 저희가 이모한테 이렇게 인사를 한 거예요. "이모, 오늘 장사 잘되세요!" 이건 우리가 살면서 정말 일상적으로 나누는 인사잖아요.

희정 아…… 그렇네요.

일란 그런데 장사가 잘된다는 건 성매매가 잘된다는 의미이죠. 그리고 이모가 이주 여성들, 그 업소에서 일하는 여성들을 압박해서 '2차'를 잘 내보내야 장사가 잘되는 것이기도 하거든요. 그러니까 "이모, 오늘 장사 잘되세요!"라는 인사를 한 순간 스스로 놀란 거죠. '내가 지금 무슨 말을 한 거지? 이건 뭐지?' 이런 생각을 했어요. '이런 인사를 하면 안 되는 건가?' 싶기도 하고요. 이런 순간들이 계속 있었죠.

희정 그런데 또 장사 잘되지 말라고 할 수는 없으니까요.

일란 장사 잘되라는 단순한 인사 안부가 이렇게 복잡한 맥락을 갖는다는 걸 그때 깨닫게 된 거죠. '그러면 이 말을 이모한테 하면 안 되는 건가?'라는 의문으로 시작해서 균열이 나는 지점들이 계속 있는 거예요. 다른 한편으로, 저는 이모가 이주 여성의 입장을 잘 이해할 거라고 생각했어요. 이모와 이주 여성이 같은 피해자의 입장이라고 생각했어요. 지금 돌이켜 보면, 개인과 구조의 복잡한 관계를 잘 몰랐던 것 같아요. 그런데 이모는 중간 관리자이기 때문에 관리자로서 겪는 고충이 있고, 굳이 따지자면 오히려 사장이나 포주들의 입장에 가까운 거예요. 그런 이야기를 하면 듣다가 배신감이 들기도 하고요. 이모가 이주 여성을 이해할 거라는 게, 그게 참 순진하기도 하고 낭만적이기도 한 생각이었던 거죠. 또 이모가 어느 날은 자신의 어린 시절, 그러니까 성판매를 했던 시절을 너무 아름답게 이야기해요. 그러면 또 마음이 안 좋고. 하지만 그런 기억들이 이모의 삶을 지탱해 주는 거잖아요. 그때 이런 생각을 많이 했어요. '이모는 연구의 대상이 아니다. 누군가의 삶은 텍스트가 아니다.' 그렇게 이모의 말과 삶을 비하하거나 폄하하거나 부정하지 않으면서도, 이모가 놓여 있는 전체 구조와 우리가 맺고 있는 긴장 관계를 유지하고 또 비판적으로 보기 위해 고민을 많이 했어요. 이런 고민은 지금까지도 중요한 문제인 것 같아요.

희정 〈마마상〉이 쉽게 구해 볼 수 있는 작품은 아닌데, 곧 복원 프로젝트에 들어간다고 들었어요. 이 작품을 지금, 여기에 복원해서 관객들 앞에 내놓고 싶은 이유가 뭘까요.

일란 제작 당시에는 영화가 그렇게까지 논쟁이 되지는 않았어요. 다시 나온다고 해서 엄청난 논쟁이 될 거라고 생각하지는 않지만, 당시의 지형 속에서 하지 못한 이야기를 지금은 할 수 있지 않을까 하는 기대가 있어요. 그런데 현재 남아 있는 버전의 화질이 너무 안 좋아서 걱정이에요.

—— **〈3×FTM〉이 그린 트랜스젠더 남성 이야기**

희정 다음 작품으로 넘어가 볼까요? 이어서 '성소수자 3부작'이 시작돼요. 한국 사회에서 성소수자, 그중에서도 트랜스젠더 남성은 가장 비가시적인 존재거든요. 〈3×FTM〉은 그들과 함께 만든 작품인데요.

일란 〈3×FTM〉이 제 색깔이 가장 잘 드러나는, 가장 정치적인 다큐멘터리였던 것 같아요. 이 작품에는 세 명의 FTM 트랜스젠더가 나오는데, 제가 알기로는 한국에서 장편으로 만들어진 최초의 FTM 다큐예요.

희정   FTM이 'Female-To-Male'[지정성별 여성에서 남성으로 성전환한]의 준말이고요.

일란   네, 한국 사회의 FTM 트랜스젠더가, 그러니까 성전환한 트랜스젠더 남성이 어떤 삶을 살고 있는지 커밍아웃하는 다큐로 만들고 싶었어요. 커밍아웃한다는 것이 어쨌든 당신과 나의 관계가 소중하고, 그래서 내가 누구인지 말하고 싶다는 의미가 전제되는 행위라고 생각했거든요. 이 영화 전체가 커밍아웃이라고 했을 때, 관객들한테 그런 마음을 잘 전달하는 다큐가 됐으면 좋겠다는 생각을 했죠. 그리고 그런 작업을 하는 제 위치나 욕망이 페미니스트 정체성에 기반하고 있었어요. 페미니스트로서 나는 트랜스젠더 남성과 어떻게 손잡을 것인가, 이게 고민이었죠.

〈3×FTM〉

세 명의 성전환 남성(FTM) 종우, 무지, 명진을 따라가는 다큐멘터리. "엄마 뱃속에서부터 남자"였다고 생각하는 '종우'는 더운 여름이 오기 전에 얼음조끼를 사러 시장에 간다. 얼음조끼는 가슴 압박붕대를 한 채 오토바이를 타고 일해야 하는 그에겐 여름의 필수품이다. 남자들끼리의 우정을 소중히 여기는 터프가이 '무지'는 오랫동안 바라던 가슴 절제 수술을 마치고 벅찬 기쁨을 감추기 힘들다. 그는 평생 처음 웃통을 벗어 던지고 남성의 가슴을 당당히 공개하며 자유를 만끽한다. 보다 나다운 모습으로 살기 위해 성별 변경을 감행한 '명진'은 주민등록번호 뒷자리가 '2'에서 '1'로 바뀌어 법적 성별을 '남성'으로 인정받지만, 여자 중고교를 졸업한 이력 때문에 회사에서 잘리고 군대 신검에서 곤란한 상황에 처하는 등 견디기 어려운 상황이 이어진다. 영화에서 세 사람은 사회의 편견에도 진정한 나 자신으로 사는 기쁨을 이야기한다.

희정 ⟨3×FTM⟩이 서울국제여성영화제에서 상영됐는데, 그때 제가 담당 프로그래머였어요. 당시 영화제에서 이 작품을 틀기로 결정할 때, 영화제에서 논쟁이 좀 있었어요. 트랜스젠더 남성 이야기이기 때문에 서울국제여성영화제에서 상영한다는 것 자체가 이미 논쟁적이죠. "트랜스젠더 남성을 '여성'으로 치부하는 거냐"라는 질문이 나올 수도 있겠고요. 그때 감독님이랑 굉장히 많은 이야기를 나누면서 페미니즘이 단순히 '여성'의 이야기를 하는 것이 아니라 성별 이원제와 이성애 규범성을 비판하고, 한 사회가 정상성을 규정하는 방식에 대해 질문을 던지는 것이라면, 작품을 영화제에서 상영을 하고 서로 대화할 수 있는 것 아니냐는 결론을 내렸어요. 당시에도 그런 토론은 반은 성공했고 반은 실패했던 것 같은데요. 지금 다시 보면 또 다른 이야기들을 할 수 있을 것 같아요.

지혜 선생님 이야기를 듣고 보니, 이쯤에서 청취자 질문을 나누면 좋을 것 같아요. 어려운 질문이기도 해요. "이 작품은 초반부가 이상하게 불편해서, 왜 불편한지 고민하게 하는 작품이었습니다. '가슴이 혐오스러웠다'와 같은 말이 내가 여성이어서 불편한가? 중반이 지나며 인물의 태도 때문이라는 생각이 들었어요. 너무나 '남자' 같은. 말투며 행동, 생각까지 너무 '남자'처럼 보이는데요. 그 안에 여성 혐오가 느껴지니까, 그들이 FTM이 아닌 그냥 '한남'으로 느껴지더라고요.

인터뷰에서 무지 님도 남자처럼 보이고 싶어서 좀 더 건들거렸다고 말하잖아요. 2008년에 영화를 봤다면 그냥 '다르지 않은 남자네' 했을 수도 있을 텐데, 2019년에 보니 '도대체 남자란 뭘까' 하는 생각이 들었습니다. 영화 후반부에 무지 님이 인권 활동을 하면서 달라졌다고 이야기하는데요. 감독님도 다큐를 찍는 동안 등장인물들의 변화라고 느낀 게 있는지요? 어떤 변화가 있었는지 여쭤보고 싶습니다."

일란   2008년도에 영화를 만들었을 때도 "가슴이 거북하다" "나의 가슴이 나를 너무 괴롭힌다" 이런 말 때문에 불편해하는 관객들이 많았어요. 제가 페미니스트로서 어떻게 FTM과 손을 잡을 것인가를 고민했다는 것 역시 이런 부분과 맞닿아 있고요. 대부분의 페미니스트들이 FTM을 받아들일 때 세 가지 정도의 태도로 받아들인다고 해요. 하나는 우리를 배신한 자. 그러니까 정말 여성에게 너무나 억압적인 이 사회에서 자기 혼자 살겠다고 '여성의 영토'를 탈출한 자. 다른 한편으로는 여성의 영토를 확장한 자, 선구자, 개척자. 그러니까 여성의 육체적 한계를 확장하고, 성 역할도 확장한 사람이라는 시선이 있다는 거죠. 그리고 나머지 하나의 시선은 우리와 무관한 자. 그런데 이 세 개의 시선 모두 트랜스젠더를 그 존재 자체로 받아들이는 입장은 아닌 것 같아요.

희정   시스젠더cisgender[지정성별과 성별정체성이 일치하는 사람] 페미니스트의 입장에서 판단하는 거네요.

일란   네, 시스젠더 여성의 정체성과 육체를 중심에 놓고, 그 기준을 바탕으로 '그들'을 어떻게 볼 것인가 판단하는 거죠. 하지만 트랜스젠더 남성과 어떻게 연대할 것인가를 고민할 때는 그런 기준을 내려놓을 필요가 있어요. 트랜스젠더 남성들은 기존의 '여성'이라는 개념에는 들어맞지 않는 존재들이고, 그런 트랜스젠더 남성들의 언어와 신체가 시스젠더 여성들과 어떤 긴장 관계를 가지고 있는가를 봐야 하죠. 사실 다큐멘터리의 주인공들이 거북하다고 말하는 건 스스로 '여성'으로 정체화한 여성들의 가슴 그 자체가 아니거든요. 자신들의 정체성과 육체를 교란하고 긴장감을 만드는 그 신체의 일부로서 가슴, 그리고 그들의 몸을 성별이분법 안에 가두는 그 시선 때문에 불편하다고 하는구나 싶었어요. 그런 의미에서 "나의 가슴이 혐오스럽다"와 여성 혐오는 분리해서 봐야 한다고 생각해요.

지혜   여성 혐오의 시선에서 여성의 가슴을 비하하는 말은 아니었다는 거네요.

일란   그렇죠. 물론 저 역시 어떤 트랜스젠더 남성들을 만나면 불편한 때가 있었어요. 지독하게 마초적인 이도 있었거든요. 예를 들면, 우리 출연자 중에 무지 씨가 "어머" 이런 말을 잘 썼어요. 그러니까 어떤 트랜스젠더 남성이 "'어머'라니, 네가 여자냐?" 이런 말을 한 거죠. 저는 이게 낙인의 효과라고 생각하는데요. 한 집단이 차별과 억압에 노출될수록, 자신이 어떤 집단에 소속되어 있다는 걸 보여 주기 위해서, 그 집단의 특성을 더 과장되게 드러내는 거죠. 자꾸 진짜 남자가 아니라고 의심하고 차별하고 혐오하니까요.

희정   "넌 진짜 남자가 아니다" 하는 사회에서 '내가 진짜 남자'라는 걸 보여 주기 위해 과장된 남성성을 수행하게 되는군요.

일란   만약 트랜스젠더 남성에 대한 차별이나 혐오, 의심이 줄어든다면, 타인들에게 남성이라는 걸 입증하기 위해 그렇게까지 노력하지 않아도 되겠죠. 무지 씨의 경우에는 인권 운동을 하면서, 타인들이 요구하는 남성성 수행의 강박으로부터 좀 더 자유로워졌다고 해요. 그러니까 "어머" 이런 표현도 그냥 자연스럽게 쓰는 거죠. 인권 운동을 하면서 다양한 남성성과 다양한 남성의 이미지 그리고 남성의 역할을 보면서, 스스로 생각하는 '남성'이라는 개념 자체가 확장되고, 그게 무지 씨를 더 자유롭게 만든 거죠. 이것은 아무래도 세대차도 있고 어떤 남성상을 많이 접했는가라는, 기회의 측면도 있을 것 같고요. 그런 것들에 따라서 개인차가 있지 않을까요? 그리고 어떤 사람들은 자신의 욕망을 설명할 수 있는 언어가 부족하거나 혹은 사회적으로 인정될 수 있는 면이 부족하기 때문에, 지금의 관점에서 보자면 너무 '한남'처럼 행동하면서 자신을 표현할 수밖에 없겠고요.

희정   저에게 인상적이었던 것은…… 이 작업을 하면서 감독님 스스로도 자신의 정체성에 대해 끊임없이 질문하고 있었다는 거예요. 자기 몸에 대해서도 이야기하고, 어릴 때 경험에 대해서도 나누고요. 어떻게 보면 시스젠더 페미니스트가 트랜스젠더의 문제를 생각할 때 경험하게 되는 것 하나는, 스스로에 대해 계속 질문하게 하는 타자를 대면하는 일 아닐까 싶은데요. 시스젠더로서 트랜스젠더를 완전하게 이해한다는 건 사실 불가능한 일이죠. 이 작품을 보면 트랜스젠더 남성끼리도 서로를 다 이해하지 못해요. 사실 당연한 일이죠. 어떤 FTM은 아주 마초적인 남성성을 수행하고, 어떤 FTM은 페미니스트 남성성을 보여 줘요. 또 어떤 FTM은

레즈비언으로 살 수도 있었지만 파트너와의 관계 안에서 주민등록번호 1번을 취득하려고 트랜지션을 하죠. 시스젠더 페미니스트에게 중요한 질문은 '그는 왜 트랜스젠더인가'가 아니라, '나는 왜 시스젠더인가? 어떻게 그러한가?'일 수도 있겠어요.

일란 스스로에 대해 질문해 보는 계기이기도 했던 것 같아요. FTM이건 MTF[지정성별 남성에서 여성으로 성전환한 트랜스젠더]이건 함께 연대하면서 발견하게 되는 감각들이 있어요. 몸이란 무엇인가, 언어는 어떻게 사용해야 하는가, 나의 정체성은 과연 무엇인가, 이런 부분들이요. 그리고 심지어는 나의 생애를 이해하는 방식 자체도 돌아보게 되었죠.

희정 생애를 이해하는 방식이요?

일란 예를 들면, 우리가 보통 나의 현재를 구성하고 있는 기억들을 발췌하고 채집하면서 '나는 이렇게 구성되었다'라고 자기 서사를 쓰잖아요. 어린 시절의 어떤 기억 중에서 어떤 것은 지우고 어떤 것은 강조하는. 그렇게 '나는 이런 사람'이라고 규정하게 되는 과정이 있죠. 다큐 작업을 하면서, 내가 지워버린 이야기들 속에서 새로운 걸 발견하기도 하고, 내 정체성도 이렇게 구성되었구나 하는 감각을 얻기도 했어요. 그래서 FTM 트랜스젠더들과 만났을 때 주로 그런 이야기를 했었어요. 같은 '여성의 육체'라고 의학적으로 식별된 몸을 타고난 사람들이 왜 삶의 형태가 이렇게 달라질까, 왜 정체성을 서로 다르게 구성하게 된 걸까, 그럴 수밖에 없었던 걸까, 우리는 무엇을 함께할 수 있을까, 이런 고민 안에서 젠더 이분법을 교란시키는 작업들을 함께할 수 있겠구나 싶기도 했고요.

지혜 처음 만났을 때부터 그렇게 이야기가 잘 통했나요?

일란 처음에는 약간 껄끄러운 것도 있고 묘한 긴장감도 있었어요. 왜냐하면 그분들 입장에선 제가 페미니스트니까요. 자신의 남성성을 비판하거나 공격적으로 나올 것 같다는 생각을 했던 것 같아요. 저는 또 반대로 '저렇게까지 남성성을 드러내야 하는 건가?' 이런 생각이 들 때가 있었고요. 긴장, 기싸움, 이런 것이 없을 수가 없었죠. 하지만 만나면서 점차 접점을 찾아갈 수 있었던 것 같아요. 게다가 만나 보니, 젠더차보다 세대차가 참 크더라고요. 지역차도 크고요.

윤옥 저는 한국 사회에서 성전환 이후 트랜스젠더들이 '나는 누구인가'를 끊임없이 질문해야 하는 혼란을 보는 것이 좀 힘들었어요. 제 마음에는 그냥 성전환을 했으면 '행복해졌다, 끝!' 이랬으면 좋겠는데, 그렇게 간단하지가 않더라고요. 결정했고, 수술도 했고, 그러면 힘든 과정이 끝나야 하는데, 여전히 회의하고, 이 사회에서 '진짜 남성'으로 살기 위해 계속 고군분투해야 하고, 어떤 행동을 하면 '이게 여성의 습성인지 아닌지' 계속 돌아봐야 하고…….

일란 그렇죠. '나는 누구인가'에 대한 질문이 끝나지 않아요. 한 영화제에서 상영이 끝나고 나서 관객과의 대화를 하는데 객석에서 이런 코멘트가 나왔어요. "주인공들이 철학적인 언어로 자신을 설명하는 것이 신기하다." 그 말을 들은 주인공 한 분이 이렇게 답했어요. "평생을 나는 누구인가를 질문하고 고민했고, 또 늘 '너는 누구냐'는 질문을 받고 대답하며 살아왔다. 그러다 보니 당연히 철학자가 된다."

── **〈두 개의 문〉과 〈공동정범〉**

윤옥   정말 생각할 거리가 많은 작업들을 해오셨는데요. 이제 〈두 개의 문〉으로 넘어가 보겠습니다. 청취자 질문부터 여쭤볼까요? "'성적소수문화환경을 위한 모임 연분홍치마'라는 이름으로 보면 어쩐지 〈두 개의 문〉이라는 작품이 이질적으로 보입니다. 왜 갑자기 용산 참사인가요?"

〈두 개의 문〉

연분홍치마가 용산 참사 현장에 연대하면서 제작한 다큐멘터리. 김일란, 홍지유의 공동 연출작으로 2012년 극장 개봉했다. 2009년 1월 20일, 용산 재개발 현장에서 철거민 다섯 명, 경찰 특공대원 한 명이 사망하는 참사가 일어난다. 생존권을 호소하며 망루에 올랐던 이들은 불과 25시간 만에 싸늘한 시신이 되어 내려왔고, 살아남은 이들은 범법자가 되었다. 철거민의 불법 폭력 시위가 참사의 원인이라는 검찰의 발표와 공권력의 과잉 진압이 참혹한 사건을 만들었다는 비판의 목소리가 부딪치는 가운데, 진실 공방의 긴 싸움은 법정으로 이어진다. 유가족 동의 없는 시신 부검, 사라진 3000쪽의 수사 기록, 삭제된 채증 영상, 어떤 정보도 받지 못했다는 경찰의 증언……. 과연 그날의 '진실'은 무엇이었을까? 다큐멘터리는 당시 현장을 담은 다양한 기록 영상들과 증언들을 제시하면서 관객들을 스크린이라는 법정으로 초대한다. 그리고 질문한다. "무엇이 진실일까요?" 국가 폭력의 문제를 전면적으로 제기한 화제작.

일란   종종 받은 질문인데요. 이런 질문을 하는 건 아무래도 저희가 미디어 활동 단체라는 사실이 별로 알려지지 않아서인 것 같아요. 그러니까 작품으로는 〈마마상〉 〈3×FTM〉 〈레즈비언 정치 도전기〉 〈종로의 기적〉으로 알려지긴 했지만, 작품이 되지 않은 영상 활동도 정말 많이 해왔거든요. 2009년 용산 참사가 났을 때도 마찬가지였어요. 현장에서 미디어 활동을 하고 있었죠.

윤옥   현장에서 미디어 활동을 하고 있었다는 건, 현장에서 일어나는 일들을 계속 카메라로 찍고 계셨다는 얘기죠?

일란   네, 특히 용역들이 막 위협하거나 이럴 때 카메라가 있으면 그래도 조금 보호가 되거든요. 나중에 법적인 공방이 벌어졌을 때 우리 쪽에서도 증거를 낼 수 있으니까요. 어떻게 보면 집회에서 경찰들이 채증하는 것과 비슷하죠. 그래서 인권침해 감시 활동을 하는 차원에서, 현장에서 용역들이 불법을 저지르지는 않는지 아니면 철거민들에게 위협적인 활동을 하는 것은 아닌지 등을 감시하고 기록했어요. 당시 용산 참사 현장에 저희뿐만 아니라 많은 미디어 활동가들이 모여 '촛불방송국 레아'라는 미디어 네트워크를 만들어 같이 활동했었어요. 기록뿐만 아니라 집회 영상이나 활동 홍보 영상도 만들었고요. 그런 과정이 〈두 개의 문〉으로 이어졌죠.

희정   현장에서 계속해 온 미디어 활동의 연장선에 있는 작업이기도 했지만, 또 한 가지 인상적인 것은 "페미니스트이기 때문에 만들 수 있었던 작품"이라고 말씀하신 거였어요. 〈두 개의 문〉 개봉 당시 인터뷰를 참 많이 하셨는데, 그때도 페미니스트 관점을 강조하셨죠.

일란   저는 〈두 개의 문〉이 흥행할수록 페미니즘 영화로 알려지길 바랐던 것 같아요. 그게 사실이기도 했고요. 저에게 페미니즘은 정체성이기도 하고 삶의 지향이기도 하고, 또 계속 훈련해 온 인식론이거든요. 무엇보다 질문을 만드는 방식이기도 하고요. 〈두 개의 문〉을 구상할 수 있었던 건 페미니즘의 세례를 받았기 때문이었어요. 왜냐하면 피해와 가해의 이분법을 넘어서 보려고 했기 때문에 국가 폭력의 문제가 눈에 들어온 거니까요. 그런 이분법을 벗어나서 질문을 하고 사건을 보게 하는 사유, 섬세하게 들여다봐야만 볼 수 있는 것들을 보기 위해 노력하는 것, 넓게 보는 시야와 세밀하게 보는 태도를 함께 갖추는 것, 이런 것들이 페미니스트로서 훈련받은 태도였어요. 게다가 페미니스트들은 자기도 모르는 사이에 어떤 특정한 공간에서 누가, 왜, 어떤 이유로 배제되고 있는가, 그를 배제하는 권력과 힘은 무엇인가, 같은 것들을 질문하도록 계속 훈련받잖아요. 용산 참사라는 사건 속에서도 자연스럽게 그렇게 됐던 것 같아요. 그러면서 이 사건에서 경찰은 어떤 위치였나, 경찰과 철거민이 서로 적대 관계인 게 맞나, 경찰은 과연 가해자인가, 이런 질문을 하게 되었던 거죠. 그에 대한 답을 찾으면서 〈두 개의 문〉이 나왔어요.

희정 그때 그런 이야기를 하셨어요. 용산 참사 재판정에 특공대 한 명이 나와서 진술하는 걸 보다가 저렇게 진술할 수밖에 없는 이유에 대해 생각하게 되었다고요. 모두가 그를 가해자라고 하지만, 정말 그런가? 이건 특공대 개인의 문제가 아니라 결국 국가 폭력이라는 구조의 문제가 아닐까. 그러면서 〈두 개의 문〉은 '경찰 대 철거민'의 프레임이 아니라 국가 폭력이라는 프레임 안에서 용산 참사를 다루게 되죠. 이것이 페미니스트로서 훈련해 온 과정 때문에 가능했던 관점의 전환이라고 설명하셨죠.

일란   새로운 여성 주인공을 선보이거나 여성 문제를 다른 관점에서 바라보는 영화만 페미니즘 영화인 것이 아니라, 영화가 어떤 사안을 바라보는 페미니스트 관점 자체를 다루고 있다면, 페미니스트로서 질문을 던지고 또 새로운 질문을 만들어가고 있다면, 페미니즘 영화라고 할 수 있다고 생각해요.

윤옥   맞아요. 적극 동의합니다.

희정   저는 동료들과 이 영화를 가지고 '페미니스트가 보는 〈두 개의 문〉 상영회'를 진행하기도 했는데요. 그 행사를 기획하면서 고민은 분명히 있었어요. '도대체 페미니즘 영화란 무엇일까?' 하는. 당시 상영회를 끝내고 비판을 받았어요. "좋은 건 다 페미니즘이라고 하지" 이러면서요. ☺ 다음 작품인 〈공동정범〉도 페미니스트 상영회를 했는데요. 그때는 좀 다른 결에서 신랄한 비판을 받았어요. "남자들만 나오는데, 이거 페미니스트가 만든 작품 맞아? 왜 여자 배제하지?"

〈공동정범〉

연분홍치마에서 제작한 두 번째 용산 참사 다큐멘터리. 김일란, 이혁상이 공동 연출한 작품으로 2018년 개봉했다. 2009년 1월 20일, 다섯 명의 철거민과 한 명의 경찰이 사망한 남일당 망루에는 용산구 철거민만 있었던 게 아니다. 당시 현장에는 용산 4구역 철거민대책위원회와 서울 상도동, 신계동, 성남 단대동 등에서 연대하러 온 타지역 철거민들이 함께 망루에 올랐다. 경찰은 당시 망루에 있던 모든 철거민을 '공동정범'으로 기소했다. 다큐는 4년여의 실형을 살고 나온

다섯 명의 '공동정범' 철거민들을 따라가면서 진상 규명을 위한 이들의 분투를 담는다. 이 과정에서 각자의 트라우마와 슬픔뿐만 아니라 서로에 대한 서운함, 분노, 미움이 함께 드러난다. 그리고 차마 말할 수 없었던 진실이 수면 위로 떠오른다.

일란   페미니스트나 페미니즘이 만병통치약은 아니잖아요? 모든 것에 다 답할 수는 없어요. 다만 저는, 할 수 있는 만큼 흔들고, 파열음을 내고, 견고한 규범들을 교란시키고, 그렇게 딱딱한 것들을 물렁물렁하게 만들고, 그래서 우리의 사유도 유연하게 만들어 가는 과정에서 가장 예리하고 예민하게 작동하는 것이 페미니즘이라고 생각해요. 요즘에는 교차성을 이야기하는 퀴어 페미니즘이 그렇다고 생각하고요. 〈공동정범〉 관련해서는 이런 이야기를 덧붙이고 싶어요. 왜 이 영화가 페미니즘 영화라고 생각하냐면, 저는 〈공동정범〉에 등장하는 남성들의 모습을 통해서 남성성을 해체하고 다른 재현을 보여 주는 것, 그런 것이 페미니즘의 전략이라고 생각했어요. 한편 고민이 된 부분은 이 현장에서 여성을 담을 때, 전형적인 이미지에서 꺼낼 수가 없더라고요. 흔들리는 남성성의 신화에 주목하고 남성성의 해체를 담으려고 할수록 그 옆에 있는 여성이 너무 정형화되어 갔다고 할까요? 예를 들어 너무나 유약한 남성이라든가 트라우마를 겪고 있는 남성이라든가, 이런 모습을 그리면 그릴수록, 여성의 위치라는 것은 너무 정형화된 '돌보는 여성'의 모습으로만 포착되는 거죠.

희정   돌보는 어머니, 와이프, 조력자의 모습으로요?

일란　맞아요. 다른 방식으로 여성의 위치를 끌고 가는 데 한계가 있었어요. 결국은 여성을 담을 것인가, 남성을 다르게 재현할 것인가, 두 개의 페미니스트 전략 속에서 선택을 한 셈이죠. 제가 더 훌륭한 연출가였다면 어쩌면 둘 다 담을 수 있었을지도 모르지만 여성 관객들과도 다른 남성의 모습에 대해서 함께 이야기 나눠 보고 싶었어요.

윤옥　사실 저는 〈공동정범〉이 〈두 개의 문〉보다 더 힘들더라고요. 왜 꼭 그런 모습들을 담아내야 했을까. 용산 참사 이야기는 정말 많은 이야기들을 가지고 있는데. 그날 참사에 함께 있었던 사람들 사이의 균열과 갈등, 아픔을 이렇게까지 정면으로 응시해야 했을까 싶었어요.

일란　이충연 위원장을 보면서 혼란스러웠어요. 처음 이충연 위원장에게 다큐멘터리 작업을 제안했을 때, 농담 반 진담 반으로 본인을 전태일 열사처럼 그려 달라고 하더라고요. 그 이야기를 듣고 가만히 생각을 해보니 우리가 보통 비극의 주인공이나 열사를 생각하면 바로 떠오르는 어떤 전형적인 영웅의 모습이 있잖아요. 그러면서 동시에 또 충분히 피해자다워야 하고 말이죠. 이런 이중적 기대가 있는 거죠. 이충연 위원장도 그랬어요. 잘 싸우기 위해서, 어떤 때는 운동권의 언어를 사용해야 했고, 어떤 때는 피해자의 언어를 사용해야 하는, 이중적인 상황에 놓여 있었어요. 사람들은 이충연처럼 전략적으로 움직이는 사람보다는, 투박한 말투에 자신의 감정에 솔직하면서, 어쩐지 안쓰러운 사람을 더 좋아해요. 〈공동정범〉 주인공 중에 신계 철거민인 김주환 위원장의 경우가 그렇죠. 모두가 그를 좋아해요. 그분의 언어는 정제되어

있지 않은데, 어쩌면 우리의 마음속에 '당사자라면 저래야
지' 하는, 날것의 언어에 대한 신비화가 있다고 생각하게
되었어요.

윤옥　정말 모든 걸 의심하게 하시는군요.

일란　이중적인 태도가 있다는 거죠. 이충연 위원장은 운동권의
언어를 빨리 배운 사람이에요. 왜냐하면 그 언어로 말해야
진상 규명에 도움이 되니까요. 그런 식의 언어를 구사하는
이충연 위원장을 사람들이 힘들어하는 부분이 있었죠. 저도
마찬가지였고요. 그 이중성에 대해 고민하다가 생각하게 된
거죠. 이충연이 그날 망루에서 있었던 일을 도저히 말할 수
없었던 상황이란 게 뭐였을까? 본인 스스로 국가 폭력의 피
해자이자 유가족이고, 진상 규명은 빨리 하고 싶고, 그런데
연대하는 사람들은 계속해서 당사자들에게 피해자다움을
기대하고. 사실 누구도 피해자다움을 대놓고 강요하지는 않
지만, 결국은 강요하는 셈이었던 거죠. 다큐 작업을 하면서
나중에는 이충연 위원장에게 미안해졌어요. 왜 그가 스스로
에게조차 솔직할 수 없었는가. 그러면서 지금 많은 투쟁 현
장에 있는, 연대하는 사람들도 이 이야기를 나눌 수 있으면
좋겠다는 생각을 했죠.

윤옥　가슴이 먹먹해지네요.

희정　저는 사실 이렇게 예리하게 찌르는 부분 때문에 〈공동정범〉
이 〈두 개의 문〉보다 대중적으로 흥행할 수 없다고 생각했어
요. 〈두 개의 문〉은 국가 폭력에 대한 저항이라는 메시지가
분명하죠. 〈공동정범〉은 마음의 풍경을 그리는 작품이라 훨
씬 더 대중들에게 어려울 것 같아요.

윤옥   그런데 이충연 위원장은 영화를 보고 뭐라고 하셨나요?

일란   이충연 위원장은 좀 충격을 받았던 것 같아요. 그에게 가장 중요한 인생의 목표는, 그때도 지금도 용산 참사 진상 규명인데, 다큐를 보니까 그게 잘못된 것처럼 보였던 거죠. 그래서 혼란스럽기도 했고요. 다큐를 볼 때까지도 자신이 어떻게 결과적으로 다른 동지들을 밀어냈는지 잘 이해할 수 없었던 것 같아요. 그래서인지 이 다큐를 보고 또 보고 하더라고요.

윤옥   그걸 계속 봤어요?

일란   네, 보고 또 보고.

희정   극장에서 관객들과 함께 보다 보면 이충연 위원장의 어떤 행동이나 말에서 탄성이 터져 나오는 때도 있거든요. "저 나쁜 새끼!" 거의 이런 분위기로요. 그런데 그걸 다 견디면서도 반복해서 보셨다는 거잖아요.

일란   그러면서 본인이 뭐가 부족했던 건지 이해하더라고요. "이제 다른 동지들을 잘 챙겨야겠다"라고 했어요. 굉장히 놀라운 일이었어요. 하지만 그 모든 것들보다 저에게 대단하게 다가온 건, 이 다큐를 공개하고 개봉해도 괜찮다고 허락했다는 그 자체인 것 같아요.

윤옥   그러네요. 손희정 선생님이 〈공동정범〉이 마음의 풍경을 그리고 있다고 했는데, 정말 그 마음들이 충돌하면서 일어나는 상황들을 보고 있기가 힘들고, 근데 사실 그게 삶이기도 하고, 그랬던 것 같아요.

지혜   이쯤에서 청취자 질문을 드려야겠네요. "작품 속 감독의 위치와 관련해서 〈마마상〉은 감독 본인이 직접 등장했고, 〈3×FTM〉은 카메라로 감독이 있고, 〈공동정범〉은 감독이 느껴지지 않을 정도인데요. 다큐를 찍는 생각이 변하신 건지, 아니면 스킬이 는 건지, 둘 다인지 궁금합니다."

일란   질문자 분 뵙고 싶네요. 정말 예리하세요. 그리고 "스킬이 는 건지"라는 말이 마음에 남네요. 정확하게 포착하셨는데요. 〈마마상〉은 아까도 말씀드렸지만 워크숍 같은 작품이에요. 그때 처음 다큐 작업을 해보는 거였고 어떻게 하는지도 몰라서 주인공과 관객 사이를 어떻게 매개해야 되는지 몰랐어요. 그래서 저와 공동 연출이 카메라에 언뜻언뜻 등장했던 거죠. 〈3×FTM〉 같은 경우에는 정말 커밍아웃 다큐였어요. 그래서 마치 분위기 좋은 카페, 선술집 같은 데서 주인공과 관객이 소주 한 잔 앞에 놓고 "나는 네가 소중해서 이런 얘기를 꺼내는 건데"라면서 눈을 마주하고 얘기하는 그런 느낌의 다큐이길 바랬어요. 카메라라는 매개 없이, 이렇게 둘의 대화인 것처럼, 그렇게 찍고 싶었거든요. 그래서 그때도 사실은 이 주인공들한테 인터뷰할 때 카메라 렌즈를 좀 봐줬으면 좋겠다, 계속 그렇게 부탁했죠. 그러면 영화로 편집했을 때 서로 마주 보는 것 같은 느낌이 좀 더 나잖아요.

윤옥   그렇죠. 관객을 보고 얘기하는 듯한.

일란   그렇게 대화하는 것 같은 느낌으로. 사실 잘 안 되긴 했는데요, 목표는 그랬어요. 그때 카메라를 쥔 나의 위치란 정확하게 '나는 페미니스트다'라는, 그러니까 '나는 페미니스트로서 당신 둘을 엮어 주고 싶어'의 느낌이었던 것 같아요. 그러니까 카메라의 존재를 최대한 지우려고 했지만 드러날 수밖에 없었던 것 같고요. 그리고 〈공동정범〉 같은 경우에는 진짜 그조차도 다 지워 버리고 그 세계에 들어가고 싶었어요.

변영주 감독이 그런 이야기를 했어요. 이 다큐의 카메라 위치가 독특하다고요. "이 영화는 관객을 향하고 있지 않다. 여기서 카메라는 주인공들로 하여금 서로 향하게 만들고 있다. 하지만 거기서 멈추지 않고, 그들이 세상 밖으로 나오게 하는 과정에 카메라가 동행하고 있다." 그 말을 듣고 보니, 우리가 정말 그랬구나 싶었어요. 아무래도 주인공들이 서로 대화하지 않는 상황이었으니까요. 그렇게 대화가 없는 주인공들 사이에 카메라가 있다 보니까, 이야기를 전달하는 역할을 하고 있었던 거죠. 그랬을 때 관객이 보기에는 카메라가 빠져 있는 것처럼 보였을 것 같아요.

윤옥　청취자께서 핵심적인 질문을 주셨네요. 질문도 훌륭하고 답변도 훌륭하고.

희정　영화 안 본 분들은 많이 궁금할 것 같은데요. 다행히도 〈두 개의 문〉과 〈공동정범〉은 쉽게 보실 수 있습니다. VOD도 판매하고 있고요. 포털 사이트에서도 다운받아 보실 수 있을 거고요. 그래서 작품 안 보신 분들은 한 번씩 꼭 봐주셨으면 좋겠어요. 용산 참사는 여전히 계속되고 있는 싸움이니까요.

— 마무리

지혜　우리 이제 정말 마무리해야 할 것 같아요. 감독님이 많이 지쳐 보이세요. '아니 한 번 불러 놓고 너무하는 거 아니냐' 하는 얼굴이신데요. ☺

일란　아닙니다. 이렇게 불러 주셔서 감사합니다. 즐거운 시간이었어요. 이야기를 하면서 느낀 건데, 다큐멘터리를 제작할 당시에는 엄청 치열하게 고민하고 최선을 다했지만 지금 돌이켜 보면 허점도 많고 실수도 많았구나. 지금 다시 다큐멘터리를 만든다 해도 한계가 따르겠죠. 칭찬받으면 좋겠지만 시대의 한계든 개인의 한계든 비판받는 일이 많이 생길 거고요. 비판받는 일을 견디는 건 힘든 일이지만, 막연한 두려움을 갖지 말아야겠다는 생각이 듭니다.

희정   끝까지 성찰하시네요.
윤옥   감사합니다.

+   **김일란이 덧붙이는 말**

지금처럼 영화가 위기였던 적이 있을까. 영화라는 '매체'의 핵심인 극장의 공동체적 경험은 과거의 향수가 되어 가거나 영화를 규정하는 마지막 근거처럼 여겨지기도 한다. 또 영화와 '영상'들의 경계가 없어지고, 새로운 테크놀로지가 새로운 상영 방식과 시각 체험을 만들어 내면서, 가장 강력한 대중문화였던 영화의 위상이 흔들리고 있다. 영화의 존재론적 질문이 더없이 갈급해지는 때다. 이럴 때 아녜스 바르다 감독의 말은 내게 구원처럼 들린다. 직관에 따라 작업하고 명민하게 자신의 예술 세계를 만들어 온 아녜스 바르다는 자신의 작업에 관해 "제 작품은 '영화란 무엇인가'란 질문을 다루고 있어요. 그 이야기를 제가 발견한 구체적인 영화 어법으로 들려주죠"•라고 밝힌 적 있다. 예술 매체로서 영화를 정의할 순 없어도, 적어도 자기의 삶 속에서 영화가 무엇인지를 정의할 수 있고 그것을 표현하는 것이 지금 할 수 있는 일이라 여겨지기 때문이다. 아녜스 바르다 감독의 말이 더 강력한 힘을 갖는 것은 그가 자신의 페미니스트로서의 감각과 위치를 결코 잊지 않았다는 점 때문이다. 페미니스트 감독들은 자기 경험과 감각으로 '영화란 무엇인가' 혹은 '영화란 무엇이 되어 가고 있는가'에 대해 답하고 있으며, 우리는 그 답이 담긴 영화들을 기다리고 환영할 것이다.

- 제퍼슨 클라인 엮음, 『아녜스 바르다의 말』, 오세인 옮김, 마음산책, 2020, 10쪽.

마음의 능력을 믿는 영화

게스트 윤가은

서강대학교에서 사학과 종교학을, 한국예술종합학교 예술전문사 과정에서 영화 연출을 전공했다. 단편 〈사루비아의 맛〉(2009)에서 장편 〈우리집〉(2019)까지 소녀들의 모험을 그려 내며 '우리 유니버스'를 열었다. 아빠의 애인 집을 찾아간 여고생의 이야기 〈손님〉(2011)으로 제34회 클레르몽페랑국제단편영화제 국제경쟁 부문 대상을 수상하고, 일곱 살 소녀가 콩나물을 사러 가는 여정을 담은 단편 〈콩나물〉(2013)로 제64회 베를린국제영화제 제너레이션 케이플러스 부문 수정곰상을 받았다. 장편 데뷔작 〈우리들〉(2016)로 제37회 청룡영화상 신인감독상, 제57회 백상예술대상 영화 부문 시나리오상 등을 수상했다. 저서로는 『호호호』(2022)가 있고, 『영화하는 여자들』(2020), 『당신이 그린 우주를 보았다』(2021)에 인터뷰로 참여했다.

― **오늘의 주제**

윤옥   손희정 선생님, 오늘 기분이 좋아 보이는데요?

희정   그렇습니다. 오늘 모실 게스트를 생각하면 기분이 아주 좋아지거든요. 2019년 한국 극장가를 다채롭게 물들였던 '여성영화의 새로운 물결'을 이끈 감독 중 한 분을 모셨어요. 이 시기에 김보라 감독의 〈벌새〉, 유은정 감독의 〈밤의 문이 열린다〉, 이옥섭 감독의 〈메기〉, 한가람 감독의 〈아워 바디〉 등이 관객들을 찾아왔죠.

윤옥   네, 그래서 오늘 그런 흐름의 한가운데에 있는, 〈우리집〉의 윤가은 감독님, 모셨습니다!

가은   안녕하세요? 반갑습니다. 윤가은입니다. 너무 긴장돼서 목소리가 잘 안 나와요. 오늘 왜 이렇게 떨리는지 모르겠어요. 〈을당〉을 종종 들었거든요. 근데 들을 때마다 다 너무 재밌어서 그 재미를 제가 과연 유지할 수 있을 것인가, 고민을 많이 했어요. 그냥 '에라 모르겠다' 그러면서 일단 오기는 했는데요. 어쨌든 재밌게 이야기를 해보겠습니다.

윤옥   〈을당〉 기조가 원래 '에라 모르겠다'입니다. ☺ 그러면 윤가은 감독님과 감독님의 영화 세계인 '우리 유니버스'에 대한 이야기, 본격적으로 시작해 보겠습니다!

'우리 유니버스'

'우리 유니버스'는 윤가은 감독의 팬들이 〈우리들〉〈우리집〉 두 편의 영화에서 펼쳐지고 있는 윤가은의 영화 세계에 붙인 이름이다. 이 영화 세계는 윤가은의 첫 단편이었던 〈사루비아의 맛〉부터 서서히 움트고 있었다. 윤가은의 작품에선 언제나 10대 여성이 주인공이다. 그리고 '이상한 나라'를 들쑤시고 다니는 앨리스처럼 일정한 기간 동안 토끼 굴 속을 돌아다니며 사건을 일으키고, 변신을 하며, 어디엔가 도착한다. 두 친구의 관계를 그린 〈사루비아의 맛〉은 〈우리들〉로 녹아들고, 〈콩나물〉과 〈손님〉은 〈우리집〉과 연동된다. 그리고 〈우리들〉과 〈우리집〉은 서로 만나기도 하고, 헤어지기도 한다. 〈우리들〉은 단짝인 선과 지아의 관계를 그리고, 〈우리집〉은 부모의 이혼을 어떻게든 막으려는 하나가 유미, 유진 자매와 함께 보내는 시간을 따라간다.

왜 소녀들 이야기인가

희정   단편 〈콩나물〉 때부터 감독님 팬이어서, 꼭 모시고 싶었어요. 〈콩나물〉은 윤가은이라는 이름을 한국에 처음 알린 작품이라 할 수 있는데, 베를린영화제 제너레이션 케이플러스 Generation Kplus에서 수정곰상을 수상했죠.

윤옥   '제너레이션 케이플러스'는 뭔가요?

희정   성장 영화, 어린이 영화 등을 대상으로 하는 부문이에요. 가족 영화랑은 다르고요. 그야말로 어린이 관객들이 적극적으로 영화제에 참여할 수 있도록 열어 놓은 장이죠. 감독님의 다음 작품 〈우리들〉도 이 부문에 초청된 것으로 알아요.

가은   저도 사실은 해외 영화제 경험이 많지 않은 상태에서 〈콩나물〉로 처음 갔어요. 제너레이션이라는 부문이 또 두 개의 부문으로 나눠지거든요. 케이플러스는 13세까지의 어린이 영화를 전문으로 하고, 포틴플러스14plus라고 해서 청소년 영화 부문이 따로 있어요. 〈콩나물〉은 케이플러스 섹션에서 상영됐어요. 그때 500석 규모의 극장이 어린이 관객으로 가득 차 있었어요. 그런데 어린이 관객은 자막을 읽기가 힘들잖아요? 그래서 뒤에서 성우가 모든 대사를 더빙처럼 읽어주시더라고요.

희정   연기하면서요?

가은   그건 아니고, 그냥 자막 따라 읽는 것처럼요. 그래서 독일어가 계속 나오고 있는 상태에서 아이들은 다 영화에 집중하고 있고, 정말 새로운 경험이었어요.

희정   기분이 어떠셨어요?

가은   사실 제 영화를 큰 영화제에서 상영하는 기쁨도 있었지만, 제가 좋아하는 어린이 영화를 다 모아 놓은 영화제에서, 그런 영화를 만드는 감독들 그리고 어린이 관객들을 만나서 이야기를 나눌 수 있다는 기쁨이 정말 컸어요.

윤옥   〈우리들〉 상영했을 때 어린이 관객의 반응은 어땠나요? 감독과의 대화도 진행하셨어요?

가은   끝나고 나서 간단한 감독과의 대화가 있어요. 이게 한국에서 상영하기 전에 독일에서 처음 상영한 거였는데, 한국 어린이도 아니고, 정말 접점이 전혀 없을 것 같은 독일의 어린이들 앞에서 상영한다는 것에 대한 부담이 좀 컸거든요. 그런데 친구들 사이의 관계의 본질은 비슷한 것 같다는 인상을 받았어요. 독일 관객들이 "이런 얘기를 어떻게 알아요?" "우리 얘기인데 어떻게 알았어요?" 이런 질문도 했고요. 정말 어린 친구들의 경우에는……

윤옥   정말 어리다면?

가은   일곱 살도 안 되어 보이는 친구들도 손을 들고 질문한다고 하면 다 기회를 주거든요. 근데 한 친구가 손을 들고는 "그런데 당신은 누구예요?" 이런 질문을 하는 거예요. 배우는 영화 속에서 봤는데, 저는 영화에 나오지 않았으니까요. "너는 어느 나라에서 왔냐" "왜 여기 있냐" 이런 질문을 하고, 모두가 빵 터진 가운데 저는 또 진지하게 대답을 했죠. "나는 영화를 만든 사람이고, 한국에서 왔어요"라고요. ☺

희정   이런 이야기를 들으면 한국의 극장, 영화제는 얼마나 제한적인가 질문을 하게 되죠. 영화에 나오는 사람들도 너무 한정되어 있을 뿐만 아니라, 그 영화를 즐기는 사람들, 영화제라는 문화를 즐기는 사람들의 연령대도 한정되어 있으니까요. 그래서 윤가은 감독님의 작품이 참 소중하고, 이런 작품들이 더 많이 만들어지면 좋겠다 싶어요.

윤옥   그렇습니다.

희정   앞에서 잠깐 언급하셨지만, 요즘 관객들이 윤가은 감독님 작품들을 '우리 유니버스' 혹은 '윤가은 유니버스' 이렇게 부르거든요. 〈손님〉이나 〈콩나물〉을 보면 이미 단편 작업에서부터 '윤가은 유니버스'가 싹트고 있었던 것 같아요. 그런데 우리가 종종 〈을당〉에서도 얘기했지만 정말로 여성, 특히 소녀가 자기만의 모험을 하는 작품이 너무 없는데 〈콩나물〉이 그것을 너무 재밌게 그리고 있어요.

〈콩나물〉

할아버지의 제삿날, 일곱 살 보리는 바쁜 엄마를 대신해 콩나물을 사오려고 한다. 생애 처음, 집 밖으로 홀로 떠나는 여행에서 보리는 하루 종일 마을을 누비고 다니면서 친구들과 놀기도 하고, 아이스크림도 먹고, 어르신들에게 막걸리도 한 잔 얻어 마신다. 과연 보리는 혼자 무사히 콩나물을 사올 수 있을까? 〈콩나물〉은 '윤가은 유니버스'의 세계관을 압축적으로 보여 주는 수작이다.

윤옥　호…… 보고 싶네요. 그런데, 보리는 취학 전인 거잖아요? 〈우리들〉을 보면 초등학교 4학년이고 〈우리집〉은 초등학교 5학년이고, 그렇게 학년이 하나씩 올라가네요? 감독님은 아동기나 유년기에 많은 관심을 가지고 어린이들이 주인공인 영화를 계속 만들어 오셨어요. 뻔한 질문이긴 하지만…… 왜, 그리고 언제부터 아이들의 세계에 관심을 가지고 그것을 소재로 영화를 만들기 시작했는지 궁금하네요.

가은　이 질문을 많이 받긴 하는데요. 이상하게 질문을 들을 때마다 다시 생각하게 돼요. 저 스스로에게 이 질문을 진지하게 던져 본 적은 사실 없었어요. 저에게는 자연스러운 일이라 굳이 이유를 찾을 필요가 없었던 것도 같고요. 요즘 들어서는, 어쩌면 이건 진짜 취향의 문제인 것 같다는 생각이 들더라고요. 어릴 때부터 성장 서사, 어린이나 청소년들이 주인공인 영화에 매료되었고요. 다른 한편으로는 영화감독이 되고 싶다는 생각을 했었는데 세상에는 너무 좋은 영화들이 많아 보였던 거죠. 20대 내내 '나는 어떤 영화를 만들어야 되지?'라는 질문을 스스로 던졌는데, 그 과정에서 하고 싶은 이야기를 찾게 되었던 것 같아요. 제가 '어른의 입장'에서 유년 시절을 파헤쳐서 이야기를 꺼내겠다, 이렇게 생각하면

	힘든 작업일 텐데, 그런 느낌은 아니에요. 그보다는 옛날에 말하지 못했던 어떤 마음들이 아직 남아 있어서, 그냥 그것을 꺼내고 싶은, 그런 식의 과정이었던 것 같고요.
윤옥	하지만 그런 마음들은 어른이 되면서 다 잊어버리지 않나요? 옛날에 말하지 못한 마음이라는 걸 저는 다 잊어버린 것 같은데, 어떻게 그게 이렇게 생생하게 살아 있을 수가 있죠?
가은	저는 마음에 맺힌 게 많아서요. ☺ 다른 사람보다는 조금 더 생생하게 기억을 가지고 있는 편인 것 같기도 하고…… 또 영화 취향이 그래서, 계속 그런 식의 서사나 영화를 보다 보니까 자극되는 게 있어요. 좋은 작품을 보면 또 나의 어린 시절이 떠오르고, 그러면서 이야기들이 쌓이는 것 같기도 하고요.
윤옥	〈우리들〉 보면서 예리한 칼날이 이렇게 싹 지나가는 느낌이었어요. 초등학교 4, 5학년 때, 저 역시 친구를 데려오기에는 조금 거시기한 집에 살았거든요. 〈우리들〉의 선네 집처럼 집에 선풍기도 없는데 친구더러 오라고 하기 참 그렇잖아요. 영화 속의 그런 모습들을 보면서 저 어릴 때 기억들이 막 떠오르는 거예요.
희정	〈우리집〉과 〈우리들〉에 그 섬세한 마음들이 어쩜 그렇게 잘 살아 있는지, '마음의 영화구나' 이런 생각이 들었어요.
윤옥	그러니까 그 마음이 예리한 칼날이 되어서 그때 느꼈던 곤혹스러움, 이런 여러 가지 감정들을 확 불러일으켜 가지고, 잠을 못 자는 그런 상태가 되었어요.
가은	아이고, 죄송합니다.

마음의 능력을 믿는 영화

윤옥 아닙니다. ☺ 이렇게 생생하게 자기 안의 감정들을 영화로 드러낼 수 있다는 것도 너무 놀라웠어요. 체험을 바탕으로 재현하신 거네요.

지혜 청취자 질문 중에 이런 게 있었어요. "어린 소녀들이 주인공으로 나오는데 자기 주도성을 발휘할 수 있는 중고등학생 시기는 아니지만 분명 어른들과 동화되지는 않는 특정한 시기를 그려 내는 이유가 있는지?"

가은 청소년이 아닌 어린이가 주체인…… 그러네요. 제가 그러고 있었네요. ☺ 어른들은 유년 시절을 초중고 합쳐서 어떤 하나의 시절로 딱 묶어 버리잖아요. 저는 초중고가 다 다르고, 초등학교 안에서도 4, 5, 6학년이 다 다르다고 생각해요. 정말 나이별로 세대를 뛰어넘는 것 같은 성장을 겪는다고 생각하거든요.

윤옥 진통을 겪죠. 어른들은 잘 모르는.

가은 어른들은 그냥 잊어 버리는 것도 같아요. 중학교 1, 2학년도 너무 다르잖아요. 제 생각엔 어린이가 중학생이 되면 스스로 어린이가 아니라고 자각하는 시점이 올 것이고, 그때부터는 생각이 복잡해지고 개인성이 살아나면서 시각이 바뀔 것 같거든요. 이렇게 나누는 것도 한계가 있겠지만, 저는 초등학생에게 단순한 마음들이 더 잘 보이거든요. 마음이 많이 복잡해지기 직전의 어린이가 겪는 마음들에 대해 이야기하고 싶고, 영화적으로도 본질적인 이야기를 좀 더 꺼낼 수 있을 것 같고요. 아마 그래서 자꾸 초등학생이 제 영화의 주인공이 되는 거 아닌가 싶어요.

윤옥 초등학생일 때는 정말 훨씬 더 단순한 질문들, 본질적인 질

	문들을 던지기도 하는 것 같아요. 〈우리들〉에서는 선의 동생이 던지는 "그러면 언제 놀아?" 같은 질문들 말이죠.
희정	아, 그 대사 진짜 너무너무 좋아해요. 선과 지아는 서로 아끼지만, 둘 사이를 이간질하는 친구들 때문에 점점 갈등의 골이 깊어지죠. 지아가 선에게 상처 주면, 선이 또 지아에게 상처 주고. 그렇게 서로 상처를 주고받던 중에 선이 동생과 나누는 대화였어요. 동생은 늘 친구한테 맞고 오는데 그걸 본 선이 화가 나서 "너도 똑같이 때려 줘야지"라고 하니까 동생이 눈을 깜빡깜빡 하면서 물어보죠. "그러면 언제 놀아?" 그 대사는 한국 영화 최고의 대사 열 개 뽑으면 그 안에 들어갈 수도 있지 않을까요?
지혜	최고였어요.

아역 배우들과의 작업

윤옥	그 질문은 정말 어른들한테 던지는 질문 같았거든요. 삶의 어떤 본질적인 부분을 드러내기 위해 아이들의 이야기를 한다는 설명이 납득이 되네요. 그런데 "그러면 언제 놀아?" 이런 질문을 하는 어린이 배우가 또 정말 찰떡같아서요. 배우는 어떻게 캐스팅하셨는지 궁금해요.
가은	단편 때부터 어린이 배우들과 계속 작업을 해오면서 시행착오가 조금씩 있었어요. 그러면서 〈우리들〉 때 방법을 완전히 바꿔 보게 되었죠. 일단 '첫 만남은 긴장하지 않은 상태에서 대화를 나누자'는 걸 첫 원칙으로 정했어요. 일반적인 방식

과는 다르게요. 보통은 아역 배우를 캐스팅할 때 지정 대본을 주거든요. 어린이들이 그 대본을 연습해 와서 연기 기술을 펼쳐 보이고 제작진이 그걸 평가하는 거죠.

희정   오디션 할 때요?

가은   네, 오디션에서 보통 지정 대본 연기, 자유연기, 장기 자랑, 이런 순서로 테스트를 봐요. 그러면 10분도 안 걸리거든요. 근데 그건 사람을 들여다보기가 쉽지 않은, 이상한 방법이더라고요.

희정   듣고 보니 이상한 방법이네요.

가은   그렇죠. 배우들도 너무 긴장하는 게 느껴져요. 그런데 그렇게 하루 종일 오디션을 보면서 열 명쯤 배우들을 만나고 있자면, 대부분 똑같은 연기를 준비해 와요. 학원에서 배운, 부모랑 연습한 내용들이죠. "엄마는 왜 날 낳고 버렸어?" 막 이런 식으로, 본인이 전혀 이입하지 못하는 감정을 배워서 하는 연기들 있잖아요. 그러고는 순간적으로, 울어요.

희정   아…….

가은   눈물 연기를 다들 너무 잘하는데, 그게 저는 좀 무섭더라고요. 저도 그런 시행착오를 겪으면서 일단 대화가 잘 통하고 결이 서로 잘 맞는 사람을 만나고 싶다는 생각이 들었어요. 그래서 〈우리들〉 오디션을 볼 때는 방법을 좀 바꿨죠. 1차로 아이들 만날 때는 20, 30분 대화 시간을 갖고요. 그럼 서로 잘 맞는지 아닌지 느낌이란 게 있잖아요. 그렇게 대화가 잘 통하는 친구들 5, 6명을 그룹으로 묶어서 그룹 오디션을 5차까지 쭉 봤어요. 그 오디션은 일종의 연극놀이 수업 같은 형식으로 진행되고요.

지혜   와, 함께 보내는 시간이 아주 길어지는 거네요.

가은   그렇게 하는 오디션은 두 시간 정도 진행되고, 최종 심사는 세 시간 이상 진행했어요. 초반 30분은 다 같이 처음 만났으니까 얼음땡 같은 거 하면서 긴장을 풀고, 나머지 시간에는 쉬운 거부터 깊이 있는 것까지 즉흥극을 계속 해봤어요. 그리고 그 친구들이 즉흥적인 상황 안에 얼마나 몰입하고 그것을 진짜라고 느끼면서 역할을 수행하는지를 봤죠. 제가 연극 놀이 교사가 돼서 놀이처럼 진행한 거죠. 그렇게 해서 우리 영화에 잘 맞을 것 같은 친구들을 뽑으니까, 영화에도 그런 모습으로 나오더라고요.

윤옥   그러면 〈우리들〉〈우리집〉에 캐스팅된 아역 배우들이 다 그런 과정을 통해서?

가은   그렇죠. 어린이 배우들을 뽑는 게 정말 힘든 것 같아요. 그래서 오디션을 본다기보다는 그냥 존재 자체로 어떤 에너지를 뿜는 친구들을 만나기를 바라면서 기다리는 작업이었죠.

희정   그러면 연기 연출은 어떤 식으로 하세요?

가은   제가 연기 연출을 하는 건지 잘 모를 때가 있어요. 왜냐하면 그렇게 배우를 뽑고 또 두 달 정도 같이 리허설을 했거든요. 연극 연습하듯이 했어요. 일주일에 두세 번씩 만나서 한 번에 4, 5시간씩, 주말 같은 때는 온종일 하기도 하고요. 시나리오 없이 장면을 모두 즉흥 상황으로 만들어서 연습을 해요. 그렇게 시작은 있지만 끝이 없는 즉흥극을 여러 번 진행하면서 장면을 만들어 가는 거라, 때로는 제가 대사를 주기도 하고 때로는 친구들이 다른 방향으로 극을 이끌어 가기도 하죠. 그리고 그게 설득력이 있으면 시나리오 자체를 바꾸기도 하고요.

희정　처음 시나리오랑 결과물이 꽤 달라질 수도 있겠네요?

가은　그렇죠. 이야기의 구조 자체는 제가 끌고 가야 되는 거니까 그게 완전 다른 이야기가 되지는 않지만, 개별 장면은 정말 많이 바뀌었어요. 그렇게 해서 삭제되거나 수정된 부분이 많고, 현장 가면 또 바뀌고.

희정　계획에 없다가 즉흥극 안에서 등장한 보석 같은 장면도 있겠네요?

가은　너무 많아요. 이제는 뭐가 바뀐 건지 뭐가 오리지널인지 잘 모를 때도 있어요. 제가 좋아하는 장면 중에 갑자기 생각나는 건 〈우리들〉에서 선이 눈독 들였던 색연필을 지아가 훔쳐다 주고 선이 막 좋아하고, 그런 장면이 있어요. 제 시나리오에는 굉장히 간단히 적혀 있었어요. "선이 좋아하고, 지아는 전화가 와서 받으러 간다" 이 정도 묘사였죠. 그런데 즉흥극으로 진행하면 이렇게 되는 거죠. "지아야, 네가 색연필을 훔쳐 와서 선에게 준다고 치면 어떻게 줄 것 같아?" 그러면 자기는 숨겼다가 주고 싶대요. 깜짝 놀라게 해주고 싶다는 거예요. "그래? 그러면 O.K. 그거 재밌겠다. 그럼, 선이 너는? 가지고 싶었던 거니까 너무 좋을 것 같지 않아?" 사실 이건 그렇다는 대답을 기대하면서 물어본 거죠. 근데 선을 연기한 최수인 배우가 굉장히 바른 사람이에요. 갑자기 머리가 복잡해지는 게 보였어요. 좋지만, 훔친 건데 이걸 어떻게 100퍼센트 좋아할 수 있는지 고민하더라고요. 아차 싶었어요. 이게 내가 놓친 부분이구나. 그래서 "그럼 너라면 어떻게 반응할지 한번 해보자." 그렇게 선이 좀 주저하고, 지아가

"싫으면 말아" 그러고, 주거니 받거니 하는 디테일이 나오게 된 거죠. 이런 디테일은 다 배우들과 함께 만들었다고 생각하시면 돼요.

희정   그게 바로 〈우리들〉에서 만나 볼 수 있는 연출의 힘이네요. 다양한 것들을 고려하고 배려하고 같이 나누면서 이야기가 펼쳐질 수 있는 장을 만드는 것이야말로 연출의 몫이 아닐까 싶고요.

윤옥   어떻게 이렇게 자연스럽나 했더니 좀 비밀이 풀린 것 같아요. 그런 감정의 흐름뿐만 아니라 행동의 연결이 너무 자연스럽다고 생각했거든요. 선이 어떤 행동을 하면, 그런 장면이 지날 때마다 관객인 저한테는 선에 대한 정보가 쌓이죠. 그리고 다음 상황이 펼쳐지면 지금까지 쌓였던 정보들 안에서 선은 어떻게 행동하겠다 예측하게 되고, 그런 흐름이 자연스러웠어요. 그런데 아역 배우들하고 작업할 때는 신경 쓸 일도 많지 않나요? 쉽게 지치기도 할 것 같고, 떼를 쓰기도 할 것 같고요. 성인 배우와 작업하는 것과 많이 다른가요?

가은   아역 배우들과 작업하는 건 좀 다르긴 하죠. 다행인지 불행인지 모르겠는데 체력은 저랑 비슷한 것 같아요. 아이들이 진짜 정말 신기하게 아침에 해 뜨면 에너지가 넘쳐요. 아침 7시 콜일 때도 있는데, 그러면 적어도 6시 전에는 일어나야 한다는 말이거든요. 굉장히 일찍 일어나야 하는데도 현장에 모이면 쌩쌩해요. 뭔가 해 뜨면서부터 기운이 달라지는 것 같아요. 아직 자연의 흐름과 맞닿아 있는, 그런 생명체 같은 느낌이 있죠. 그러다가 해가 지면 점점 배터리가 방전되는 것처럼 지쳐요. 저도 좀 그런 편이거든요.

희정	와, 신기하네요. 저는 어렸을 때부터 늦잠 잤던 것 같은데.
가은	그렇게 체력을 좀 신경 써야 하는 부분이 있고요. 어쨌든 어른과 속도 차이가 있으니까 기다려야 하고, 많이 물어봐야 하고, 그런 점들은 다르죠. 근데 어린이라고 해서 현장에서 말도 안 되는 고집을 부리거나, 이런 건 전혀 없어요. 일단 우리가 영화를 찍는다는 목표가 있고, 그걸 완주해야 한다는 걸 인식하고 있고요. 그리고 사실 배우만 어린이지, 스태프는 다 어른이잖아요. 그래서 오히려 성인 배우였다면 당연히 요구했을 것들도 어린이 배우들은 참는 경우가 굉장히 많아요. 그게 눈에 보일 때도 있고요. 그래서 그런 부분을 신경 써야 하죠.
윤옥	성숙한 사람들이네요. 요즘 어른 같지 않은 어른이 너무 많은 세상인데.

—— **'우리 유니버스'에 대하여**

윤옥	이제 '우리 유니버스' 영화들, 〈우리들〉과 〈우리집〉 영화 이야기로 좀 더 깊숙하게 들어가 보겠습니다. 〈우리집〉은 작은 영화 규모에서 봤을 때 흥행작이에요.
가은	그렇습니다. 그렇게 잘될 거라는 생각은 못했던 것 같아요. 생각보다 많은 관객들이 보러 와주셨어요.
윤옥	예상보다 많이 보러 왔다면, 이 영화가 지금 관객들에게 뭔가 꽂히는 지점이 있기 때문일 텐데. 어떤 점일까요? 〈우리집〉의 어떤 점이 관객들에게 어필했다고 생각하시는지요?

가은   그러게요. 진짜 잘 모르겠는데요. 사실 저는 제가 뭔가 대단히 특별한 이야기를 한다고 생각해 본 적은 없어요. 오히려 굉장히 평범한 이야기를 한다고 생각해요. 어쩌면 그런 부분이 강점이자 취약점일 수 있겠어요. 평범한 이야기이기 때문에 어떤 관객들에게는 보편적인 이야기, 내 가족의 이야기로 다가갈 수도 있겠구나 싶고요. 〈우리들〉 때도 그랬고 〈우리집〉 때도 마찬가지지만, 영화를 만들 때 '나는 이런 감정들이 부대끼는 어떤 치열한 시기를 지나 왔고, 어쩌면 지금도 마음 한 부분은 이런 것 같아요. 여러분은 어떠세요?' 이런 질문을 던지면서 영화를 만들었던 것 같거든요. 그리고 관객들이 그 질문에 대한 화답으로 '우리도 그래' 그런 이야기를 해주는 거 아닐까 해요. 저에겐 개봉의 경험이 그런 상호작용을 발견해 나가는 과정이기도 하고요.

희정   상호작용을 발견해 가는 과정이라고 하시니까 궁금해요. 영화 개봉 후 관객과의 대화를 많이 하시고, 발품을 팔면서 관객들을 만나잖아요. 현장 반응은 어떤가요?

가은   저뿐만 아니라 영화 제작진과 홍보마케팅팀이 제일 놀란 건, 영화 끝나고 대화 진행하기 전 크레디트 올라갈 때 보면, 그렇게 우는 분들이 많다는 거였어요.

희정   영화 보고요?

가은   네, 그리고 한두 분은 정말 오열을 하셔서, 이게 지금 행사를 진행하러 들어가도 되나 싶을 정도거든요. 이런 반응은 전혀 예상 못했어요. 그래서 처음에는 내가 뭔가 영화를 제대로 못 만들었나, 메시지를 제대로 전달하지 못했나 싶었죠. ☺

윤옥   저희 가족 넷이 같이 보러 갔는데, 큰딸이 보고 나서 엉엉 울었어요. 큰딸은 제가 활동가로 바쁘니까, 동생 챙기면서 엄마 노릇을 했거든요. 영화 속 하나의 이야기가 딸의 마음을 찌르지 않았나 이런 생각이 들더라고요.

가은 사실 주인공을 어떻게 바라볼 것인가의 문제도 있는 것 같아요. 많은 분들이 조숙한 아이, 어른 같은 아이, 이렇게 표현을 하세요. 저도 그런 표현을 썼고요. 하지만 과연 아이 같다는 건 뭘까, 어른 같다는 건 뭘까, 이런 질문을 하게 되더라고요. 얼마 전 감독과의 대화에 갔을 때 어떤 분이 "이거 'K-장녀'들을 위한 영화다"라고 하셨는데요. 그 표현을 듣고 보니 너무 딱 맞는 거예요. 저도 그랬고요. 심지어 하나는 장녀도 아닌데 일종의 장녀 콤플렉스를 가질 수밖에 없는 환경이라고 해야 할까요?

희정 유미는 장녀죠. 〈우리들〉의 선도 장녀고요.

가은 맞아요. 선도 장녀죠. 저도 장녀고 남동생이 있었는데요. 그런 성장 과정에서 느낀 마음을 건드리는 게 있는 것 같아요. 저도 어렸을 때 너 조숙하다, 어른 같다, 이런 이야기들을 칭찬이라고 생각하면서 들었는데, 돌이켜 보면 사실 그렇게 성숙한 아이는 아니었거든요. 영화 속 캐릭터들도 마찬가지예요. 종종 말도 안 되는 짓들을 막 하잖아요. 내 마음 표현 잘 안 하고, 잘 참으려고 하고, 온갖 책임은 다 짊어지려고 하면서도요. 이런 걸 꼭 어른 같다고 할 수는 없죠. 하지만 사회가, 어른들이, 짐을 지고 있는 아이들에게 조숙하다고 하는 거 아닌가 싶었어요.

희정 저는 〈우리집〉이랑 최근 나왔던 몇 편의 여성 감독 영화들을 보면서 그런 생각이 들었던 것 같아요. 보통 '성장'이라고 하면 오르막길을 쭉 올라가는 것으로들 생각하는데, 영화들을 보면 길은 오르막이 아니라 그냥 평평한 길이더라고요. 그 길 위에 덜컹거리게 만드는 장애물이 놓여 있고, 그것을 밀고, 밀고, 밀다 보면 그렇게 앞을 가로막고 있는 고비를 덜컹 하고 넘어가는 거죠. 그래서 〈우리집〉을 보면서도 하나가 그렇게 덜컹거리면서 계속 앞으로 가고 있는 거구나, 이런 생각이 들었어요.

가은 지금 강의 듣는 기분. 빨리 필기해야 될 것 같은데. 😊

희정 그런 순간들을 보면, 그 또래의 나도 생각나지만, 지금의 나, 엄청 덜컹거리고 있는 나도 생각이 나고 그래요.

윤옥 우는 관객이 있다는 이야기에서 여기까지 왔네요. 😊

희정 그런데 감독님 팬들하고 '우리' 시리즈 팬들이 '우리 유니버스' '윤가은 유니버스' 이런 말 만들어서 너무 즐거워하고 있는데, 감독님은 어떠세요?

가은 부끄럽죠. 부끄러운데 약간 힘이 나는 부분이 있어요. 왜냐하면 〈우리들〉 만들고 나서 "진짜 영화 해야지" "독립영화 말고 상업 영화 해야지" 이런 말 많이 들었거든요.

희정 진짜 영화가 뭐야, 진짜.

가은 그러니까요. 그런 얘길 들으면서 나는 지금까지 뭘 한 걸까, 그런 자책을 한 시기가 있었어요. 한편으로는 영화 시장에서 살아남을 수 있는 영화를 해야 직업인으로서 저도 살아갈 수 있는데, 그럼 어떤 영화를 만들어야 하나 고민이 많았거든요. 하지만 〈우리들〉 끝나고 반응이 좋았고, 또 다음 영화를 빨리 만들고 싶었어요. 그렇게 하고 싶은 이야기가 있을 땐 그냥 그걸 하는 게 맞는 것 같아요. 그래서 〈우리집〉도

마음의 능력을 믿는 영화

만들게 된 거죠. 그러니까 이런 영화를 원하는 관객이 있다는 것이 제일 힘이 돼요. "이런 영화 또 만들어도 괜찮아" 하며 관객들이 허락해 주는 것도 같고요.

희정   저는 사실 '우리 유니버스'라는 말이 만들어졌을 때, 내가 감독이라면 부담스러울 수 있겠다는 생각을 했거든요. 다른 이야기 하고 싶은데 우리 유니버스에 갇힌 느낌이 들까 봐요. 그런데 오히려 나는 이런 얘기를 더 하고 싶은데 이제 해도 되겠구나 하는 생각을 하셨다는 게 좋네요.

가은   아…… 그런 생각은 또 못 해봤네요. 부담을 느낄 수도 있겠네요. ☺ 그런데 어린이나 청소년이 자기 인생을 걸어가는 이야기는 정말 어렸을 때부터 제 취향이어서요. 그 취향이 앞으로도 많이 바뀔 것 같지도 않고요. 기회가 주어지면 계속하고 싶은 마음이 있어요. 하고 싶은 다른 이야기들도 많지만요.

희정   작품들을 쭉 보니까 '우리 유니버스'라고 묶어서 얘기할 만한 공통된 설정들이 연속성을 가지고 있기도 해요. 예를 들어 〈우리들〉에 나왔던 캐릭터가 그대로 〈우리집〉에 나온다든지, 아니면 '언젠가는 꼭 가보고 싶은 바다'라는 키워드가 계속 나온다든지, 세 명의 아이들이 중심이 된다든지. 그렇다면 이 작품들을 묶어 주는 하나의 세계관, 그 세계관의 코어는 무엇일까요?

가은   정말 심오한 질문이네요. 코어가 뭘까……. 사실 이게 어떤 원대한 계획을 가지고 만들어진 세계는 아니에요. 두 번째 영화도 제목이 처음부터 〈우리집〉은 아니었거든요. 처음에는 중학생이 주인공인 이야기를 구상했는데, 결국은 지금 같은 내용이 된 거죠. 시나리오가 점차 진행되면서 하나씩 맞춰졌던 것 같아요. 〈우리들〉의 배우가 〈우리집〉에 등장한 건 사실 제가 그 배우들을 다시 만나고 싶기 때문이었어요. 그래서 출연해 달라고 요청했고, 그 친구들이 수락을 했어요. 그렇게 같은 친구들이 등장을 하니까, 그럼 동네도 〈우리들〉 동네로 가서 찍자, 이렇게 된 거고요. '우리 유니버스'는 그렇게 한 스텝 한 스텝 밟으면서 만들어진 세계예요.

희정 오, 그렇군요.

가은 하지만 선, 지아가 〈우리집〉에도 나왔으면 했던 데에는 이유가 있긴 했어요. 그 친구들이 격렬한 시기를 보냈지만, 거기서 인생이 끝이 아니라는 이야기, 그리고 나서도 아이들은 계속 자라고 있다는 이야기를 하고 싶었어요. 그렇게 관객들에게 우리 모두 인생의 통렬한 경험을 하면서 자라고 있다는 느낌을 전하고, 그런 시기를 잘 관통했기 때문에 지금 잘 살아가고 있다는 안심을 좀 드리고 싶기도 했죠. 우리 스스로 안심하고 싶은 마음이랄까요?

하나가 보는 세계

지혜 그런데 같은 세계관 안에 있으면서도 또 아주 다른 부분들도 있을 것 같아요. 두 작품의 가장 큰 차이가 뭘까요? 〈우리집〉을 만들면서 또 〈우리들〉과는 조금 다른 것에 신경을 썼다, 이런 것들이 있을 것 같아요.

가은 〈우리들〉을 처음 만들 때는 20, 30대 독립영화 좋아하는 관객들이 보겠거니 생각하면서 만들었어요. 그런데 예상 외로 초등학생 관객들이 많이 보게 되었죠. 2018년에 교과서에 수록되면서 더 그렇게 되었던 것 같아요.

윤옥　왕따 문제, 이런 걸 다루니까 더 그럴 수 있겠네요.

가은　그리고 부모님이나 선생님들이 아이들한테 보여 주고 싶어 하시고요. 그러면서 영화를 보고 자신의 이야기를 나누는 초등학생 관객들을 많이 만나게 됐죠. 그 경험이 저에게 영향을 미쳤어요. 어린이 관객도 같이 보고 소화할 수 있는, 그런 영화를 어떻게 만들 수 있을지 고민을 많이 했어요. 그러다 보니까 〈우리집〉은 〈우리들〉하고는 확실히 영화의 결이 달라졌어요. 〈우리집〉에는 이 친구들이 이런 순간을 보냈으면 좋겠다는 저의 바람이 많이 들어갔어요.

윤옥　그런데 〈우리집〉에서 "대체 우리집은 왜 이러냐"고 하잖아요. 그게 많은 관객들에게 꽂혔을 것 같아요. 다들 진짜 우리집은 왜 이러니, 하는 생각이 마음 한구석에 있잖아요. 저는 흥행 요소가 그 대사라고 생각해요. 😊 사회경제적 조건, 욕망, 이런 것들이 다 응축되어 있는 대사 아닌가 싶고요. 하지만 아이들한테 너무 가혹한 상황을 준 건 아닌가, 그런 생각도 들었어요.

희정　그런 부분이 있기도 하죠.

윤옥　〈우리집〉에서 유미가 엄마한테 계속 전화를 거는데, 계속 연결이 안 되잖아요. 그걸 보고 있자니 제가 다 그 전화를 받고 싶더라고요. 그 마음을 너무 잘 아니까요. 여노에서 저소득 가정에 보육사를 파견하는 사업을 했었거든요. 근데 진짜 그런 집이 있었어요. 아빠가 지방에 일하러 가는데 일주일 치 밥을 해놓고 가는 거예요. 초등학교 2학년 어린이 혼자서 그 밥을 챙겨 먹고 하는데, 학교도 안 가고 그러는 거죠. 그래서 여노에서 보육사를 파견해서 수습하고 아이가 잘 성장하게 된 경우가 있었거든요. 그래서 저는 '아니, 감독님이 우리 사례를 봤나?' 싶을 정도였어요.

희정 그러니까 왜 이 영화 보고 '저렇게까지 어른들을 무능하게 그려야 돼?'라고 생각하는 관객들이 있다고 들었거든요. 그런데 무능하게 '그린 것'이 아니라, 저런 부모도 현실에 있는 거죠.

가은 사느라 힘들어서 그런 경우는 상당히 많은 것 같아요.

윤옥 조금 전에 말한 아버지는 일용직 건설 노동자였거든요. 이혼하고 혼자 아이를 키우는데, 일거리를 찾아 지방으로 다닐 수밖에 없는 거죠. "주말에만 올라오셔." 그 얘기를 들으면서 마음이 너무 아팠거든요. 근데 영화에서 전화를 너무 안 받으니까, 제가 전화를 대신 받아서 "유미야, 유진아, 걱정 마" 막 이런 말을 하고 싶었다니까요. 한국 사회의 양극화가 점점 심해지면서, 이런 가정이 실제로 더 많아졌을 거예요.

가은 그런데 이 자리를 빌려서 꼭 말씀 드리고 싶은 것은 유미네 부모는 그날 하루 전화를 못 받으신 거예요. 관객들이 너무 안타까워들 하셔서……. ☺ 근데 저는 시나리오 쓸 때 사실이 뒷받침되어야 안심을 하는 편이라 자료 조사를 많이 하는데요. 10년 전 장편을 쓰면서 자료 조사할 때도 이미 모텔에 사는 아이들이 굉장히 많았어요. 유미네 부모가 특별히 아이들을 방치한 상황은 아니었던 것 같아요. 먹고살기 위해서 지금 이 순간에 정말 필요한 일을 해야 하니 삼촌을 불러서 아이들을 맡긴 거죠. 근데 삼촌이 영화에 참…….

윤옥
지혜 안 나타나 가지고, 더 방치된 것처럼 보였던 것 같아요. 관련해서 청취자분이 남겨 주신 코멘트를 나눠 볼까 싶어요. 〈우리집〉 보면서 많이 힘드셨나 봐요. 이런 코멘트를 주셨는데요. "아이가 주인공인 영화가 많지 않은 한국 영화 현실에서 감독님이 귀한 존재라고 생각하고 늘 응원하는 마음입니다. 먼저 〈우리들〉에서 아이들이 주체적인 존재로 그려졌다고 생각했어요. 그래서 너무 감동적으로 보았고 아프게 느꼈습니다. 아이들이 봐도 공감이 될 부분이 있고 어른이 봐도 감정이입할 부분이 충분한 영화라고 생각했어요. 그런데 〈우리집〉을 보고 나서는 좀 혼란스러웠어요. 어른의 존재는 너무 평면적인 느낌이 들었고 아이의 구체적인 욕망이 잘 드러났다는 생각이 안 들었거든요. 그리고 아이 엄마로서 어린아이 둘만 놓고 통화도 안 되는 상황 설정이 무책임을 떠나서 그게 가능한 일인가 공감이 안 되더라고요. 〈우리집〉은 어른을 위한 영화일까요? 아이들도 공감할 만한 영화일까요? 감독님이 더 다가가 이야기 나누고 싶은 관객은 어느 쪽인지 궁금합니다."

가은 영화를 만드는 내내 끝까지 생각했던 건 주인공인 하나였어요. 하나가 어떤 마음으로 이 모든 상황을 겪고 받아들이게 되는지가 저한텐 가장 큰 숙제였죠. 영화 준비하면서 콘티를 짤 때 제가 막 머리를 쥐어뜯고 있으니까 촬영감독이 "이 영화는 세상의 모든 하나들을 위해 만들어져야 하는 영화가 아닐까" 이런 이야기를 했어요. 그때 그게 영화의 방향이어야 한다는 걸 깨달았죠. 그래서 하나의 입장에서 부모가 어떻게 보이는지에 집중했어요. 그건 부모의 사정을 속속들이 듣는 게 아닌 거죠. 하나가 이해하는 만큼 보여 준 거고, 그건 유미네 가족에 대해서도 마찬가지였어요. 삼촌이 등장하지 않는 건 이런 이유도 있는 거죠. 사실 우리 어렸을 때 친구네 집에 가도 친구 부모님을 만나는 일이 그렇게 흔하지는 않잖아요. 주로 낮 시간에 놀러 가고, 부모는 밤에 돌아오니까요. 그럼 보호자가 없는 경우가 대부분이었어요.

희정   그렇죠.

가은   하나의 부모 역을 맡았던 이주원, 최정인 선배와 함께 대본 리딩을 하는데, 이주원 선배가 "부모들이 이렇게까지 애들 앞에서 싸우냐?"고 묻는 거예요. 저는 충격을 받았어요. 당연하지 싶었던 거죠. 근데 그건 시나리오 피드백 때도 나왔던 질문이었어요. 누구는 "이렇게까지 싸워?" 누구는 "이 정도로 안 끝나잖아? 뭐 막 날아가고 그러잖아?"라고 했죠. 각자 겪은 가족의 모습이라는 것이 다 너무 다른 거죠. 가족의 모습의 스펙트럼은 정말 넓고 다양하니까요. 유미네도 마찬가지였어요.

희정   전 삼촌이 안 보이는 것이 당연하게 느껴졌던 게요. 사실 감독님 작품을 쭉 보면 카메라 시선의 높이가 정확하게 정해져 있거든요.

윤옥   그건 또 무슨 얘긴가요?

희정   하나 또래의 눈에 보이는 세계를 잡기 때문에 카메라가 성인의 눈높이에서 세계를 조망하는 게 아니라 그 어린 배우들 눈높이로 찍어요. 그래서 종종 어른들의 얼굴 부분이 안 보이고요.

가은   맞아요.

희정   그게 형식적으로 이 영화가 다루는 세계를 정확히 보여 주는 것이기도 하고, 그래서 삼촌이 안 보이거나 이런 거는 저는 이상하지 않았거든요. 저는 〈우리집〉은 일종의 장르물이라고 생각해요. 아이들을 위한 성장, 모험 장르랄까요? 저는 그게 이 작품이 〈우리들〉과 사뭇 다른 점이라고 생각하고, 또 그게 이 영화의 최대 장점이라고도 생각해요. 〈우리들〉은 확실히 예술영화처럼 보이는 지점들이 있었는데, 〈우리집〉은 훨씬 더 10대 관객들을 위해서 감독님이 신경 쓴 장르적인 설정들이 보이죠. 클라이맥스를 향해 함께 달려가면서 갈등이 빵 터지고, 수습되고, 화해하고…… 이런 것들이 〈우리들〉과는 호흡이 다른 영화더라고요. 그래서 감독님이 〈우리집〉을 통해 어떤 작품을 하고 싶었고, 어떤 관객들과 소통하고 싶었는지 잘 보여서 좋았어요. 재밌었고요.

윤옥   선생님 얘기 들으니까 달리 보이는 부분이 있네요.

── **하나와 밥**

희정   저는 또 그런 게 궁금했어요. 감독님 영화의 캐릭터들이 너무 노력을 하는 거예요. 선도 그렇고 하나도 그렇고, 왜 이렇게까지 노력할까. 영화 속에서 아이들이 그렇게 계단을 뛰어다녀요. 왜 그렇게 뛰어다니지, 안 힘든가 싶었어요. 왜 그렇게까지 노력을 하는 걸까요?

가은   〈우리집〉의 경우는…… 사실 가족이 흔들린다는 건 그야말로 삶의 기반이 흔들린다는 거니까요. 공포가 엄청날 거라고 생각했어요. 5학년 여름방학이고, 아이가 학원도 다니지 않아요. 그랬을 때 모든 시간을 가족을 바로잡는 데, 그러니까 사회에서 말하는 이상적인 가족의 형태로 바로잡는 데 쏟는 거죠. 근데 저도 이렇게까지 하나가 고군분투하는 줄 몰랐어요. 편집할 때 심지어 덜어 낸 부분도 있어요.

희정   하나가 노력하는 장면을 덜어 내신 거예요?

가은   네, 너무 안쓰러운 순간들이 있더라고요. 하지만 아이의 입장에서, 자신이 경험한 가족이 세상의 전부일 때, 엄마 아빠가 더는 예전의 엄마 아빠가 아닌 상황이 내 존재 자체가 부정당하는 것처럼 느껴질 수 있다고 생각해요. '그럼 대체 나는 뭐지? 이 가족 안에서?' 이런 마음을 느끼는 거죠. 심지어 오빠는 그런 시기를 지났기 때문에 아무런 노력도 하지 않잖아요.

희정   오빠는 목하 연애 중이죠.

가은   그렇죠. 연애로 스트레스를 푸는 거기도 하고요. 하나 입장에서는 '이걸 바로잡을 사람은 나밖에 없다' 싶겠죠. 〈우리집〉은 그렇게 하나가 최선을 다할 때, 어떤 그림이 펼쳐질까에 대한 이야기였던 것 같아요. 근데 이게 꼭 아이였을 때뿐만 아니라, 삶의 어떤 시기에서든 그런 상황을 겪을 때가 있잖아요. 연애를 하다 깨지면 바짓가랑이를 잡고 엄청 질척거리고……. 내가 왜 그랬지 싶기도 하지만, 돌아서서 이불킥을 할지언정 그럴 수밖에 없는 시기들이 있잖아요. 그런 시기를 보내는 아이에 대한 이야기를 하고 싶었어요.

윤옥   저는 하나가 너무 진지하고 착해 가지고 좀 비현실적이다,

그런 생각도 했거든요. 그냥 유진이네 가서도 맨날 요리해서 같이 먹이고. 너무 애가 그러니까 가슴이 아팠어요.

가은   재밌는 건, 아이가 있는 부모 관객들은 그런 하나의 모습에 마음 아프다고 하시는데, 아이가 없는 관객들은 하나한테 감정이입을 하면서 다르게 느끼시더라고요.

희정   저도 하나한테 감정이입을 했던 것 같아요.

가은   저는 다른 사람들에게 시선이 가고, 뭔가 도움을 주고 싶고, 누군가에게 쓸모 있는 사람이 되고 싶어 하는, 그런 마음 자체가 하나의 재능이라고 생각해요. 저도 종종 "너부터 챙겨!" 하는 말을 듣곤 했는데, 사실 다른 사람을 챙기려는 마음은 하찮은 것이 아니잖아요?

윤옥   여기 있어요, 그런 사람. 늘 남부터 챙기는 사람. 지혜 님, 하나 보면서 어땠어요? 하나랑 닮았잖아요.

지혜   제가요? 😊 하나의 감정에 이입해서 보긴 했어요. 저는 사실 가정이 위태로울 때 제가 할 수 있는 게 없으니까, 그런 걸 생각하는 게 공포스럽고 위협적이니까, 그 상황에 대해 계속 생각하기보다는 나의 효용을 높일 수 있는 방법에 대해 고민했던 것 같아요. 내 도움을 필요로 하는 누군가에게 가서 관심을 주는 것을 선택했던 것 같고요. 영화 보면서 '아, 내가 그랬구나' 싶더라고요.

윤옥   하나가 유미네 가서 하듯이?

지혜   내가 마음을 나누고 안정감을 찾을 수 있는 다른 대상을 그런 식으로 만들었던 거 아닌가, 이런 생각을 했어요.

가은   저도 비슷한 생각을 했는데, 하나가 만약에 이 고통스러운 여름방학에 유미와 유진이를 만나지 않았다면 얼마나 힘들었을까 하고요.

윤옥　그건 맞아요. 힘들었을 거예요.

가은　사실 저한테는 그런 친구가 없었어요. 나이가 더 들어서야 생겼는데요. 이렇게 외롭고 힘들 때, 앞이 하나도 보이지 않는 터널을 지나가고 있을 때, 지금 이때 손잡아 줄 누군가가 있다면 하나는 더 튼튼한 사람이 될 수 있을 거라는 생각을 했죠. 하나가 계속 요리를 해도 가족들은 한 번을 안 먹잖아요. 유미, 유진이는 감사해하고 맛있게 먹죠. 거기에서 하나는 더 큰 사랑을 느꼈을 거예요.

윤옥　지혜 님 말에 공감해요. 자기 효용을 높여서 나의 쓸모를 어쨌든 확인하고 거기에서 오는 에너지를 얻을 때, 살 수 있거든요.

희정　아⋯⋯ 이야기를 듣다 보니, 하나의 노력이 저한테는 왜 그렇게 힘들게 다가왔는지 이제 알겠어요. 이게 사람마다 다른 것 같아요. 저는 스스로 무력하고 아무것도 할 수 없는 상황이면, 그냥 동굴로 들어가거든요. 자거나 아니면 영화를 여러 편 내리 보거나.

윤옥　그렇게 서로 다르네요! 감독님 이야기를 들으니까 하나가 이해가 가요. 'K-장녀'처럼 자신의 힘든 시기를 유미, 유진이네 가서 또 언니 역할을 하면서 통과해 내는. 그런 이야기구나 싶고요.

가은　하나가 저보다는 더 용감하기를 바랐어요. 저를 대변하는 아이라면 절대 그렇게 행동하지 않았을 수도 있는데, 이 아이는 제가 아니라 자기만의 생명을 가진 캐릭터니까요. 누군가 이 아이를 보면서 힘을 냈으면 좋겠고, 이 아이도 스스로

	힘을 냈으면 좋겠다, 그러니까 좀 더 용감하다면 좋겠다……. 사실 그런 사람들이 세상에는 참 많으니까.
윤옥	그런데 하나가 왜 그렇게 밥에 집착하는 걸까요?
희정	그러게요, 하나가 집요하게 같이 밥 먹자고 그러잖아요.
가은	사실 밥 먹자고 하는 장면을 많이 줄인 거거든요. 더 줄일 걸 그랬나요? ☺ 저는 하나가 성숙한 아이라고 생각하지 않아요. 이 아이가 생각할 수 있는 최대치 안에서 행동을 하는 건데요. 가족이 해체되고 분위기가 안 좋으면 제일 먼저 줄어드는 게 식사 시간, 같이 밥 먹는 시간이에요.
윤옥	그렇죠. 얼굴을 안 보죠.
가은	요즘에는 더욱 그렇고요. 아이들이 부모 얼굴 마주하는 시간이 식사 시간 말고는 없는데, 이 시간 자체가 줄어드는 것에 대한 위기감이 하나에게는 있었을 거예요. 사실 집에서 무슨 일이 벌어지고 있는지는 다 알고 있죠. 그런 가족을 다시 모이게 할 방법을 생각하다 보니, 무의식적으로든 의식적으로든 한자리에서 밥을 먹는 거라고 생각하지 않았을까요? 그러니까 하나에게 "밥 먹자"는 '우리 얼굴 좀 보자, 우리 다시 시작할 수 있잖아'라는 메시지를 전하는 어떤 방식일 수 있겠다 싶었어요.
지혜	이런 청취자 의견도 있었어요. "성장기에 아직 반항하기는 어려서일까요? 〈우리들〉에서 남동생을 보살피는 선과 〈우리집〉에서 여전히 돌봄으로 인정받으려는 하나. 반면에 더 이상 집과 가사에 얽매이기 싫어하는 여성들이 배치되어 등장하는 것이 페미니스트의 관점에서는 다소 불편했습니다. 나의 어머니가 지키려고 했던 집(대가족)과 내가 쉬고

싶은 집(여성 노동자로서 최소한의 살림만 유지하는 집), 그리고 우리 아이들이 살고 싶은 집(대학생이 되면 벌써 분가를 꿈꾸지요)은 동시대이지만 분명 서로 다른데요. 우리 집은 어머니와 중년인 나의 중간쯤 어딘가에 위치하고 있는 전형적인 집인 것 같아요. 다만 가난한 노동자에게 집은 얼마나 소중한지. 결국 영화 마지막에 상자로 만든 집을 부술 때 그렇게 숨 막혔고 탈출하고 싶었던 나의 옛 집을 부수는 통쾌한 느낌이 있었습니다."

희정 정말 영화들을 마음을 다해 보시는 것 같아요.

가은 진짜 그러네요. 관점이 다양하게 나오는 게 재밌고요. 저는 이 이야기가 한국에서 딸로 자란다는 것에 대한 고민과 맞닿아 있다고 생각해요. 여자아이들은 일찍부터 자신의 역할에 대한 고민을 시작하죠. 저도 그랬고, 많은 친구들도 그렇다고 하더라고요. 지금 내 엄마가 가족 안에서 어떤 삶을 살고 있나, 혹은 사회 안에서 어떤 감정을 느끼고 상처받고 있는가. 이런 것들을 딸들이 영향을 받고 흡수하면서 자라는 거죠. 저도 그랬어요. 엄마와 떼려야 뗄 수 없는 관계가 되고, 그래서 엄마를 돕고 싶어 하고 또 노력하죠. 그래서 또 집안일을 도우려고 하면 엄마가 "네가 왜 이런 걸 신경 써" 이런 이야기를 하게 되기도 하고요. 선의 엄마도 그런 말을 하잖아요. 사실 엄마 입장에서는 내 딸이 그러는 건 또 보기 싫죠.

희정 알 것 같아요.

가은 그런데 또 엄마들은 엄마들대로 사회에서 요구되는 온갖 의무들을 다 소화하려고 애쓰고 있어요. 그걸 보면서 선은 동생을 잘 돌보려고 하고, 하나는 요리를 하려고 하고…….

하지만 그게 전부는 아닌 것 같고요. 지금까지 이야기 나눴던 것처럼 여러 생각을 하면서 이야기를 짰던 것 같아요. 하나는 요리를 하는 재능을 가진 사람이죠. 훌륭한 재능이라고 생각해요. 사실 저는 요리에 1도 관심이 없었고 지금도 없거든요. 저는 심지어 삼시 세 끼 계란밥만 평생을 먹어도 행복하게 살 사람이거든요.

희정   계란밥은 정말 좋아하시나 봐요. ☺ 모든 영화에 계란과 관련된 밥이 나와요.

가은   진짜 좋아하나 봐요, 계란은. ☺ 저는 요리보다는 청소를 좋아해요. 관련해서 강렬한 기억이 있는데요. 어릴 때 부모님이 일하러 나가시면 집을 깨끗이 청소해 놓곤 했어요. 그럴 때 두 가지 마음이 있었던 거죠. 내가 좋아하는 청소를 한다, 이거 참 재밌다. 그리고 또 하나는, 우리 엄마가 좀 덜 힘들 거야, 칭찬받겠지, 엄마가 좋아하면 좋겠다. 그런 마음으로 청소를 해놓는 건데, 엄마가 와서 보시고 크게 혼을 내시는 거예요. "네가 왜 이런 걸 해. 지저분한 채로 둬." 초등학교 2학년 때쯤이었는데, 그게 얼마나 서러웠는지 몰라요. 그 마음이, '왜 나를 인정 안 해주지? 나의 노력과 정성과 재능을 인정 안 해주지?' 그러면서도 엄마 마음은 또 어쩐지 알 것 같았고요. 그런 복잡한 마음이 딸의 마음 아닌가 싶어요. 시간이 지나고 나서 엄마한테 물어봤어요. "엄마 그때 나한테 왜 그랬어?"

윤옥   "왜 그랬어?" 제 딸들도 그 질문을 얼마나 자주 하는지. ☺

가은   저만 그런 건 아니군요. ☺ 돌이켜 보면 엄마도 딸도 되게 복잡한 마음으로 투쟁하듯이 그 시절을 지났구나 싶어요.

그렇다고 〈우리집〉이 그 시기에 대해 분석을 하려고 했던 건 아니고요. 그 마음들을 담아내고 싶었던 거죠.

― **마무리**

희정 이제 마무리를 해야 될 것 같은데요. 마지막 질문!

윤옥 저 질문 있어요. 〈우리집〉에서 어른들은 계속 없고 아이들끼리 그 상황에서 어떻게 대처하고 주체적으로 행동하는지 보고 싶었다고 그러셨잖아요. 그게 어른들은 망했다, 어린이들이 희망이다, 이런 의미이기도 한가요?

가은 아니요. 전혀 아닙니다. 사실 그래서, 좋은 어른의 모습을 그리는 작품도 해야겠구나 하는 생각을 하고 있어요. 아동문학 평론가인 김지은 선생님 책을 읽다가 들었던 생각인데요. 어린이의 세계를 들여다보는 것도 좋지만, 어린이들에게 필요한 좋은 어른들의 모습도 탐구해야겠구나 싶더라고요. 하지만 그게 저한테는 아직 좀 어려운 주제고요. 아직까지는 어른들이 잘 보지 못하지만, 어린이들이 자신의 세계 안에서 스스로 문제를 해결해 나가는 순간들에 더 관심이 많은 거죠. 좋은 어른의 역할과 어린이의 세계를 함께 다룰 수 있는 영화를 고민한다면, 좀 더 좋은 작품을 할 수 있겠구나, 정도만 생각하고 있어요.

윤옥 굉장히 어려울 것 같아요. 좋은 어른. 거의 탐사 보도 수준이 될 것 같은데요? ☺

가은 그런데 세상에 좋은 어른은 정말 많다고 생각은 합니다. 어떻게 드러낼 것인가의 문제겠지요.

희정   오늘은 제가 마무리하는 역할을 해야겠네요. 보내기 너무 아쉽지만, 감독님이 다음 스케줄이 있으셔서요. 마지막으로 한 말씀, 부탁드려요.

가은   일단 귀한 자리에 불러 주셔서 너무너무 감사드리고요. 그냥 이렇게 여자들끼리 이런저런 이야기를 나누는 시간들이 갈수록 더 귀하다는 생각이 들어요. 〈을당〉 들을 때도 수다 떠는 느낌일 때가 있었거든요. 제가 그냥 일방적으로 듣는 거지만, 어쩐지 함께 이야기를 나누고 있는 것 같은 기분이 들었어요. 그런데 이 방송에 참여했다는 게 되게 이상하고 신기한 경험이기도 하고 뿌듯하기도 하고 그렇습니다. 〈을당〉 들으면서 자극이 될 때도 많고 공감이 갈 때도 많았는데, 오늘 제가 나눈 이야기가 또 다른 청취자들께 그런 경험이 된다면 좋겠네요. 감사합니다!

+   **윤가은이 덧붙이는 말**

2019년 두 번째 장편 영화를 개봉하고 3년이 지났다는 게 영 믿기지 않는다. 그동안 3일인지 30년인지 모를, 꿈인지 현실인지도 구분 못 할 이상한 시간들이 뒤죽박죽 엉켜 후루룩 흘러 버렸다. 마음은 그때 그 자리에 아직 남아 있는데, 그 밖의 모든 것들은 되돌릴 수 없이 변해 버린 쓸쓸한 기분도 든다. 코로나 시대가 도래한 뒤, 영화 산업은 전에 없는 심각한 위기와 놀라운 변화를 동시에 맞이하게 되었다. 극장은 텅 비어 갔고 이내 거짓말처럼

문을 닫기 시작했는데, OTT 플랫폼은 끝도 없이 생겨나 새로운 작품을 선보일 수 있는 기회는 오히려 전보다 더 많아졌다. 이제 더는 해왔던 방식으로 작품을 고민하고 만들 수는 없게 되었다. 새로운 시선으로 과감하게 도전하고 실험하는 모험가가 되어야만 살아남을 수 있게 되었다. 나도 여느 동료들과 마찬가지로 이 충격적이고 혼란스러운 변화를 온몸으로 겪어 내며 다음 작품을 준비하는 중이다. 그럼에도 불구하고 나는 여전히 그때와 같은 질문을 더 깊이, 더 집요하게 붙들고 있다. '과연 지금 이 세상엔 어떤 이야기가 필요한가.' '나는 어떤 이야기를 어떤 방식으로 할 수 있는 사람인가.' 또 다른 놀라운 변화의 시기가 와도 결국 내게 남는 건 이 두 가지 질문이 아닐까 싶다. 앞으로 3년, 아니 30년이 흘러도, 〈을당〉에서 나눈 대화와 같은 이야기를 또다시 정성스럽게 진심으로 나눌 것만 같다.

온전히 사랑하기 위해
질문한다

게스트　배윤민정
___

여성의 삶을 글로 쓰는 에세이스트. 내 삶의 이야기로 한국 사회의 단면을 드러내고자 한다. 저서로는 가족 호칭 차별을 개선하려 분투한 기록 『나는 당신들의 아랫사람이 아닙니다』(2019), 이혼 과정과 기혼 여성 페미니스트로 살아가는 삶에 대한 질문을 담은 『아내라는 이상한 존재』(2021)가 있다. 서울 마포구에서 글 쓰는 여성들의 공유 공간 '신여성'을 운영한다. 이상한 여자들의 이상한 이야기가 세상에 더 많이 나오기를 바란다.

오늘의 주제

윤옥   오늘 저희가 추석을 앞두고 추석 특집을 준비했는데요. 오늘 나눌 페미니스트 지혜는 뭔가요?

희정   명절은 사전적인 의미로 "해마다 일정하게 지키어 즐기거나 기념하는 때"입니다. 그런데 '우리가 정말 명절을 즐길 수 있나?'를 질문하면, 한국을 살아가는 페미니스트라면 '그렇다!'라고 답하기 좀 어려운 것 같아요. 명절은 가족 단위로 즐기는 그야말로 '가족 이벤트'라고 할 수 있는데, 한국에선 여전히 가족 내 위계질서가 강하고 또 성 역할 고정관념도 강한 편이니까요. 가족을 미워할 수도 없고, 그렇다고 가족 내의 가부장적 문화를 그대로 받아들이기도 어려운 사람들은 일종의 딜레마를 느끼는 시기가 명절인 것 같아요. 그래서 추석 특집으로 "사람 대 사람으로 만나 평등한 가족 문화를 만드는 것은 과연 가능할까?" 이런 이야기를 한번 나눠 보기로 하였습니다.

윤옥   언제나처럼 〈을당〉이 생각하기에 이 주제와 레고 조각처럼 딱 맞는 작가님을 모셨는데요. 『나는 당신들의 아랫사람이 아닙니다』를 쓰신 배윤민정 작가님 오셨습니다.

민정   안녕하세요? 배윤민정입니다. 그냥 작가님 대신 민정 님으로 불러 주시면 더 좋을 것 같아요.

희정   아, 그럼 우리 서로 '님'으로 불러 볼까요?

같이   좋습니다.

희정   민정 님, 책 내시고 많이 바쁘시죠? 어떠신가요?

민정   사실 제가 낯선 사람들 앞에서 말하는 것에 익숙하지 않은데요. 책을 내고 독자들을 만나니까 굉장히 재밌더라고요. 저와 함께 고민을 나눌 동지가 생긴 기분이고요. 책 내고 훈훈한 시간을 보내고 있습니다.

희정   독자들 반응은 어땠나요?

민정   감동받았다, 힘을 얻었다, 하세요. 그런 이야기를 들으면 내 이야기가 누군가에게 가닿았구나 하는 보람이 있더라고요.

윤옥   오늘 이야기 나누다 보면, 또 보람을 느끼실 수 있지 않을까 싶네요. 『나는 당신들의 아랫사람이 아닙니다』는 가족 호칭 개선에 대한 싸움을 에세이 형식으로 정리한 책이에요. 이 책을 〈을당〉 청취자들에게 간단히 설명해 주시겠어요?

민정   먼저 책의 배경을 간단히 이야기해 보면, 저는 2016년 10월에 결혼을 했어요. 배우자는 막내아들이고, 형이 한 명 있어요. 제가 결혼하기 3개월 전에 배우자의 형도 결혼을 했고요. 그래서 가족 모임이 있으면 배우자의 부모, 형 부부, 우리 부부, 이렇게 여섯 사람이 모이게 되는 거예요. 어떻게 보면 지금까지는 별로 관계가 없던 사람들이 갑자기 '가족'이라는 이름으로 한자리에 모이게 되는 거죠. 그때부터 호칭 체계가 만들어지더라고요. 저는 시가 구성원들을 아버님, 어머님, 아주버님, 형님, 이렇게 부르게 됐어요. 그분들은 저를 이름으로 부르거나, 아니면 제수씨, 동서, 이렇게 부르는 거죠.

희정   여기에서부터 차이가 등장하네요.

민정   그렇죠. 이 호칭 체계에서 저는 모두 '님'을 붙여 부르는데, 다른 사람들은 아무도 나에게 동등하게 '님'으로 부르지 않는다는 것이 이상했어요. 또 남편은 아내의 형제자매를 처형, 처남, 처제, 이렇게 부르는데 아내는 남편의 형제자매를 아주버님, 도련님, 아가씨, 이렇게 부르는 성차별적인 속성도 마음에 걸렸어요. 저는 이런 현상이 연장자 남성을 필두로 가족 구성원들 간에 위계가 정해지는 일종의 가부장적 서열 문화 때문이라고 생각했어요. 그래서 이 부분에 문제 제기를 하게 되었고요. 그러면서 어떤 일들이 벌어졌는지를 정리해서 책으로 썼습니다.

희정　담담하게 이야기하고 계시지만, 사실 저는 설명만 들어도 심장이 다 쫄깃해집니다. 책에서는 정말 긴장감이 잘 묘사되고 있더라고요. 읽는 동안 손에 땀이 다 났어요.

윤옥　저도 20년 넘게 장남이랑 결혼해서 맏며느리로 결혼 생활을 한 사람인데요. 몇 해 전에 며느리 졸업 선언을 했어요. 민정 님처럼 시댁 식구들한테까지 공유하지는 못했지만, 남편한테는 분명히 얘기했죠. "며느리 역할을 이제 하지 않겠다" 선언한 거죠. 다만 인간 대 인간으로서 시댁 식구들을 만나겠다고요. 처음에는 인간 대 인간으로 만나는 것과 며느리 역할로 만나는 것 사이의 차이를 남편이 잘 이해를 못했어요. 하지만 오랫동안 대화하면서 이제 남편도 이해하게 된 것 같아요. 그래서 시댁에서 벌어지는 돌봄 문제는 남편이 전담 마크하기로 했어요. 내 엄마 돌봄은 내가 맡았듯, 네 엄마 돌봄은 네가 맡아라, 그런데 민정 님은 그걸 시댁 식구들한테까지 쭉 밀어붙이더라고요. 거기서 오는 박진감이 있었어요. 아직 책을 안 읽은 분들이 '에이, 좀 싸우다 말겠지' 하실 수도 있는데, 그렇게 생각하시면 안 됩니다. ☺

지혜　저는 남동생이 결혼을 했는데요. 여전히 동생의 파트너를 제가 뭐라고 불러야 하는지 고민이에요. 이름을 부르기도 그렇고요. 그랬더니 동생이 "누나가 그러면 빨리 못 친해진 다"면서, 편하게 부르고 반말을 쓰라 하더라고요. 저는 계속 존댓말을 썼거든요. 근데 제가 그렇게 존대를 하니까 동생 파트너도 저를 어려워한다는 거죠. '흔히 쓰는 호칭을 쓰고 싶지는 않은데, 그렇다고 뭐라고 불러야 하지' 고민하던 차에 이 책을 만나게 되었어요.

윤옥   관습적으로 하자면 '올케'인 거죠?

지혜   그렇죠. 올케라고 불러야 되는데 그렇게 부르고 싶지가 않은 거죠.

윤옥   올케가 '오라비의 계집'의 준말이라면서요. 가족 호칭 문제는 정말 논쟁적인 것 같아요. 이제부터 본격적으로 그 이야기를 한번 시작해 보죠.

희정   책에 그런 문장이 나와요. "이제 내가 말한다. 당신들이 들을 차례다." 저는 이 문장이 이 책의 주제라고 생각했어요. 자, 이제 말을 해보죠.

지극히 개인적인, 그러나 공적인

윤옥   책 읽으면서 그런 생각이 들었어요. '이런 얘기를 공개하다니, 대단하다.' 사실 자신의 가족 이야기를 대중 앞에서 이렇게 솔직하게 다 쓴다는 게 쉽지는 않았을 것 같아요. 카카오톡 대화들도 공개하셨잖아요. 어떻게 책을 쓰게 되셨는지부터 여쭤볼까요?

민정   제가 호칭 문제를 놓고 가족 안에서 싸울 때도 물론 그랬고,

이후에 이 문제로 광장에서 1인 시위를 할 때까지만 해도 책까지 쓰게 될 줄은 전혀 생각 못했어요. 관련해서 처음 글을 쓴 건, 제가 회원 활동을 하고 있던 한국여성민우회 덕분이었어요. 민우회의 한 활동가가 제 이야기를 듣고 민우회 홈페이지에 회원 에세이를 써보자 그런 거죠. 처음에 좀 부담스러워하니까 "그냥 회원들끼리 경험을 공유한다는 차원에서 아무렇게나 써도 된다" 그러시는 거예요.

희정   덕분에 부담을 좀 덜 수 있었겠어요.

민정   네, 그래서 저도 조금 가벼운 마음으로 그렇게 시작을 했고요. 그런데 생각 외로 굉장히 많은 분들이 글을 보시고 또 호응이 컸어요. 글을 쓸 때, 이건 그냥 나의 사적이고 시시한 이야기인데 별것 아닌 얘기를 쓴다고 뭐라 하지 않을까 걱정했었거든요. 사람들이 얼마만큼 이 문제를 나의 문제, 우리의 문제로 받아들일지 잘 모르겠더라고요. 그런데 예상 외로 뜨거운 반응이 많았고, 에세이가 3회 정도 올라갔을 때 출판사에서 보고 연락을 주신 거죠.

윤옥   여기서 매듭 하나가 풀리네요.

민정   출판사에서 글을 보완하고 분량을 늘려서 책을 내보자고 제안했고, 그때부터 본격적으로 책을 쓰기 시작했죠.

윤옥   그렇게 공개할 때 두려움은 없으셨어요?

민정   책을 발표할 때쯤에는 이것이 한국 사회 전체가 함께 고민해야 하는 문제라고 인식했어요. 사실 그 이전의 시간이 더 힘들었던 것 같아요. 책에도 썼지만, 제가 배우자의 형과 갈등하면서 상처가 되는 말을 들었고, 그때 너무 화가 나서 형이 했던 말을 그대로 프린트해서 컵을 제작했거든요. "일상에서 시시콜콜 따지는 게 무슨 소용이야?"와 "그건 너의 자격지심 아니야?"라는 말이었는데, 그 멘트 아래 "맨토크"Man Talk라는 글자를 넣어서 컵을 100개 주문 제작했어요. 그리고 저의 사연을 편지로 써서 컵에 담았고, 100명의 사람들을 만나서 이걸 나눠 주고 말리라 결심했는데, 그렇게 직접 얼굴을 보고 컵을 나눠 줄 때 굉장히 긴장했던 것 같아요. 상대방이 나를 정말 이상한 사람으로 생각하는 건 아닐까, 이런 생각도 들고요. 내 얼굴에 침 뱉기 아닌가 싶기도 했죠. 혹은 반대로 저를 불쌍하게 볼까 봐 걱정이 되기도 했어요. 재는 저런 이상한 집에 시집을 갔네, 안됐다, 쯧쯧, 이런 식으로 쉽게 생각할까 봐요. 사람들이 자기 문제가 아니라고 돌아설까 봐 겁이 났던 것 같아요.

희정 하지만 반응은 염려하셨던 것과는 달랐잖아요?

민정 다행히 그랬어요. 많은 분들이 제가 쓴 글을 공유해 주시고, 댓글이나 온라인 커뮤니티에서 이 문제에 대해 자신이 겪은 이야기를 시작하는 모습을 보면서, 저 역시 큰 힘을 얻었어요. 그렇게 계속 글을 쓰게 되고, 공개적인 자리에 나서서 발언도 하게 되고, 그렇게 되었습니다.

윤옥 정말 대단한 것 같아요. 처음에는 사소한 문제 취급당했던 것을 민정 님이 그냥 간과하지 않고 문제 제기하고 경험을 나누고 그러면서 변화가 조금씩 시작됐다는 건데요. 지금은 여성가족부에서도 가족 호칭이 성차별적이라는 걸 인식하고 대안을 찾으려고 하고, 방송이나 뉴스 같은 곳에서도 이 문제를 다루잖아요.

민정 호칭이 문제라는 생각이 들면서 인터넷을 많이 찾아봤어요.

여성들이 주로 모이는 커뮤니티들도 둘러보고요. 그런데 이 호칭 얘기가 정말 많이 나와 있었어요. 그리고 또 제가 국립국어원 홈페이지 들어가서 보니까, 이미 오래전부터, 그러니까 5년 전, 10년 전부터 "호칭 바꿔 달라" "피가 거꾸로 솟는 것 같다" "너무 화가 난다" 이런 글들이 올라왔더라고요. 그걸 보니까 지금 우리가 이 문제를 딱 짚고 바꾸지 않으면 영원히 풀리지 않겠구나, 나 다음에 또 누군가가 결혼하면 그 사람도 또 이런 문제로 고민하겠구나 생각이 들었죠. 그리고 그때 그 여자도 또 '내가 너무 예민한가? 나만 참으면 되나?' 이런 질문을 품겠다 싶고. 일종의 책임감을 느꼈던 것 같아요.

윤옥   아주 공적 주체로서 나서게 된 거네요. 사실 며느리라는 말부터 성 역할 고정관념과 성차별이 들어가 있는 말이에요. 며느리가 "메를 나르는 사람"이잖아요.

희정   메라면, 밥이요?

윤옥   네, "밥을 나르는 사람"이라는 뜻이거든요. 가부장제에서 며느리라는 건 노동력 그 이상도 이하도 아닌, 그러니까 공짜 노동력인 거죠. 사실 저는 결혼했을 때 '새아가'라는 말이 진짜 소름 돋았었어요. 대학 졸업하고 사회생활도 할 만큼 하고 서른에 결혼을 했는데, 내가 아가라니? 싶고요. 그런 게 다 불합리한 줄도 알고 뼛속 깊이 정말 분노가 응축되어 있는데, 그렇다고 해도 민정 님처럼 이렇게 용기 있게 나설 생각을 못 했어요.

지혜   혹시 남편 '두현'과 두현의 부모, 형 부부는 책을 읽었나요?

민정   '두현'을 비롯해서 가족 이름은 다 가명이에요. 사실 저는

	형 부부가 제 책을 봤으면 좋겠는데 아직 그분들한테 책을 드리지는 못했어요. 이 책을 내미는 순간 뭔가 2차전이 시작될 것 같다는 예감이 강렬하게 들어서요. 제가 책을 낸 건 알고 있어요. 언젠가 읽어 주셨으면 하는 바람이 있죠.
희정	구해서 읽지 않으셨을까요? 드리지 않았다면?
민정	제가 책을 드리면 일종의 '선전포고'로 받아들일 것 같다는 조심스러움 때문에 드리지 못했어요. 이 호칭 싸움이 저한테는 나름대로 큰 의미가 있었고, 인생에서 여러 가지 선물을 줬다고 생각해요. 그래서 저만큼 배우자의 형이나 부모님들도 이 갈등에서 무언가를 얻어 가셨으면 좋겠다는 바람은 있는데…… 그게 또 제 마음대로 될지는 모르겠어요. 배우자의 부모님께는 책을 곧 드릴 예정인데, 읽고 어떤 반응을 보일지는 저도 걱정 반 기대 반, 그런 마음이에요. 책을 보고 어떤 말씀을 해주실 수도 있고, 그냥 침묵하실 수도 있다고 생각해요. 누군가를 끝까지 신뢰하고 그 사람에게 관계의 손을 내민다는 게 엄청난 에너지가 필요한 거구나 싶거든요. 저도 그렇고 제 배우자도 그렇고 배우자의 부모님도 그렇고요. 이 관계에서 우리가 얼마만큼 용기를 내고 서로에게 계속 다가갈 수 있을까, 그 생각을 많이 하고 있습니다.
희정	저희 오빠가 맨날 농담으로 그래요. "이거 쓰지 마라." 가족끼리 생활하다 보면 곳곳에서 여러 일이 벌어지잖아요. 농담처럼 그런 일을 신문 같은 데 쓰지 말라고 해요. 실제로 가족의 이야기를 공적 지면에 쓴다는 건 정말 긴장되는 일이죠.
민정	진짜 조심스러워요. 쓰면서도 여러 가지로 갈등이 되는 지점이 많더라고요. 제가 글을 쓰면서 또 걱정을 했던 건, 독자들

에게 배우자의 형이나 부모님이 너무 이상하고 나쁜 사람처럼 보일 수 있다는 거였어요. 아무래도 제 입장에서 본 것을 쓰니까요. 너무 나 자신을 변호하는 쪽으로 글이 흘러갈까 겁도 났고요. 균형을 지키면서 객관적으로 쓰려고 노력했고, 그렇게 썼을 때 다른 분들도 누군가의 잘잘못을 가리는 것보다 이 안에서 일어나는 갈등의 내용이 무엇인지에 집중할 수 있을 거라고 생각했어요.

희정   그건 걱정 안 하셔도 될 것 같아요. 사실 제가 읽기에는 다들 너무 좋은 분들처럼 보여서, 이렇게까지 좋게 써도 되나 싶을 정도였거든요. 근데 제게 인상적이었던 건 한 북토크에서 하신 말씀이었어요. 남편의 부모님께 드릴 책에 메시지를 쓰셨다고요. 그 메시지 내용이 참 좋았어요.

민정   그래서 만나서 드리려고 했는데 자꾸 약속이 미뤄지고 있네요. 책 앞에 제가 뭐라고 썼느냐 하면요. "두현의 부모님께. 사랑과 슬픔, 희망을 담아서 민정 드림." 그렇게 써놓았거든요. 이 책이 저의 분노의 기록이기도 하지만, 사랑의 기록이기도 하다는 것을, 읽는 분들도, 배우자의 가족들도 알아주면 좋겠어요.

희정   사랑, 슬픔, 희망이 이 책을 관통하는 어떤 감정들인 것 같아요. 또 울컥하네요.

페미니스트 모먼트

윤옥   책 보면서 페미니스트로서 각성이 없었다면 이렇게 용기

	내기 어려웠을 것 같다는 생각이 들던데요. 페미니스트 모먼트라고 할까요? 그런 각성의 순간들이 있었나요?
민정	제가 했던 일에 대해 잠깐 소개를 드려야 할 것 같아요. 저는 점역사 일을 했어요. 점역사란 비시각장애인들이 보는 묵자 도서를 점자 도서로 만드는 직업이에요. 책의 활자를 점자로 변환하고, 또 사진이나 삽화를 설명하는 문장을 써서 본문 사이사이에 넣어요. 그런 일을 하다 보니까 한국어가 얼마나 차별적인 언어인가를 뼈저리게 느끼게 되었죠. 비단 호칭 문제만이 아니에요. 예컨대, 그림 안에 초등학생 남자아이가 이웃에게 카드를 전해 주는 그림이 있을 때, 하나는 의사에게 전해 주는 그림, 다른 하나는 경비원에게 전해 주는 그림이면, 이걸 문장으로 풀이할 때는 무의식적으로 전자는 "의사 선생님께 카드를 드립니다", 후자는 "경비원 아저씨께 카드를 드립니다", 이렇게 쓰기 쉬운 거죠. 그렇게 될 때 왜 어떤 직업명에는 '선생님'이 붙고, 또 다른 직업명에는 '아저씨'가 붙게 되는가 이런 생각이 드는 거예요. 그렇다고 "초등학생 남자아이가 의사에게 카드를 줍니다" 이렇게 풀이하는 것도 어색해요.
희정	그러네요.
민정	높임말이나 직업에 따른 명칭을 계속 고민하게 되고요. 할아버지가 밥 먹는 모습, 아버지가 밥 먹는 모습, 남동생이 밥 먹는 모습, 이렇게 그림 세 개가 있으면, "진지를 드십니다" "식사를 하십니다" "밥을 먹습니다" 달라지는 거죠.
윤옥	똑같은 행위이지만.
민정	네, 연령별로 식사, 진지, 밥이 나눠지는 그 지점들도 굉장히

고민이 돼요. 이런 문제가 정말 한두 가지가 아니어서, 말을 한다는 것이 무슨 줄타기를 하는 것처럼 굉장히 아슬아슬한 일이구나 하는 생각을 많이 했고요. 제가 가족 호칭에 대해서 본격적으로 얘기했던 이유도 그런 거죠. 교과서를 보면 초등학교에 입학하자마자 호칭부터 배워요. 친할아버지, 외할아버지, 친가, 외가, 이런 호칭을 계속 외우면서 세뇌당하듯 학습하게 돼 있거든요. 그러니까 이게 단순히 개인 대 개인의 약속으로 '당신과 내가 서로를 어떻게 부르자'로 끝나는 문제가 아니라, 국가 캠페인과 국립국어원 같은 기관이 달라붙어서 고쳐야 하는 일이란 생각을 하게 된 거죠.

윤옥   그게 경어법이잖아요. 학교에서 제대로 배워야 하는 한국어의 특징이고요. 대상에 맞게 존칭을 쓰지 않으면 아주 큰일 난다고들 하고요.

민정   맞아요. 그래서 호칭에 대한 고민은 살면서 자연스럽게 하게 되었어요. 물론 페미니스트 모먼트도 있었고요. 그게 페미니스트 모먼트였다는 걸 최근에 깨달았죠. 제가 페미니스트가 되어 온 시간을 거슬러 올라가다 보니까, 여성 단체에 처음 가입하게 된 계기가 결혼과 직접적인 관계가 있더라고요.

지혜   오, 어떤 일인가요?

민정   제가 성당에서 결혼을 했어요. 그런데 성당에서 결혼하려면 혼인교리를 들어야 해요. 이걸 필수적으로 수료해야 성당에서 식을 올릴 자격이 생기거든요. 그래서 결혼 전에 반나절 정도 혼인교리 수업을 들었는데요. 수업 내용이 정말 너무 심하게 가부장적이고 차별적인 거예요. 예를 들면 이런 내용이 있었어요. "남편에게 말을 거는 아내의 목소리가 격하고 크면 남편은 어떤 반응을 보일까요? 1번 겁에 질려 떤다. 2번 고분고분 듣는다. 3번 맞서 싸운다. 4번 도망간다."

희정   허허허, 대체 정답이 뭘까요?

민정   정답은 3번과 4번이에요. 정답 밑에 이런 설명이 나와요. "남편의 경우 아내의 크고 격한 목소리를 듣게 되면 전두엽에 피의 공급이 중단되면서 이성 마비 상태가 됩니다. 결국 남자는 일단 살고 봐야겠다는 뇌의 명령에 지배받게 되어서 아내의 격한 목소리를 듣게 되면 살아남기 위해 맞서 싸우거나 도망을 가게 되는 것입니다. 부부 사이에 다툴 일이 생기면 아내가 먼저 톤을 낮춰서 부드럽고 조심스럽게 말하십시오. 남편이 화를 낼 경우에는 무조건 20분을 기다리십시오."

희정   왜 성당에서 전두엽 운운하죠? 차라리 신의 뜻을 이야기하지, 정말 이상하네요. 가부장제가 여성을 차별하는 편견을 과학적 근거로 설명할 때 너무 황당해요.

윤옥   그 반대 상황은 없어요? 남편이 훨씬 소리 지르고 폭력을 많이 쓰는데, 그러면 여성은 어떻게 된다는 건 없어요?

민정   그런 상황에 대해서는 전혀 없는 거예요. 이게 2016년에 들은 거니까 그렇게 오래되지도 않았죠. 이 내용을 보면서 뭔가 굉장히 불안해졌어요. 나 자신이 결혼이라는 걸 선택하는 순간, 뭔가 더 이상 내가 아니게 되는? 뭔가 무섭고 지겨운 괴물처럼 취급된다는 느낌을 받았고요. 결혼하면 나도 소위 말하는 '바가지'를 긁는 여자가 되는 건가? 그냥 내 의견을 말했을 뿐인데, 여기서 묘사되는 것처럼 배우자의 전두엽으로 들어가는 피 공급까지 중단시키는 그런 존재가 되는 것인가, 그런 존재로 취급되는 것인가, 하는 공포가

밀려왔어요. 이어서 임신과 출산에 대한 이야기가 이어지는데, '자연 분만' 해야 하고, '모유 수유' 해야 하고, 이런 지침들이 이어졌어요. 그리고 아이를 낳아야 한다는 내용을 굉장히 강조하면서, 배란일이나 임신 가능 시기를 표시하라고 태아 모양 스티커랑 달력을 줘요.

윤옥   세상에나.

민정   그것을 받아서 나오면서 '여성 단체에 가입해야겠다, 나 혼자서는 이런 성차별적인 문화 속에서 혼자 싸울 수는 없다' 생각을 했고요. 당시 여성민우회 건물이 집에서 걸어갈 수 있는 거리에 있어서 가입을 했던 거예요. 그러니까 이제까지 페미니즘을 인터넷으로 접하면서 '참 맞는 소리다' 이 정도 생각은 했지만, 단체에 가입하게 된 것이 개인적으로는 한 발 나아가는 계기가 되었죠. 그리고 스스로 '나는 페미니스트야' 이런 정체화 단계를 넘어서 '내가 한번 싸워야겠다, 내가 싸워 보겠다'고 결심한 건 역시 이 가족 호칭 문제에 부딪치고 나서였던 것 같습니다.

희정   와, 시대착오적인 종교를 비롯한 다양한 제도들이 어떻게 페미니스트들을 만들어 내고 있는가를 볼 수 있는 현장이네요. 당신들이 정신 차리지 않으면 세상은 더 많은 페미니스트로 넘쳐날 것이다, 이런 생각이 들기도 하고요.

── 가족 호칭 개선 투쟁기

윤옥   그럼 이제 본격적으로 '가족 호칭 개선 투쟁기' 이야기를 시작해 보죠. 호칭이라는 게 말 그대로 부르는 말이고 그 호칭에 이미 성차별적인 관계가 함축되어 있는데, 결혼하면서부터 굉장히 가부장적인 가족 관계에서 폐부를 찌르는 말들을 듣게 되잖아요.

민정 저도 결혼 전부터 부모님이 형제자매가 많은 편이어서 아주버님, 형님, 도련님, 동서, 이런 호칭들이 쓰이는 걸 무심코 보고 자랐어요. 그때는 이것이 별 문제의식 없이 자연적인 질서처럼 느껴졌어요. 그런데 막상 제가 불러야 할 차례가 되니까 이 문화가 굉장히 이질적으로 다가오더라고요. 사실 "어머님" "아버님" 하는 건 우리나라가 워낙 장유유서 관습도 강하고 그러니까 비교적 자연스럽게 받아들였는데요. 배우자의 형 부부를 부를 때는 이상하다는 느낌이 강했어요. 사회에서 만나면 그냥 동등한 관계인데, 왜 결혼 관계 안에서는 이런 위계가 생기는 걸까 의문이 들었죠.

희정 그렇게 불편함을 느끼게 되셨군요.

민정 처음 이게 불편하다고 느꼈을 때는 그냥 이야기를 나누면 해결될 문제라고 생각했어요. 제가 너무 단순하게 생각했던 모양이에요. 사실 배우자의 형은 저보다 세 살이 많고, 그 사람의 파트너는 저랑 동갑이에요. 그러니까 또래끼리 공감대가 있을 거라고 생각했거든요. 그래서 우리 모두 아주버님, 형님, 도련님 대신에 이름에 '님'자를 붙이면 어떻겠느냐고 제안을 했어요. 그때도 꼭 이름에 '님'이 아니더라도, 아주버님, 제수님, 동서님 같은 것도 같이 고민해 볼 수 있겠다고 생각했고요. 뭐가 '정답이다'라고 주장하기보다는, 호칭 때문에 불편함이 있다는 걸 서로 공유하고, 좀 더 편하게 서로를 부를 방법을 함께 찾아보자, 정도의 이야기였어요. 이 이야기가 그토록 강한 거부반응을 불러오리라고는 솔직히 예상하지 못했죠.

희정   말을 꺼내면 해결될 줄 알았던 거네요.

민정   네, 대화와 토론을 통해서 우리가 하나의 합의점을 찾을 수 있지 않을까, 저는 그렇게 생각했던 것 같아요.

희정   저는 책을 읽으면서 형의 파트너인 수진 님의 반응이 좀 답답했어요. 이렇게까지 화를 낼 건 아니지 않은가 싶었고요. 그러면서도 수진 님의 입장에서 생각해 보면 이해가 가기도 했어요. 내 시어머니가 민정을 더 좋아하고, 나보다 두 사람의 관계가 더 깊고, 시어머니가 자꾸 민정이 편만 드는 것 같고, 그런 상황에서 민정이 나와 맞먹으려고 든다? 기분 나쁜데? 그래서 민정 님 위치에서 읽다가 수진 님 위치에서 읽다가, 그랬던 것 같아요.

민정   와, 독자들이 그렇게 위치를 바꿔 갈 수 있는 독서를 한다면, 작가로서 더 바랄 것이 없겠어요. 😊 저도 처음에는 정말 이해가 안 갔어요. 아니, 싫으면 그냥 싫다고 얘기하고 다른 방법을 찾아보면 되지 않나, 싶었던 거죠. 그런데 상대는 그렇게 받아들이지 않았죠. 그리고 이런 이야기를 꺼낸 것 자체에 대해서 제대로 사과하지 않으면 그냥 넘어갈 수 없다고 나왔어요. 그러니까 제 입장에서도 또 황당하고요. 저는 이 사람들과 특별히 위계가 있는 관계라고 생각을 안 해봤기 때문에, 그제야, 그런 태도를 보고 나서야 "아, 이 사람들이 정말 나를 아랫사람으로 생각하고 있었구나" 이런 충격을 받게 되었죠.

윤옥   사실 우리가 독립적인 개인이기만 한 건 아니잖아요. 사회 구성원이기 때문에 자라 온 배경이나 자기 경험이 다른 상태에서 가족이라고 묶여 있는 거니까요. 가족이라면 당연히 부여된 역할이 있고, 그에 따라서 대접해야 하는 거 아닌가, 저도 그렇게 생각하면서 살았던 것 같아요. 그래서 이런 제안을 했다는 것 자체가 놀라운 일이었거든요. 어떻게 이렇게 할 수 있었을까? 또 그런 용기는 어디서 나왔을까 싶었어요.

민정   오히려 단순하게 생각했던 것에서 힘이 나왔던 것 같아요. 저는 애초에 전제부터 달랐어요. 결혼했다고 누군가와 위계 관계로 만나야 한다는 생각 자체를 안 했고요. 가족이라고 해도 개인들의 집합일 뿐이지, 거기서 아버지, 어머니, 첫째 아들, 둘째 아들, 며느리들, 이렇게 착착착 줄 세워지는 어떤 운명적인 계단이 있다고 생각하지 않았죠. 또 배우자의 부모님들이 전통적인 관습, 이런 걸 별로 좋아하지 않는 분들이었기 때문에 더 편하게 얘기를 꺼냈던 거죠. 그리고 후폭풍을 맞이했습니다.

희정   생각해 보면, 남편, 아버지로 이어지는 부계 혈통 중심적 가부장제가 너무 당연한 사회에서, 여성들은 가부장제에 어느 정도 순응하고 아버지·남편 중심적인 집안에서 자기의 위치를 찾아 제 역할을 하고, 그렇게 안정적으로 그 위치를 점하는 것으로 보상을 받아 왔죠. 어떻게 보면 수진 님 입장에서는 여러 가지를 포기하고 가부장제 안에 들어왔는데 당연히 보상으로서 받아야 할 '형님'의 자리를 거부당하니까 불안하고 분노할 수도 있었겠구나 싶기도 하고요.

윤옥   그러니까요. 그런 상황이 좀 마음이 아프더라고요. 저도 장남 며느리고, '동서'들이 있거든요. 수진 님 입장에서는 어쩌면 그저 자기 역할을 하려는 것일 수도 있거든요. 장남 며느리로서 이렇게 저렇게 정해진 방식대로 내가 잘 해내야 되겠다. 그러니까 이런 태도가 민정 님의 생각과는 서로 안 맞는 거죠. 그러면 그 사람은 이 가족 안에서 자기 위치가 흔들린다, 그렇게 생각을 할 것 같아요. 어떻게 보면 구조가 그를 불안하게 만드는 거죠.

민정   그 지점이 안타까웠던 것 같아요. 제가 호칭을 좀 바꿔 보자고 제안한 이유 중 하나가 실은 수진 님 때문이기도 했어요. 우리 호칭이 바뀌면, 그의 입장에서 봤을 땐 제 배우자를 더 이상 '도련님'이라고 안 불러도 되니까요.

윤옥   생각을 조금만 바꾸면 많은 이야기를 나눌 수 있는 가족 관계가 될 수도 있을 텐데, 안타깝기도 하네요. 책을 읽는 독자 가운데 민정 님 생각에 동의하는 이가 많겠지만, 수진 님 입장에 감정이입하는 이도 많을 것 같다고 생각했어요.

희정   책을 읽으면서 손에 땀을 쥐었던 이유 중 하나가, 저는 집안에서 싸우는 걸 애초에 포기했거든요. 어디 강의를 가면 그런 질문을 많이 받아요. "페미니스트로 정체화하면서 아빠랑 너무 많이 싸우는데, 아빠를 어떻게 하면 설득할 수 있을까?" 이런 질문들이요. 그러면 저는 대체로 "포기하세요, 가족 못 바꾸고요, 매일매일 부딪치는 사람들하고 싸워서 이기는 게 너무 피곤하니까 저는 안 싸워요. 저는 밖에서 싸워요." 그렇게 얘기했거든요. 그런데 어떻게 그렇게 매일 얼굴 맞대고 있는 사람이랑 계속 싸우고 설득하고 하시는지, 놀라웠어요.

민정   싸우려고 결혼한 것은 아니지만, 이미 그 상황에 들어갔으면 사실 선택지가 별로 없어요. 안 보고 살 거나 아니면 표면적으로 대강 맞추면서 살거나. 하지만 제가 제대로 부딪쳐 보기로 한 건, 결혼 전에 배우자의 부모님을 정말 좋아했기 때문이에요. 제 원가족은 워낙 대화도 없고, 아버지가 가부장적이고 폭력적인 분이었어요. 배우자의 부모님은 아주 다정해서 처음 만났을 때 굉장히 감명받았어요. 이렇게 다정하고 부드러운 사람들이 있구나, 부모란 이런 존재구나. 그런데 결혼이라는 관계가 이뤄지고 거기서 가부장적인 위계질서가 들어오기 시작하면서 이 애정이 망가져 가는 과정을 지켜보는 게 굉장히 슬펐던 것 같아요.

희정   싸움의 배경에 애정이 깔려 있었네요.

민정   책 머리말에 쓰기도 했는데요. "서로 억압하지 않는 윤리적 관계로 만나기 위해서 배우자를 포함해서 나의 시가 구성원 모두가 변해야 했다." 정말 그렇다고 생각해요. 가부장적 서열 문화를 벗어나지 않는다면, 서열이 다른 상대방과 서로 행복한 관계를 맺을 수 없을 것 같거든요.

지혜   서열과 위계가 반영되어 있는 호칭에 대해 비판하면서, 그런 관습에 저항하는 까닭은 그 관습이 우리의 사랑을 불가능하게 하기 때문이라고 쓰셨어요. 누군가 보기에는 시끄럽게 만드는 사람이 사랑을 불가능하게 만드는 것처럼 보일 수도 있는 거잖아요. 그런 비판을 들으시기도 했을 것 같은데요. 조용히 있는 것이 사랑을 지키는 일이라는 말에 뭐라고 답해 주실지 궁금해요.

민정   한 사람이 불만을 꾹 참고 나머지 사람들만 하하호호 웃는 모습이 사랑의 모습이라고 생각하지 않아요. 그렇게 한 사람의 어떤 절망이나 자포자기를 딛고 이뤄지는 게 가정의 평화라면, 그것은 기만이고 억압일 뿐이죠. 그러니까 입장을 바꿔서 생각해도 누군가 저랑 관계를 맺을 때 "말해 봤자 아무 소용없어" 이러면서 꾹꾹 참고 있다면, 저는 너무 미안할 것 같아요. 심지어 그렇게 참고 있는 사람이 제가 사랑하는 배우자라면 더욱 가책을 느끼겠죠. 저는 그런 행동이 사랑을 지키는 것이라기보다 오히려 관계를 포기하는 행위라고 생각합니다. 한국 사회는 갈등을 너무 두려워하는 거 아닌가 싶은데요. 저는 이런 것을 '갈등' 대신에 '역동'이라는 말로 바꾸고 싶어요. 이런 역동은 관계에 있어서도 그렇고 집단에 있어서도 그렇고, 굉장히 건강한 에너지라고 생각합니다.

희정   갈등이 아니라 역동이라는 말이 인상적이에요.

윤옥   우리에게 '1년에 두어 번, 명절 때만 좀 참으면 되지' 이런 심리가 있는 것 같아요. 이제 많이 핵가족화가 되어서, 일상적으로는 안 보고 살 수 있는 상황이잖아요. 며느리에게 부가된 노동이 많다는 것까지는 사회적으로 어느 정도 합의되기도 했고요. 그래서 지금은 명절이다, 고생 많았다, 다음 날 스파에서 풀시다, 이런 식의 이야기들이 나오죠.

희정   보통 여성들이 이런 문제를 해결하는 방식은 '네 집은 네가, 내 집은 내가' 이렇게 합의하는 것인 듯해요. 그런데 민정 님 책 안에서 보면 사실 '네 가족은 네 가족 내 가족은 내 가족'이 아니라, 네 가족이 결혼을 통해 내 가족이 되었는데 왜 자꾸 나를 거기서 제외시키고 부수적인 사람으로 만드느냐를 질문하거든요. 저는 그게 인상적이었어요. 사실 이야

민정	기하신 것처럼 그냥 '두어 번 참고 견디자'가 아니라 동등한 구성원으로서 하나의 가족이 되려고 노력하는 거니까요. 그게 굉장히 미묘한 지점인데요. 결혼하는 순간 가족이라고 하잖아요. 그러면서 어떤 의무들과 정서적인 리액션들을 요구하고요. 하지만 정말 가족처럼 행동하면 "네가 어떻게 감히" 이러는 거죠. 이러지도 저러지도 못하는 상황에 여자들이 많이 끼어 있다고 생각해요. 다른 한편으로는, 저는 가족이라는 이름을 넘어서 어쨌든 "당신과 내가 사람으로서 일대일의 관계를 맺는다"라고 생각했던 부분이 있어요. 그렇기 때문에 여러 가지 커뮤니케이션을 시도해 봤던 거고요. 결혼 전에는 잘 지내 왔으니까 결혼 후에도 바뀌는 것 없이 잘 지낼 수 있을 거라 생각했는데, 결혼과 함께 갑자기 이런저런 서열 문화들이 저한테 주어지고, 그 안에서 뭔가 따라야 하는 규범들이 생기니까 받아들이기 어려웠던 거죠. 이걸 다 따라야 하나, 다 끊어 내야 하나. 혹은 그게 아니라 제3의 길은 없나.
희정	제게 깨달음을 줬던 부분이 또 뭐였냐면, 남편에게 지금 이 싸움이 민정 님 혼자만의 일이 아니라고 말하는 부분이었어요. "이건 내 일이 아니야. 너의 일이야. 사회의 차별 때문에 괴로워하는 한 인간 앞에서 네가 어떤 태도를 취할 것인지라는, 네 삶의 문제다"라고 하셨잖아요? 두현이 불쌍하다, 저렇게까지 해야 되나 하는 생각이 들면서도 생각할수록 그렇지, 이거는 민정의 싸움이 아니라 두현의 싸움이고 모두의 싸움인데 왜 민정의 싸움으로만 계속 이야기되는가 하는 깨달음에 다다르게 되더라고요.

민정   그런데 이 장면에 대해 다양한 반응이 있어서 재밌었어요. SNS에서 '남편 진짜 짜증난다' '아직까지 이걸 남 일이라 생각하냐' '이런 배우자 때문에 페미니스트가 된다' 이런 반응이 있었고요. 한편에서는 '세상에 이런 남편이 다 있냐' 하면서 제 배우자를 치켜세우기도 했어요. 저는 이 두 반응 다 조금씩 불편했지만, 그래도 더 동의하는 쪽은 전자예요. 제가 남편을 더 비판해야 한다고 생각하는 이유는 일반적으로 남편이 아내를 이해하고 지지만 해줘도 너무 좋은 사람으로 여겨지는 문화가 있잖아요. 시부모도 마찬가지고요.

희정   아니, 그래도 두현 님이 흔쾌히 책 내라고 하며 도와주고 시위 피켓도 만들어 주고.

지혜   컵도 같이 나눠 주고.

희정   그래서 남편이 그런 질문을 하잖아요. "내가 뭘 해도 가해자이기만 하면 도대체 나더러 어떻게 하라는 거냐."

윤옥   그것도 굉장히 중요한 질문인 것 같아요. 구조 속에 있기 때문에.

희정   답은 물론 남편 본인이 찾아야 되지만, 그래도 혹시 조언해 줄 수 있다면?

민정   그 지점은 정말 지금까지도 계속해서 둘 사이에서 이야깃거리고 고민거리예요. 어떻게 보면 한국 사회에서 이성애자 남성으로서 그 사람이 살아온 시간이 있고, 또 저는 여성이라는 위치가 있잖아요. 그렇게 사회적으로 주어진 권력이 다른 위치에 있는 두 존재가 과연 서로 사랑하는 것이 가능할까? 이런 질문을 서로 던져 보게 된 거죠. 저도 여기에 대해 딱히 뾰족한 답을 찾지는 못했어요. 페미니스트 부부가 가능한가? 잘 모르겠어요. 계속 묻고, 질문하고, 그리고 답을 찾아보고 싶네요.

질문과 함께 성찰하기

윤옥   저는 어릴 때 있었던 일에 대한 민정 님의 고백에 또 마음이 찌르르했어요. 동생에 대해 쓴 부분 있었잖아요. 그런 이야기를 쓰면서 좀 주저하지는 않았나요?

민정   어릴 때 남동생을 때렸던 사건에 대해 썼죠. 그런 이야기를 쓴 건 자기반성의 의미도 있었지만, 다른 한편으로는 글을 쓰고 있는 화자조차 서열 문화를 벗어날 수가 없었다는 걸 말하고 싶었기 때문이었어요. 그리고 그렇게 서열 문화 안에 있을 때 어떤 비극이 일어나는지, 그게 어떻게 관계들을 망치는지 함께 이야기하고 싶었고요.

희정   구체적으로 어떤 상황이었지요?

민정   열 살쯤이었는데요. 남동생이 놀이터에서 놀다가 집으로 돌아와서는 현관에 서서 "라켓볼 좀 갖다 줘"라고 말했어요. 방에 있는 라켓볼을 들고 동생에게 다가가는데, 뭔가 갑자기 심사가 확 뒤틀리는 거예요. 어떻게 감히 현관에 서서 나한테 물건을 갖다 달라고 하는 거지? 그 생각이 머릿속에 휙 스쳐 갔어요. 그리고 제가 동생의 얼굴을 후려쳤죠. 그러니까 동생이 울음을 터트렸어요. 그리고 할머니가 달려 나오면서 "왜 가만히 있는 애를 보고 그러느냐"고 저를 야단치셨어요. 그때 제가 이렇게 대답했어요. "교육을 시키려고."

윤옥　저도 그 말에 깜짝 놀랐어요.

민정　지금 생각하면 제 자신도 놀라워요. 제가 어린아이였을 때니까, 그 말을 어디선가 배운 거겠죠. 혼자서 떠올린 말은 아니었을 거예요. 아마도 모두에게 배우지 않았을까요? 아버지한테서, 학교 선생님들한테서, 주위 어른에게서. 그리고 학교 안에서도 싸움 잘하는 아이, 공부 잘하는 아이, 이렇게 나눠져 있는 위계 안에서 배운 말이 아니었을까 싶어요. 그래서 저는 기본적으로 서열 문화를 없애야 한다는 생각이 드는 거예요. 서열 문화 자체가 직접적으로 폭력과 맞닿아 있기도 하고, 또 서열이 없었다면 훨씬 더 행복하게 만날 수 있는 사람들이 서로 상처를 주기도 하는 거잖아요. 이건 삶을 파괴하는 행위이기도 하고요.

윤옥　서열과 위계가 우리를 갉아먹는 문제에 대해 이야기하셨는데요. 저는 또 하나 인상적이었던 게 민정 님 스스로 젊음의 권력을 성찰하는 부분이었어요.

민정　갈등이 한차례 지나고 나서, 서로 거리를 두고 지낸 적이 있었어요. 그때 배우자의 어머니가 배우자에게 전화를 거신 거죠. 계절이 바뀌니까 괜히 쓸쓸한 것 같고 아버지 건강도 예전 같지 않고, 이리저리 많은 것들이 달라지는 것 같다는 얘기를 하셨다는 말을 듣고, 저도 생각이 깊어졌어요. 우리 관계가 사라진다면 그 빈자리가 저보다 배우자의 부모님한테 더 클 수 있겠다는 생각이 들더라고요.

희정　그럴 수도 있겠네요.

민정　저는 어쨌든 앞으로 많은 일들이 있을 테고, 또 새로운 관계들도 있을 거고요. 물론 사람을 만나야만 자원을 많이 가진 건 아니지만, 그분들에게는 지금 가진 것이 전부인데, 이제 하나하나 조금씩 놓아 가면서 노년을 보내게 된다면 쓸쓸하지 않을까 하는 데까지 생각이 미쳤던 거죠. 우리나라에서 '시부모와 며느리' 하면 권력관계가 굉장히 선명해 보이지만, 한편으로 그분들은 노인이고 저는 청년이고, 그런 부분이 있는 거잖아요. 어떻게 보면 한 사람이라고 했을 때에도 권력이 교차하는 지점이 있구나 싶었어요. 그런 부분을 잘 살피면서 부모님과 잘 지내야겠다는 생각이 들었고요.

윤옥　지금 제 나이가, 제가 결혼할 때 남편 어머니 나이거든요. 딱 그만큼의 시간이 이제 흐른 건데요. 그때의 어머니가 지금은 치매의 문턱에서 돌봄이 필요한 상황이고, 저는 이제 어머니 나이가 되어서 며느리 은퇴를 선언한 거니까요. 너무 많은 생각이 왔다 갔다 하더라고요. 특히 돌봄을 어떻게 해야 할지. 한편으로는 국가가 참 인간다운 노후를 보장하지 못한다 싶기도 하고요. 그렇게 여러 내적 갈등을 겪고 있을 때, 젊음을 성찰한다는 부분을 읽으니까 울림이 컸어요. 어찌 보면 어머니가 이제 약자가 된 상황, 그러니까 자신의 생존을 다른 누군가에게 의존하지 않으면 안 되는 상황이 되었는데, 내가 어떻게 어머니를 존중하면서도 부당하게 부여되는 의무를 떠안지 않을 수 있을까 싶었어요.

민정　저보다 연배가 조금 더 있는 분들이 딱 부모님 돌봄을 시작하는 시기더라고요. 그런 분들을 만나면 계속 돌봄 노동에 대한 이야기들을 하세요. 저 역시 걱정이 많이 되는 문제고요. 곧 닥칠 문제일 수도 있으니까요.

지혜　저도 비슷한 고민이 있는데요. 저희 부모님이 연세가 많으세요. 그런데 형제들은 다 결혼을 했는데, 저는 결혼 계획이 없거든요. 그러면 그 돌봄이 아무래도 비혼의 딸인 제게 오겠지요.

민정   저는 가족이 한국 사회의 차별과 폭력의 온상이라고 생각해요. 가족 구성원들이 나쁘거나 온화하거나에 상관없이, 계속 차별과 폭력이 생산될 수밖에 없는 메커니즘이 있죠. 저는 가족이 서로 존중하고 대화하고 사랑하면서 살아가는 집단이 되었으면 하거든요. 어떻게 보면 윤리 교과서에 나올 것 같은 원론적인 이야기이긴 한데, 이걸 진짜로 실천하려고 하면 왜 이렇게 거센 반발에 부딪치는지 모르겠어요.

희정   한국이 사회적 안전망이 제대로 마련되어 있지 않고, 사는 것 자체가 너무 힘든 상황에서 어떻게든 서로 의지하고 돌볼 수 있는 최소의 관계 단위가 있어야 된다는 생각은 들어요. 혈혈단신으로 사는 것이 아니라요. 그런데 그 인간 단위가 혈연이나 결혼 같은 형태로만 구성될 수 있다고 상상되는 것도 문제죠. 혈연 가족의 위계, 가부장제적 가족의 서열, 이런 걸 벗어나서 평등한 관계에 기반한 가족을 만들기 위해서 다양한 가족구성권이 보장되어야 하지 않을까 싶기도 하고요.

민정   전적으로 동의하고요. 그리고 또 하나 제가 말씀드리고 싶은 건 이거예요. 많은 분들이 호칭이 달라진다고 관계가 달라지냐, 이런 질문을 하세요. 저는 일단 호칭이 관계의 출발이라고 생각하고요. 그 지점에서부터 우리가 어떤 가족 문화를 만들어 갈 수 있을지는 함께 고민했으면 좋겠어요.

── 좋은 방향타를 잡을 수 있기를

윤옥   가족 안에서 변화를 만들고 싶어 하는 분들이 있더라도 많이 들 주저하고 있을 것 같아요. 특히 기혼 여성의 경우 부당함을 마주할 때마다 이번엔 치받을까, 또 참을까, 무엇을 선택할까, 하는 질문들 앞에서 어떤 선택을 내리는 것이 쉽지 않죠. 곧 다가올 명절에도 참을 건가 아니면 싸울 건가, 마음이 전쟁터일 거예요. 그렇게 주저하는 여성들에게 해주고 싶은 이야기, 혹은 나누고 싶은 싸움의 노하우, 이런 것이 있을까요?

민정   이런 싸움을 시작한 것이 생각 이상으로 좋았다고 말하면 좀 이상한 사람처럼 보이려나요? ☺ 그런데 저는 처음에 호칭 얘기를 꺼내고 지금까지 이렇게 이끌려서 흘러온 시간들이 저한테 굉장히 많은 경험이 되었고 배움이 되었어요. 가족들이랑 싸울 때 어떻게 해야 되냐, 어떻게 하면 이 사람을 바꿀 수 있느냐, 이런 질문을 많이 받는데요. 저는 그럴 때 싸움에 특별한 노하우가 있기보다 승패의 기준을 명확히 해야 된다고 생각해요. 상대방이 내게 굴복하거나 혹은 드라마틱하게 바뀌거나, 이런 기준을 두고 싸우면 그 싸움은 승산이 없죠. 왜냐하면 승패의 기준이 상대에게 달려 있으니까요. 그런 싸움에선 좌절하게 될 가능성이 커요. 저는 싸우자고 결심했으면 처음부터 끝까지 방향타를 딱 잡고 있는 게 중요하다고 생각해요.

희정   방향타요?

민정   네, 보통 두 사람이 싸울 때 요구를 관철시키는 쪽이 이겼다고 생각할 수도 있는데요. 저는 개인적으로 무슨 일이든 더 많이 배우고 생각하고 느낀 사람이 승자라고 생각하거든요. 같은 사건을 놓고 더 많은 경험을 얻은 쪽이 이기는 거죠. 갈등이 있을 때 내가 상대를 바꿔야만 이긴 걸로 생각하지 말고, 이 갈등을 통해서 내가 또 누구와 연결되고 내 삶이 어떻게 흘러가고, 또 그 과정에서 내가 무엇을 발견하고 얻는가에 집중한다면 우리가 싸움을 해도 즐겁게 할 수 있지 않을까 싶습니다.

윤옥 정말 공감되네요. 저도 '고기 굽기의 정치학'이라고, 한번은 강하게 문제 제기를 했거든요. 시아버지 기일이라 제사를 준비하는데, 집에서 저 혼자 준비하는 게 너무 싫은 거예요. 사람들이 와서도 굉장히 형식적인 의례를 지내는 것 같고요. 그래서 제가 펜션을 예약했어요. 그리고 간결하게 과일, 포, 술, 이렇게만 준비해서 제사를 지낸 다음, 가족끼리 모여서 바비큐 파티를 하려고요. 그런데 또 남자들은 다 놀고, 여자들만 일을 하는 걸 도저히 더는 못 보겠더라고요. 그래서 다시 문제 제기를 했죠. 그러자 분위기가 완전히 박살이 났어요. 그날 남편 누나 가족들은 황급히 자리를 떠나고 그랬거든요.

희정 그래서 어떻게 됐나요?

윤옥 그해는 그렇게 끝났어요. 근데 다음 해에는 다들 알아서 고기를 굽더라고요. ☺

희정 큰 교훈들 얻으셨네.

윤옥 제가 드리고 싶은 말씀은, 꼭 다른 사람을 바꾸기 위해서가 아니더라도 자기 이야기를 좀 꺼내 보면 어떨까, 그 정도까지는 시도해 볼 수 있어야 하지 않을까, 이런 거예요. 그것만 해도 조금은 숨통이 트이거든요. 아무 얘기 안 하고 감내하는 것보다.

민정   사실 말 안 하면 모르거든요. 이렇게 내가 혼자 참고 있는 것도 아무도 모르고 갈수록 너무 서러운 상황이죠. 말을 해야 바뀌든 안 바뀌든, 혹은 바뀔 수 있다는 가능성이라도 생기니까요.

윤옥   진짜 말하기가 중요하더라고요.

─ 마무리

지혜   그래서 가족 호칭 개선을 위한 싸움은 어떻게 진행되었는지 궁금해요. 사회적으로 어떻게 진행되었는지, 다른 사람도 동참할 수 있었는지.

민정   여성가족부가 2019년 2월에 '국민생각함'을 통해 설문 조사를 했는데요. 굉장히 많은 분들이 참여해서 바뀌어야 한다는 쪽에 투표했다고 들었어요. 그때 여성가족부도 개선안을 마련하겠다고 그렇게 이야기를 했고요. 국립국어원 쪽에서도 답변을 했어요.

희정   와, 변화가 있는 거네요?

민정   이제 남은 과제는 앞으로 어떻게 만들어 갈 것이냐인 것 같아요. 2019년에 여성가족부 주최로 "가족 호칭, 나만 불편한가요?" 포럼이 열렸는데, 뾰족한 성과가 있었던 것 같지는 않고요. 어쨌거나 이제 문제 제기가 시끄럽게 된 셈이니까,

내 의견이 무엇인지 많이들 생각해 보시면 좋겠어요.

희정　앞으로 어떤 계획이 있으신지 궁금해요.

민정　여성들이 심리적으로 안전한 환경에서 글 쓸 수 있도록 '신여성'이라는 작업실 겸 커뮤니티 공간을 열고, 작가로서 앞으로 계속 페미니즘을 기반으로 글쓰기 작업을 이어갈 예정입니다. 다양한 가족구성권, 생활동반자법 제정에도 계속 관심을 가질 것 같아요. 저는 결혼 제도 안에 있지만, 원하는 대로 가족을 만드는 것은 보편적으로 시민에게 주어져야 되는 권리라고 생각하거든요. 그런 사회적 변화가 기존의 가족제도도 더욱 평등하게 만들 거라고 생각하고요. 이런 고민이 어떤 결과물로 이어질지는 또 좀 지켜봐야 할 것 같아요.

희정　기대하고 있겠습니다.

윤옥　오늘은 『나는 당신들의 아랫사람이 아닙니다』의 배윤민정 작가님 모시고 이야기를 들어 봤는데요. 이번 명절에는 다양한 호칭 속에 녹아 있는 서열에 대한 문제의식 정도는 이야기 나눌 수 있는, "나는 불편하니까 얘기하지 말아" 하는 것이 아니라 각자의 생각을 서로 나눌 수 있는, 그런 시간이 되면 좋겠습니다. 오늘 방송 마치겠습니다.

+　**배윤민정이 덧붙이는 말**

2020년 국립국어원은 『배려와 소통의 호칭과 지칭: 우리 뭐라고 부를까요?』를 펴냈다. 이 자료집엔 가족 호칭 문제에서 대표적인 차별 사례로 꼽힌 '도련님' '아가씨' 호칭 대신 자녀 관계에 기대어 '○○[자녀 이름] 삼촌' '○○[자녀 이름] 고모'로 부르는 제안 등이 들어 있다. 이 경우 자녀가 없으면 대체할 호칭이 없다는 문제는 여전히 남는다. 그 밖에 자료집의 내용 중 "요즘은 며느리들 간, 사위들 간 서열과 나이가 뒤바뀐 경우가 종종 있습니다. 이때 '동서님'이라는 말을 두루 쓰면 어떨까요?"라는 제안 역시 어디까지나 가족 간 '서열'을 전제하고 있다는 점에서 아쉬움이 남는다.

지금도 가족 호칭 차별 문제는 언론에서 꾸준히 다뤄지는 뉴스다. 『나는 당신들의 아랫사람이 아닙니다』를 출간한 후 매해 명절마다 독자들로부터 호칭 문제로 갈등을 빚고 있다는 고민 상담 메일을 받곤 한다. 가족 간에 나이와 성별에 따른 높낮이가 있고, '윗사람'이 '아랫사람'보다 우대받아야 한다는 전제가 바뀌지 않는 한, 호칭 문제는 계속 갈등을 빚을 것이다.

2018년 내가 가족 호칭 문제로 1인 시위에 나설 때와 지금을 비교하면, 많은 이들이 호칭에 대한 불편함과 불쾌함을 입 밖으로 꺼낼 수 있는 사회적 분위기가 형성되었다. 책 머리말에 썼던 "말하고 행동하면 반드시 바뀌는 것이 있다는 사실을 전해 주고 싶다"라는 문장은 이런 의미에서 유효하다. 세상은 나를 포함한 페미니스트들이 바라는 만큼은 바뀌지 않겠지만, 또한 우리가 절망하는 것보다는 크게 바뀌리라고 믿는다. 이것이 나의 희망이다.

『나는 당신들의 아랫사람이 아닙니다』를 낸 후 더 많은 여성이 자기 이야기를 말하고 글로 쓰도록 독려하고자 글 쓰는 여성들의 공유 공간 '신여성'을 열었다. 나는 오늘도 이곳에서 각자의 희망과 절망을 안고 있는 여성들과 함께 자기 삶의 서사를 풀어내는 작업을 이어 가고 있다.

내 '이야기'가
정치적 '담론'이 될 때

게스트   은하선

섹스를 하고 글을 쓰는 페미니스트. 저서로『이기적 섹스』(2015), 공저로『그럼에도 페미니즘』(2017),『페미니스트 유토피아』(2017),『나만 그런 게 아니었어』(2019) 등이 있다. 섹스 토이 숍 '은하선토이즈', 비건 술집 '드렁큰비건'을 운영하면서 퀴어 방송국 '큐플래닛'의 출연자로 활동하고 있다. 커밍아웃한 바이섹슈얼로, 올해로 10년째 여성 파트너와 함께 살고 있다. 고양이 까미, 복순이의 엄마이기도 하다. 정돈된 살림, 따뜻한 햇살과 바이브레이터를 좋아한다.

— **오늘의 주제**

윤옥　오늘은 뜨거운 주제에 대해 이야기하려고 합니다. 많은 분들이 반가워하실 만한 게스트를 모셨어요. 『이기적 섹스』의 저자이자 EBS 젠더 토크쇼 〈까칠남녀〉로 많은 사랑을 받았던 은하선 작가님을 소개합니다.

하선　안녕하세요? 섹스 칼럼니스트 은하선입니다. 반갑습니다.

희정　2017년에 〈까칠남녀〉 방송을 거의 1년 정도 함께했잖아요. 프로그램이 강제 종영된 이후에는 '큐플래닛' 촬영장에서만 뵙다가, 이렇게 〈을당〉 스튜디오에서 또 뵈니까 반갑고 새롭네요!

하선　그러게요. 〈까칠남녀〉 할 때는 싫어도 2주에 한 번씩 꼬박꼬박 얼굴을 봤는데요. 싫었다는 건 아니고요. ☺ 이렇게 또 〈을당〉으로 뵈니까 반갑고 좋습니다.

윤옥　〈을당〉에 꼭 모시고 싶었습니다. 손희정 선생님, 오늘 주제는 뭔가요?

희정　네, 최근 한국에서 페미니즘에 대한 백래시가 점점 심해지고 있습니다. 말하자면 안티 페미니스트 이데올로그, 그러니까 "페미니즘이 싫다"는 이야기를 그냥 인터넷 같은 데서 혼자 떠드는 게 아니라 책으로 쓰고 팟캐스트로 만들고, 뭔가 상당히 공신력 있는 이야기인 것처럼 방송에 나와서 떠들고, 이런 사람들의 활동이 두드러지고 있는데요. 일종의 안티페미니스트 네트워크가 만들어지고 있는 것 같아요. 그래서 지금/여기에서 펼쳐지는 백래시의 양상이 어떤지, 우리가 이걸 어떻게 봐야 하는지, 그런 이야기들을 나눠 보고 싶어요. 그래서 '백래시의 아이콘'이라고 할 수 있는 은하선 작가님을 모셨습니다.

하선   제가 백래시라는 건가요? 🙂

윤옥   '고난의 아이콘'이라고 읽히네요. 🙂

희정   네, '고난의 아이콘'이라고 말하는 게 맞겠어요. 왜냐하면 은하선 작가님이 조금 전에 섹스 칼럼니스트라고 스스로 소개하셨듯이 "섹스에 대해서 말하는 여성"이고 페미니스트이고 섹스 토이 판매자이면서 커밍아웃한 양성애자거든요. 사실 한국에서 커밍아웃한 양성애자가 이렇게 내놓고 활동하는 건 처음이에요.

윤옥   모든 게 다 전선이네요. 다 전쟁터예요, 지금. 지뢰가 팍팍 터지고 있는. 어려움이 많으실 것 같은데, 여전히 에너지가 넘치세요.

하선   저 어려운 사람이에요. 웃고 있어도 어렵습니다. 진짜예요. 믿어 주세요. 🙂

희정   은 작가님의 페미니즘 이야기를 좀 들어 보고 싶어요. 많이 받는 공격 중에 "넌 어디서 뭐 하다가 나와서 페미니스트랍시고 돈 벌고 다니냐" 이런 말이 있잖아요.

하선   그런 이야기들 많이 듣죠. 왜냐하면 여성주의자라고 했을 때 대체로 사람들이 여성학자를 많이 떠올리는데, 저는 여성학 전공자도 연구자도 아니니까요.

희정   그래서 갑자기 툭 튀어나온 거 아니냐.

하선   이런 얘기는 2015년도에 제가 『이기적 섹스』를 냈을 때부터 많이 들었어요. 은하선이라는 필명으로 활동을 처음 했던 게 한 2011, 2012년 이때였는데요. 그때도 제가 은하선이라는 이름을 쓰는 걸 주변 사람들이 잘 몰랐어요. 그래서 아는 사람이 "너 혹시 은하선이 쓴 글 읽어 봤냐" 이러면서 제 글을 저한테 보여 준 적도 있었어요. "어, 이거 나야" 했더니 너무 화들짝 놀라면서 실망하더라고요. ☻ 『이기적 섹스』 나오기 전까지는 저를 좀 숨겼어요. 궁금해하지 않아서 말을 안 한 것도 있고, 일부러 숨긴 것도 있고요. 하지만 책이 나오니까 여러 언론에서 관심을 가지더라고요. 『경향신문』과 처음으로 인터뷰를 했는데 제 얼굴이 지면에 나가면서 알려지기 시작한 거죠. 그러다 보니 2015년에 갑자기 등장한 '뉴페미니스트'라고 생각하는 이들도 있었어요. 한번은 제가 강의를 하러 갔는데, 주최 측 활동가가 저를 붙들고 페미니즘에 대해 가르쳐 주려고 한 적이 있었어요. 근데 또 제가 "이미 알고 있고, 경력도 길다" 이런 말을 제 입으로 하면 너무 없어 보이니까 ☻ 별 얘기를 안 했거든요. 그러다 보니 "어디서 튀어나온 '듣보잡'[듣도 보도 못한 잡놈]이야?" 이런 말을 듣게 된 거죠. 그래서 요즘엔 개인 SNS에 제 활동의 역사 같은 것도 이야기하고 그래요.

희정   PR은 역시 자기가 해야 하는 건가, 이런 생각이 드네요.

'성의 이해'를 폐강시키다

희정   은 작가님은 제 오래된 '트친'[트위터 친구]이었어요. 그래서 『이기적 섹스』 나왔을 때 "한양대학교의 문제적인 수업을 폐강시킨 페미니스트가 책을 냈구나" 했죠.

윤옥　오, 수업을 폐강시켰다고요? 어떻게 된 일이죠?

하선　저는 들어가기 전엔 대학이 페미니스트들이 잔디밭에 모여 술 마시면서 가부장제를 비판하고 페미니즘에 대해 논하는, 그런 공간일 줄 알았어요. 그런데 막상 입학을 해보니 아니었던 거죠.

윤옥　아니, 왜 대학에 들어가기 전부터 그런 생각을 하셨어요?

하선　제가 한 초등학교 4학년, 그러니까 대략 열 살 즈음부터 '천리안' 같은 걸 많이 했던 PC통신 세대거든요. 그래서 인터넷이 굉장히 익숙했어요. 인터넷으로 사람들과 소통하고 여러 정보를 받아들이는 일에 거부감이 없었죠. 대학 들어가기 전부터, 예를 들어 〈언니네〉나 〈일다〉〈이프〉 같은 페미니스트 사이트들을 돌아다니면서 기사도 읽고 사람들이 어떤 글을 쓰는지도 보고 그랬어요.

희정　성에 대한 정보도 수집하고 그러셨다면서요?

하선　쉿. ☺ 아무튼 그때 당시에 그런 걸 보고 즐거워하던 사람이기 때문에, 페미니스트들, 학내 여성주의에 대한 어떤 판타지가 있었어요. 그런데 제가 입학하던 2008년에는 거의 사라지고 없었던 거죠.

희정　2000년대 말이면 "나는 페미니스트는 아니지만……"이 일종의 유행어이던 때죠.

하선　네, 페미니스트를 찾아보기 힘들었어요. 그래서 좀 외롭기도 했고. 그러던 중에 학교에서 잘 나가던 수업을 알게 됐어요. '성의 이해'라는 수업이었는데, 16년 동안 가장 인기 있는 수업 가운데 하나였고요. 수강 신청 때 '광클'[광란의 클릭]을 하지 않으면 들을 수 없는 그런 수업이었는데요. 학교

앞 칵테일 바에 '성의 이해'라는 칵테일이 있을 정도였어요. 궁금해서 청강을 해봤는데, 정말 그날을 잊을 수가 없어요. 강사 입에서 "에이즈는 많이 해서 걸리는 병"이라는 말이 나오는 거예요. 어떻게 그런 말을 할 수 있는지 알 수 없었어요. 통계에 근거한 것도 아니고요. 온갖 편견을 심어 주더라고요. '성의 이해'가 아니라 '성의 오해'였던.

윤옥   어떻게 16년간 '광클'을 끌어낼 수 있었을까요?

하선   그러니까요. 하지만 당시에는 수업을 바로 폐강시킬 수 있을 거란 생각은 못 했어요. 그러다가 우연히 그 수업에서 사용하는 교과서의 개정판을 보게 된 거죠. 엉망진창이었어요. 그 개정판을 보다가 꽂힌 문장이 하나 있었는데요. 바로 "성폭력은 남성의 고유한 본능이다"였어요. 이 문장 때문에 그 수업을 하나부터 열까지 털기 시작했어요. 그 책을 일곱 권 정도 사서 여성 단체에 돌렸고요. 저는 그 책을 열 번은 읽었을 거예요. 문제가 되는 부분을 다 체크하려고요.

윤옥   진짜 지금의 스쿨 미투네요.

하선   하지만 학내에서 도와줄 사람이 없었어요. 학내 양성평등센터에 찾아갔지만, 명백한 성희롱이 아니어서 도와줄 수 없다는 이야기만 들었고요. 그래서 총여학생회(이하 '총여')로 갔는데 거기에서도 남학생들의 반발이 예상되어서 도와줄 수 없다고 하더라고요. 고민 끝에 신문사에 제보를 했어요. 그 중에서 『한겨레』만 연락이 왔죠. 기사화가 되면서 사람들의 반응이 뜨거웠어요. '대학에서 어떻게 성을 가르치냐'부터 반응도 다양했죠. 다른 언론하고도 인터뷰를 하면서 결국 폐강으로 이어졌어요. 당시 제가 언니네트워크에서 활동가

	로 일하고 있었지만, 페미니스트로서 본격적으로 싸워 본 적은 없었거든요. 저는 경험이 아무래도 적으니까 어느 언론사에 어떤 메일을 보내야 되는지, 성명서 작성을 어떻게 하는지 등 실무 부분에서 도움을 많이 받았어요.
윤옥	대학교 2학년 때, 언니네트워크 활동도 하고 있었군요.
하선	네, 그때 활동가들 도움을 많이 받았죠. 어떻게 이 사건을 알려야 될까 고민하고 있었는데 트위터 해보라고 조언해 준 것도 활동가였고요. SNS에서 사람들의 관심을 모으면서 언론의 주목도 받았고, 그렇게 수업 폐강으로 이어진 거죠.
희정	은 작가님 이야기 들어 보면 '왜 2015년에 페미니즘 리부트의 시작이 트위터였을까?' 하는 질문에 대한 답을 볼 수 있는 것 같아요. 학내 양성평등센터도 나 몰라라, 총여도 나 몰라라 그랬을 때, 한 사람이 이 체제와 싸우려면 제도 밖의 사람들을 만나고 손잡을 수 있는 공간이 필요했던 거죠. 당시 트위터가 그런 역할을 해줬고요.

—— 여성의 역사를 기록하는 아카이빙

하선	재학생이 문제 제기를 해서 강사를 끌어내리는 건 쉬운 일이 아니죠. 거의 선례가 없는 사건이라고 들었어요. 어떻게 보면 상당히 중요한 일인데, 시작은 제가 했지만 결국은 여러 사람의 도움으로 폐강까지 이끌어 낼 수 있었던 거죠. 그런데 저의 신상에 대해서는 아는 사람이 거의 없었어요. 기록을 되도록 남기지 않으려고 했거든요. 일단 학교를 다니고

희정	있는 입장에서 제가 드러난다는 점이 불안하기도 했고요. 그 후 관련된 글을 쓰거나 인터뷰하는 일도 조심스러웠어요. 여러 사람이 같이한 일인데 저에게만 스포트라이트가 쏟아지면 제 공으로만 돌리는 결과를 낳을까 봐 걱정도 했어요. 하지만 그걸 기록하는 게, 결과적으로는 은 작가님과 누가 그 일을 함께 했는지에 대한 기록이 되잖아요.
윤옥	공적 기록이 되는 거니까, 남겼어야 했을 것 같은데요.
하선	그런데 제가 그 운동을 주도했다는 사실을 드러내는 점이 어딘가 껄끄러웠어요. 한 개인보다는 운동 자체가 주목받고, 공적인 기록으로 남기는 것이 중요하다고 생각했고요. 지금도 '성의 이해' 폐강 운동 당시 쓰던 카페, 트위터 등은 살려 두었거든요. 당시엔 이런 활동들의 기록을 어떻게 하면 모을 수 있을까가 저의 관심사였고요. 왜냐하면, 분명히 제가 입학하기 전 학내에 페미니즘 활동을 하는 사람들이 있었다고 들었는데, 지금은 왜 없으며, '성의 이해' 반대 운동은 왜 혼자 시작해야 했으며, 이런 생각이 들었거든요. 그래서 여성주의 아카이빙 사업을 하기로 마음먹고 사람들을 모았죠.
희정	트위터에서요?
하선	네, 트위터에서 모았어요. '성의 이해' 반대 운동을 같이했던 사람들을 주축으로, 한양대 반성폭력 반성차별 모임 '월담'을 조직했어요. 당시 멤버들은 졸업했지만 그 모임은 최근까지도 이어져 왔어요.

한양대 반성폭력 반성차별 모임 '월담'
2011년 성차별적 교양강좌 '성의 이해' 반대 운동을 시작으로 모인

학생들이 창립한 모임이다. 한양대 구성원의 성 인식 실태 조사, 한양대 여성주의 아카이브 전시, 강의실 내 숨은 혐오 찾기, 다양한 학내 여성주의 강의 및 워크숍 등을 진행해 왔다. woldam.net에서 그동안 해온 활동을 볼 수 있다.

학교의 역사는 학교 신문에 남기 마련이잖아요. 월담에서 학교 신문을 다 훑었어요. 총여가 처음 시작했을 때부터 꼼꼼하게 봤어요. 그렇게 모아서 온라인·오프라인 전시를 했죠. 1990년대에 이런저런 행사를 했다는 기사를 보면, 그걸 기획한 분들을 알음알음 연락해서 관련 책자를 받고, 스캔 떠서 디지털 자료로 만들고, 빌린 책자를 돌려 드리고…… 이렇게 자료를 모았어요. '여女' 자가 들어간 기사는 다 뒤졌던 건데, 이런 일도 있었어요. 총여학생회실에 누가 용변을 보고 간 거예요. 똥을 싸놓고 간 거죠. 이게 테러냐 뭐냐, 그러면 분류는 뭐로 해야 하냐, 이러고 있었는데 당시 총여학생회장이던 분한테 연락이 닿아 물어보니 그냥 노숙자 한 사람이 와서 싸고 갔다고 하더라고요. 그러면 '해프닝' 이렇게 분류하고. ☺ 아주 재밌는 과정이었어요. 우리가 이렇게 연결되는구나 싶고요. 아카이빙 작업은 지금까지도 하고 있어요.

윤옥   지금도요?

하선   제가 졸업한 이후에도 남아 있는 활동가들과 신입 활동가들이 그 사이트에 활동 아카이빙을 지속했었어요. 2018년까지의 활동 기록을 사이트(woldam.net)에서 보실 수 있습니다.

윤옥   그런 걸 하면서 무엇을 느끼셨나요?

하선   일단은 혼자가 아니라는 거, 갑자기 튀어나온 건 없다는 거, 모든 것은 계속 반복된다는 걸 많이 느꼈어요. 그래서 지금도 아카이빙이 중요하다고 생각해요. 무슨 일이 벌어지고 있는지 잘 모를 때는 일단 아카이빙을 해놓고 나중에 분석해도 늦지 않으니까요.

윤옥   페미니스트 동료가 없어서 외로웠던 경험이 아카이빙을 하게 된, 역사를 쌓게 된 계기가 된 거네요. 비슷하게 외로움을 느낄 미래의 누군가를 위한 작업이기도 하고요.

── 지극히 정치적인, 섹스

희정   이런 이야기를 들으면 여성학이나 사회학 전공자일 것만 같은데, 음악을 전공하셨어요.

하선   맞아요. 오보에를 전공했어요. 중고교를 예술학교 나오고, 대학도 음대를 나왔죠. 『이기적 섹스』가 출간된 2015년엔 독일에서 유학 중이었어요. 유학하면서 책을 썼죠. 별로 할 일이 없었거든요.

『이기적 섹스』

"섹스에 관심도 많고 섹스를 좋아하는 페미니스트 은하선의 파란만장한 섹스 이야기를 담은 에세이" 『이기적 섹스』는 섹스 칼럼니스트 은하선의 이름을 한국의 대중에게 알린 작업이다. 이 책에서 은하선은 성인 이성애자 남성의 섹스가 아닌, 그리고 그들을 위한 섹스가 아닌, 여성 자신의 몸과 이야기와 욕망에 집중한다. 그리고 더 많은 여성들이 욕망에 대해 더욱 적극적으로 말하고 요구하는 '이기적 섹스'를 시작해야 한다고 말한다.

희정   아니, 유학 가서 공부를 해야지 왜……. ☺

하선   악기 연습하고 독일어 공부하고, 하니 시간이 남았던 것 같은데…… 아, 그래서 독일어가 별로 안 늘었구나. ☺ 『이기적 섹스』는 출간 일주일 만에 2쇄를 찍었어요. 많이 팔리니까 신기하더라고요. 책이 관심을 끌다 보니 방송에서도 연락이 오고. 그렇게 한국과 독일을 왔다 갔다 하게 되었어요. 그러다 결국 서울로 돌아오기로 했죠. 무엇보다 서울에 있는 애인이 너무 보고 싶고, 같이 있고 싶고 그래서.

희정   저도 나오자마자 그 책 봤거든요. 2015년에. 출간 시기가 좋았던 건 분명하죠. '페미니즘 리부트'가 막 닥쳐왔고, 여성들이 페미니즘 책을 읽고 싶어 하던 때이기도 했으니까요. 도서 시장과 여성들의 요구가 만나는 시기였는데, 어떻게 보면 은하선 작가가 좋은 시기를 만나기도 했지만 당시 여성 독자들도 좋은 책을 적기에 만났던 거죠.

하선   리베카 솔닛의 『남자들은 자꾸 나를 가르치려 한다』가 제 책보다 조금 더 빨리 나왔는데, 그때 저한테 출판사 편집자님이 이렇게 말씀하셨어요. "『이기적 섹스』도 조금 더 빨리 나왔으면 그 책이랑 같이 팔 수 있었을 텐데." 당시에는 페미니즘 책이 이렇게 대중적으로 팔린 적이 별로 없었으니까, 계속 잘 팔릴 거라고 예상할 수 없었던 것 같아요. 하지만 그게 첫 차였던 거죠. 너무 잘 팔려서 저도 당황했어요. 이게 팔릴 이야기인가. 책 나왔을 때도 "섹스는 사적인 이야기일

뿐인데, 왜 그걸 페미니스트 관점에서 다룬다는 거냐" 하는 말이 있었어요. 하지만 저는 섹스야말로 정치적인 문제라고 생각했고, 무엇보다 '성의 이해' 수업 때문에 그 책을 쓰게 된 부분이 있으니까요. 폐강 운동을 하면서 학생들이 너무 성을 오해하고 있다는 생각이 들었어요. 그뿐만 아니라『코스모폴리탄』이런 잡지들에 나오는 성에 관한 상식이란 것도 너무 전형적이고, 여성을 대상화하거나, 여성은 남성의 쾌락을 위해서 존재하는 것처럼 이야기를 하니까요. 섹스에 대한 다른 이야기를 하고 싶었어요.

윤옥 여성이 왜 성적 주체가 되지 못하나?

하선 여성이 성적 주체가 되지 못할 뿐 아니라, 대체 왜 남성을 위해 봉사를 해야 하는 것처럼 이야기되는가라는 문제의식이 있었죠.

윤옥 여성은 성을 왜 향유하지 못하나.

하선 그렇죠. 사실 그런 잡지들에서 여성들에게 성을 향유하라고 하기는 하는데, 그러면서 빠져 있는 내용들이 있어요. 여성이 성을 향유했을 때, 사회적으로 어떤 취급을 당하는지에 대한 이야기는 하지 않으면서, 그냥 향유하라고만 하는 거예요. 그런 논의들이 1990년대 일부 남성 논객들의 '창녀론'과 만나면서 버무려지는 거죠.

창녀론

소위 '창녀론'은 여성들에게 "적극적으로 성을 즐겨라, 적극적으로 창녀가 되라"라고 말한다. 여기서 '창녀'는 은유적인 표현이기도 하지만, 실제로 가부장제 사회에서 결혼이란 여성을 공식적으로

'창녀' 즉 성을 교환 수단으로 삼는 존재로 만든다는 의식을 바닥에 깔고 있다. 대표적인 논객으로는 『창녀론』(1995)을 낸 김완섭이 있다. 그는 한국에서 여자들은 평생 "무보수 가정부와 유모, 전속 창녀"로 살아간다면서 어차피 그렇게 살 것이라면 "창녀 정신을 가져야 한다"고 주장했다. 이때 '창녀 정신'이란 "여성의 처지에 대한 과학적인 자각이며, 남성 우위의 사회에서 생존하고 발전하기 위한 여성 계급의 정치 전술"이자 "남성들의 성욕을 충족시켜 주는 대가로 반대급부 자세를 취하는 거래를 자연스럽고 당당하게 여기는 의식 혁명"이다. 이런 태도는 여성의 성 해방을 이성애자 남성의 입맛에 맞게 해석하고, 오히려 여성의 성에 대한 이중 잣대를 강화한다.

성에 대해서 말하면 '더러운 존재' 취급을 하면서, 또 성에 대해서 말하지 않으면 사회화가 안 된 사람 취급하잖아요. 그 문제를 짚어야 한다고 생각했어요. "우리는 창피할 수 있다. 그렇게 만드는 문화가 있다" 이런 이야기를 해야 했죠. 그리고 '섹스를 싫어할 자유'도 당연히 있는 거죠. '섹스를 싫어할 자유'와 '섹스를 좋아할 자유'는 서로 맞닿아 있는 이야기예요. 이런 '정치적인 것으로서의 섹스'를 말하면서 대중과 가장 잘 소통할 수 있는 형식으로 '섹스 칼럼'을 고른 거였죠. 하지만 사람들은 "자기가 섹스한 이야기를 길게 쓰는 게 무슨 페미니즘이냐"며 폄하했죠.

희정 68혁명 이후 서구에서 등장했던 페미니즘 제2물결의 가장 큰 관심사가 바로 이거였죠. '성은 정치적이다'라는 것. 성이 지금까지 자연스러운 것, 본능, 개인적인 문제로 취급되었기 때문에 성적으로 일어나는 폭력이나 착취 역시 별것 아닌 일이 되어 버렸던 역사를 비판했던 건데요. 은 작가님의 사적인 경험이 담론화될 때 정치적 파워가 될 수 있었던 것 같아요. 그러니까 은 작가님의 섹스 칼럼은 그때 한국 사회에서 유행하던 형식, 그러니까 자기계발 담론 안에서 "즐겨라, 예뻐져라, 자기를 꾸며라"라고 말하는 섹스 담론, 그게 결국 '결혼 시장'과 연결되는 그런 방식이 아닌, 다른 방식으로 여성의 성에 대해 말하는 중요한 담론의 등장이었다고 생각해요.

하선   제가 『이기적 섹스』를 내면서 그런 이야기를 했었어요. "이제 섹스를 말하는 여자라는 것만으로 주목받는 시대는 갔다. 이제 어떻게 섹스를 말하는가가 더 중요하다." 지금 생각해보면, 그 말은 틀린 것 같아요. 여전히 그냥 섹스를 말하는 것만으로도 "여자가 어떻게 섹스를 말해? 쟤는 대체 얼마나 많이 한 거야?" 이런 소리를 듣거든요. 앞으로 나아가지 못하고 있다는 생각이 들어요.

윤옥   섹스가 딱 '삽입 성교'에 고착되어 이야기되는 것도 답답하고요. 여전히 숨겨야 할 것, 음습한 것, 뭔가 더러운 것, 이런 생각이 있죠. 10, 20대 여성들이 고민이 많을 것 같아요.

하선   강의를 가면 가끔 40, 50대 여성들이 "요즘 20, 30대가 어떤 생각을 하는지 너무 궁금하다"면서 오세요. 근데 끝날 때가 되면 표정이 안 좋으세요. 자기 때와 거의 비슷한 고민을 하고 있다는 게 답답하다는 거예요. 더 후퇴하고 있는 것 같다고도 하시고요.

윤옥   지금은 디지털 성범죄 때문에 더 그렇죠.

희정　그런 의미에서 성을 더 위험한 것, 더 조심해야 하는 것으로 여기게 만드는 조건이 분명히 있고요.

하선　자료를 찾다 보니까 2007, 2008년 당시에 한국여성민우회나 한국성폭력상담소 같은 데서 자위 워크숍을 열기도 했었고, 전문가를 모셔 놓고 질경으로 자궁 경부를 보는 워크숍 등도 했더라고요. 지금은 못 하죠.

윤옥　각 사람의 개인기만 강조하고, 개인이 뛰어나서 경쟁에서 이기면 성공한다, 잘살 수 있다고 말하는 흐름 속에 성담론도 함께 가고 있었기 때문 아닌가 싶어요. 잘나가는 여자들은 즐기는 거고, 아니면 생존권조차 보존하기 어려운 상황이니까요.

희정　섹스고 뭐고, 먹고살기도 힘든 마당에, 싫기도 하고요. 경제적인 문제도 있고, 디지털 성범죄에 대한 불안도 있고, 그런 의미에서 안전하게 섹스할 수 있는 공간이 없는 상황이기도 하고요.

하선　먹고살기 힘들어지는 와중에 미디어는 섹스하는 여성을 계속 보여 주니까, 내가 섹스하지 못하는 건 내 잘못인 것 같고 또 섹스를 즐기지 못하는 것도 개인의 문제처럼 돌려 버렸죠. 그래서 섹스를 둘러싼 다양한 문제들이 단지 개인의 문제가 아니라는 이야기를 하려고 했어요.

윤옥　그러고 보면 여성의 삶 가운데 어떤 부분을 조각내서 시장에 파는 사회인 것 같아요. 여성이 자기 삶을 존중하고, 자기 존엄성을 가지고 섹스든 뭐든 스스로 판단하고 행할 수 없게 만드는 구조에 한동안 놓여 있었다는 생각이 들거든요.

── 백래시

희정 지금까지는 2015년 페미니즘 리부트 이전에 펼쳐졌던 백래시에 대해 이야기를 나눴다면, 우리가 동시대에 겪은 백래시의 사례로서 〈까칠남녀〉 이야기를 좀 해볼까요?

〈까칠남녀〉
"우리가 일상 속에서 무심코 지나쳤던 성에 대한 고정관념과 성 역할에 대한 갈등을 유쾌하고 솔직한 목소리로 이야기하는 국내 최초의 젠더 토크쇼"를 표방했던 EBS 시사 예능 프로그램. 2017년 3월 27일에서 시작해서 2018년 2월 5일까지 방영했으며, 총 43부가 제작되었다. 피임, 졸혼, 여성 징집, 김치녀 논쟁, 낙태죄 폐지 등 다양한 젠더 이슈에 대해 패널들이 토론하는 포맷이었다. 박미선의 진행으로 은하선, 손희정, 서유리, 이현재, 봉만대, 서민, 정영진 등이 출연했고, 이후 서유리, 봉만대, 서민이 하차하고 사유리, 손아람, 황현희가 합류했다. 2017년 12월 25일과 2018년 1월 1일에 방영된 성소수자 특집이 논란이 되면서 조기 종영했다.

윤옥 백래시가 뭔지 좀 설명해 주시면 좋겠어요.
희정 수전 팔루디의 『백래시』로 우리에게 익숙한 용어인데요. 팔루디는 백래시란 "여성들이 크게 활보하고 있다는 인식"으로부터 비롯된 "여성의 '진보'에 대한 반격"•이라고 설명합니다. 일종의 관성이라고 생각하면 되는데요. 이 세상에는

• 수전 팔루디, 『백래시』, 황성원 옮김, 아르테, 2017, 44쪽.

어디에나 관성이 작동하지만, 그 관성이 제일 센 공간은 역시 인간 사회인 거죠. 이때까지 늘 가던 길이 아닌 새로운 길을 제시하거나 그리 가려고 하는 에너지가 등장하면 엄청 뒤에서 끌어당긴다는 거예요. 원래대로 돌아가기 위해.

윤옥　저도 『백래시』를 읽었는데 거기에 이런 구절이 나와요. "반페미니즘적 반격은 여성들이 완전한 평등에 달성했을 때가 아니라, 그럴 가능성이 커졌을 때 터져 나왔다. 이는 여성들이 결승선에 도착하기 한참 전에 여성들을 멈춰 세우는 선제 공격이다."•

희정　그러니까 팔루디가 늘 강조하는 것 중 하나가 뭐냐면, 언론이 여성의 목소리가 조금만 커지면 되게 시끄럽게 '드디어 여성이 승리했다. 1990년대는 여성의 세기가 될 거다' 이런 식의 이야기들을 계속한다는 거죠. '성차별 이제 끝났다'면서. 그래서 팔루디는 '그런 식의 언론의 야단법석에 넘어가면 안 된다. 많은 사실을 가리고 있다' 하는 이야기를 하죠.

윤옥　진짜 실증적으로 책을 썼더라고요.

희정　백래시의 핵심이 뭐냐면 다양한 영역의 전문가들이 자신의 전문 영역에서 페미니즘이 세계를 망치고 있다고 주장하는 거거든요. 그래서 얼핏 보면 팩트이고, 또 과학적 진실처럼 보이는 것들이 사실은 입장과 관점에 따라 페미니즘에 불리하게 해석되는 거죠. 그러니까 팔루디도 팩트이고 정보이고 지식처럼 보이는 것들을 하나하나 논박하다 보니 책이 800쪽에 달하게 된 거죠.

•　같은 책, 45쪽.

윤옥   이런 부분도 재밌었어요. "적의 얼굴을 알 수 없을 때 사회는 그것을 만들어 낸다. 하락하는 임금과 불안정한 고용, 과도한 집값에 대한 걷잡을 수 없는 불안 같은 것들은 공격 대상을 필요로 하는데, 1980년대에는 그것의 대상이 대체로 여성들이었다."• 그러니까 그런 1970년대 경제 호황이 오일 쇼크로 꺾이면서 미국의 경제가 위태로워졌고 신자유주의가 득세를 하게 되잖아요. 노동자들의 삶은 더 위태로워지고요. 그랬을 때 책임을 물을 희생양이 필요했던 거죠. 이것을 정치·경제가 해결해 줄 수 없으니까. 그럴 때 잘나가는 너희 여성들 때문에 우리 사회가 이렇게 되었다고 탓하는 거죠. 한국에서 저출산도 여성 때문이고, 뭐도 여성 때문이고, 이러는 것처럼요.

희정   요즘 부동산값 폭등도 여자들 때문이라고 얘기하잖아요.

하선   그렇게 얘기할 수 있겠네요. '할 일 없는 복부인'들이 돌아다니면서 땅값 높인다고요.

희정   그렇게만 이야기하면 또 모르겠는데, 김어준의 〈뉴스공장〉 같은 언론을 보면 부녀회가 담합해서 아파트 가격 올린다는 식으로 몰아가더라고요. 이게 팩트가 아니라기보다는, 그 팩트를 구성하는 맥락을 어떻게 해석하느냐가 핵심이거든요. 경제적이고 문화적인 맥락은 지우고 '전업주부들이 모여 있는 부녀회가 시장을 교란한다'는 프레임으로 몰아가는 거니까요.

윤옥   집값 하나에 얽매이게 하는 사회 이야기는 없는 거예요?

• 　같은 책, 138쪽.

희정   그렇죠. 저는 그 얘기를 들으면서 약간 웃겼던 게, '남편이 밖에 나가서 뼈 빠지게 일하는 동안 집에서 놀지 말고 부동산이라도 해서 돈 좀 벌어라'라는 식의 담론이 전업주부를 부동산 투기의 역사로 끌어들인 방식이기도 하다고 생각하거든요.

하선   하긴, 한동안 '살림 CEO' '주부 CEO' 이러면서, 집에서 놀지 말고 모든 걸 경영하는 것이야말로 진짜 매니지먼트라는 식으로 이야기들을 했죠. 자기관리 잘하는 주부, 몸매 좋은 주부, 주부 발명가, 이런 이야기가 계속 돌았거든요. 그런데 또 나서면 시장을 교란시키는 자들이라고 손가락질하고.

윤옥   모든 걸 여자 탓하는 분위기는 어디에나 있는 것 같아요.

하선   그런 식으로 이야기하는 게 진짜 맥락을 완전히 깎아 먹는 거죠. 2016년 강남역 여성 살인 사건 이후에 남녀 커플이 헤어졌다는 이야기가 많이 돌았어요. 페미니즘이 남녀 사이를 망친다고들 비난했죠. 하지만 잘 생각해 보면 페미니즘 때문에 헤어진 게 아니잖아요. 구조와 문화가 잘못됐다는 걸 인식한 다음에 애인과 대화를 나눠 보니 아무리 해도 말이 안 통하고, 그러니까 헤어진 건데 말이죠.

윤옥   누누이 얘기하지만 남성문제연구소가 필요합니다. ☺

〈까칠남녀〉와 백래시

윤옥   다시 〈까칠남녀〉 이야기로 돌아가 볼까요? 〈까칠남녀〉가 어떻게 하다가 백래시의 대표적인 예가 되었나요?

하선 〈까칠남녀〉는 EBS에서 했던 대한민국 최초의 젠더 토크쇼입니다. 거기에 손희정 선생님과 제가 출연을 했었고요. 그런데 그 젠더에 관한 여러 가지 첨예한 이슈들을 다루던 와중에 LGBT 성소수자에 대한 이슈를 다루는 회차가 있었어요. JTBC 예능 프로그램 〈아는 형님〉의 콘셉트를 빌려와서 〈모르는 형님〉이라는 제목으로 방송을 했는데, '까칠남녀' 고등학교에 LGBT가 전학 와서 반 친구들의 질문을 받고 대답을 하는 형식이었어요. 레즈비언(L)으로는 서울대학교 총학생회장이었던 김보미 씨, 게이(G)로는 강명진 퀴어문화축제 조직위원장, 트랜스젠더(T)로는 박한희 변호사, 그리고 바이섹슈얼(B)로는 제가 출연했죠. 그렇게 방송을 제작하고 예고편이 나간 후부터 반동성애 진영, 특히 보수 기독교 쪽 사람들이 움직이기 시작했어요. 성명서 내고, EBS에 항의하고. 그리고 방송 후 두 달 가까이 EBS 앞에 트럭을 세워 놓고 시위를 계속했죠.

희정 당근에 콘돔 씌워 가지고 방구쟁이 뿡뿡이 인형한테 던지고. 뿡뿡이나 만들지 이런 음란한 방송을 만든다며.

하선 맞아요. 심지어 EBS 건물로 들어가는 직원들을 붙들고 "자위는 몇 번이냐 하냐" 하는 질문을 던지고. 수문장처럼 말이죠. 그냥 LGBT가 자신의 이야기를 했다는 이유만으로 이런 무시무시한 일이 벌어진 거예요. 그런 와중에 〈까칠남녀〉를 제작한 피디님의 개인 연락처로 보수 기독교 쪽에서 성소수자 혐오 발언 문자들을 막 보내는 일이 벌어집니다.

희정 피디님이 문자 폭탄을 받은 셈이죠.

하선   네, 그래서 제가 제 개인 SNS에 장난을 좀 쳤어요. "피디님 전화번호가 바뀌었다. 다른 번호로 연락해라." 그러면서 퀴어문화축제 후원 문자 번호를 올렸어요. 1588번은 아닌데, #으로 시작하는 후원 번호 있잖아요. 당연히 일반적인 상식을 가진 사람이라면 핸드폰 번호라고 생각할 수 없는 번호였죠. 근데 그 게시물이 반동성애 진영 사람들 사이에 퍼지면서 실제로 거기다가 문자 보낸 사람들이 있었던 거예요. 거기에 문자를 보내면 3000원씩 후원이 되는데, 문자를 보낸 사람들은 단체에 후원한 게 된 거죠. 그게 문제가 됐어요. 근데 후원금을 돌려받고 싶은 사람은 퀴어문화축제 쪽으로 연락하면 환불하겠다고 했지만 실제로 연락해 온 사람은 아무도 없었죠. 그러면서 사람들이 제 SNS 게시물을 싹 뒤져서 2016년에 올린 십자가 딜도 사진을 찾아냈어요. 그걸로 EBS에 "은하선이 신성모독을 했다"라고 민원을 넣은 거죠. 앞의 문자 건이 사기가 되고, 십자가 딜도가 신성모독이 되면서, EBS에서는 저를 강제 하차시키게 되었어요. 이건 명백하게 성소수자 혐오 때문이었죠. 저와 함께 출연 중이었던 손희정, 이현재 선생님과 손아람 작가님이 함께 〈까칠남녀〉 출연 보이콧 선언을 하고, 많은 시민 단체들이 함께 싸워 줬지만, 결국 〈까칠남녀〉는 그냥 폐지되었어요.

〈까칠남녀〉 문자 사건

〈까칠남녀〉 성소수자 특집 방송 전후로 담당 피디는 성소수자 혐오적인 문자 공격을 받으며 괴로움을 호소했다. 피디는 반동성애기독시민연대(이하 '반동연') 대표 주모 목사로부터 전화까지 받았다고 했다. 공격을 막을 방법을 고민하던 은하선은 반동연 대표 주모 목사의 페이스북에서 은하선의 사진과 이름이 포함된 "까칠남녀 규탄 성명서"를 발견하여, 그 밑에 까칠남녀 피디 번호라는 내용의 댓글을 썼다. 사실 그 번호는 피디의 번호가 아닌 퀴어문화축제 후원 번호였다. 그런데 실제로 기독교 성소수자 혐오자들이 그 번호로 문자를 보낸 일이 발생했다. "동성애는 사랑이 아니다. 온갖 병의 원천 동성애" "항문 성교자들을 옹호하는 것이 교육방송이냐" 등의 문자가 퀴어문화축제로 보내졌다. 주모 목사는 자신도 두 건의 문자를 보내 6000원을 후원하게 되었다며 사람들을 모아 은하선을 사기로 고소했다. 은하선은 검색만 해도 쉽게 그 번호가 퀴어문화축제 후원번호라는 것을 알 수 있었기 때문에, 번호를 피디 번호로 오인해 문자 보내는 사람이 있을 거란 생각은 못 했다고 말했다. 주모 목사는 법정에서 은하선이 그 은하선인 줄 모르고 아군이라고 착각하여 은하선이 올린 번호를 기독교인 단톡방 및 카페에 올렸다고 진술했다. 은하선은 퀴어문화축제와 논의하여 환불 방법 등을 재공지하고 법정에도 진술서를 제출했으나 받아들여지지 않았고, 해당 사건으로 인해 100만 원의 벌금을 내게 되었다. 그 후 주모 목사는 반동성애자임에도 불구하고 퀴어문화축제에 금전적 후원을 하여 친동성애적 행위를 저지르고 말아 정신적인 충격을 받았다며, 은하선을 상대로 1인당 30만 원씩 총 2520만 원을 지급하라는 민사소송을 냈으나 패소했다.

희정   전 이게 정말 이상한 상황이라고 생각하는데요. 이 사건이 일어난 것이 연말연시였고, 그 당시 〈까칠남녀〉가 시즌1을 마무리하려던 참이었어요. 그래서 마지막 녹화 2회를 남긴 상황이었죠. 심지어 2회분은 하루에 녹화하거든요. 그러니까 하루 녹화만 더 하면 시즌1이 마무리되는데, 은하선을 강제 하차시킨다? 이건 이상한 결정이었어요. 그야말로 정치적 판단인 거죠.

하선 저는 이게 그렇게까지 큰일인가 싶었는데, 많은 분들이 EBS라는 공영방송이 반동성애 진영의 손을 들어 준 백래시라고 규정하고 연대를 해주셨죠.

희정 아주 다층적인 백래시였다고 생각해요. 제목도 '젠더 토크쇼'인데 페미니스트들이 페미니스트라는 이름을 걸고 출연했기 때문에 방송을 만들면서도 고생을 많이 했어요. 무슨 말만 해도 욕을 먹고 짤이 돌아다녔죠. 심지어 '일베'[일간베스트] 쪽에서 〈까칠남녀〉 홈페이지를 해킹해서 '노알라'[고故 노무현 대통령을 비하하기 위해 만든 합성] 사진으로 도배하기도 했어요. 게시판에게 계속 혐오 발언을 쏟아 내는 사람들도 있었고요. 그런 일을 다 감수하면서 EBS에서 이 작품을 만들어 왔던 거예요. 그러니까 이게 한쪽에서는 여성의 목소리와 페미니즘 목소리에 대한 '재갈 물리기'이기도 했고, 그게 성소수자 특집과 만나니 성소수자 인권 운동의 진전에 대한 백래시였던 거죠. 그러니 이것은 도저히 그냥 넘어갈 수가 없고, 시민 단체들이 결합할 수밖에 없는 운동이었던 것 같아요.

하선 일단은 미디어에서 성소수자라는 사람들이 등장하는 것 자체가 너무나…….

윤옥 불편하고.

희정 성소수자 특집을 만들 때 작가님들이랑 제작진이 정말 고민을 많이 했어요. 성소수자니까 사실 어떤 방식으로 다뤄도

	자극적으로 받아들여지거나 오해를 만들기 쉽잖아요. 그래서 '가능하면 다양한 얼굴을 보여 준다'라는 콘셉트로 이 사회에 있는 편견과 정면으로 부딪치자, 그런 마음이었어요. 그래서 함께 출연하는 황현희 씨라든가 정영진 씨가 질문을 던지면 대답한다, 뭐든 간에, 이런 식의 콘셉트였어요.
하선	그 후 엄청난 일들이 일어났죠. 〈까칠남녀〉뿐만 아니라 은하선 개인에 대한 가짜 뉴스들도 많이 퍼졌고요. 말도 안 되는 공격도 많이 받았어요.
윤옥	그런데 위축되지 않고 계속 다른 활동들을 하셨잖아요. 그 일 때문에 내상이 깊다거나 그러진 않으셨어요?
하선	내상이 없다고 하긴 어렵겠죠. 〈까칠남녀〉때는 상처를 좀 받았어요. 상황이 왜 이렇게밖에 안 되나 싶기도 했고요. 1년 동안 열심히 했고, 굉장히 애정을 가지고 있었던 일이었거든요. 그런 와중에 다른 사람들이 연대를 해주니까 힘이 되었죠.
윤옥	외로움이 좀 가셨겠어요.
하선	그때 하리수 씨가 인스타그램에 응원한다고 연대의 메시지를 남겼는데요. 그때 정말 고마웠어요. 왜냐하면 당시가 트랜스젠더 배제적인 페미니스트들이 하리수 씨가 진짜 여자네 아니네, 하던 때였거든요. 그럼에도 불구하고 저에게 연대해 주었다는 건 정말 용기 있는 행동이었죠. 그 외에도 해시태그 운동도 있었고, 많은 지지를 받았어요. 그런 마음들이 쌓여서 힘으로 축적되었던 것 같아요. 계속 단단해진다는 생각도 들었고요.
윤옥	그러면 〈까칠남녀〉는 그냥 그렇게 끝난 건가요?

하선 그렇죠. 이후 '공익인권변호사모임 희망을만드는법'의 도움을 받아서 국가인권위원회(이하 '인권위')에 진정을 넣었어요. 그런데 크게 진전은 없었고요.

희정 〈까칠남녀〉 시즌1은 이렇게 끝났지만, 시즌2가 있으면 좋겠다는 생각은 계속 하고 있어요. 인권위에서 은 작가님 복권시켜 주면 좋겠다 싶고요.

하선 그렇게 될 수 있으면 좋죠. 〈까칠남녀〉 이후로 저한테 방송 일이 거의 안 들어오고 있거든요. 물론 원래 일이 많았던 사람이 아니지만······. 저는 이름만 알려지고 커리어로는 잘 연결이 안 되고 있어요. 어떤 기자님이 "작가님 정도면 셀럽 아니냐"라고 하는데 깜짝 놀랐잖아요. 인스타그램에 사진 올리면 기사화가 되기는 하는데, 일로 연결이 안 되니까, 나의 방송인으로서의 커리어는 여기서 끝인가 싶기도 했고요. 방송 일이 생각보다 재미가 있더라고요. 하지만 그게 아니어도 제가 저의 방식으로 할 수 있는 일들은 여전히 있으니까, 할 수 있는 일들을 하면서 살아가려고 합니다.

윤옥 갑자기 우리 전에 이야기 나눴던 나혜석 생각이 나네요. 최전선을 밀어 온 사람이 겪게 되는 어떤 어려움들이 있는 것 같아요. 저는 은하선이라는 사람이 개척할 수 있는 분야가 있다고 생각하고, 또 기대하고 있어요. 어쨌거나 〈까칠남녀〉가 다음 커리어로 이어질지 어떨지는 기다려 봐야 아는 일이겠지만, 퀴어 페미니즘의 아이콘이 된 건 맞는 것 같아요. 대학이나 단체에서 은 작가님 불러서 페미니즘이나 섹스와 관련된 강연, 토크쇼를 진행하려고 하면 안티 세력들이 와서 엄청 방해하고 그러거든요.

하선　맞아요. 2018년에 서강대, 시립대, 연세대에서 반대에 부딪쳤었죠. 서강대나 연세대 같은 경우는 기독교 학교라는 점이 또 영향을 미쳤던 것 같아요. 선교사가 지은 학교에 어떻게 십자가 딜도를 파는 사람이 올 수 있냐, 동성애를 조장하는 사람이 올 수 있냐, 이러면서 반대를 했죠. 십자가 딜도를 팔아 보기라도 했으면 덜 억울할 텐데 실제로 본 적도 없거든요. 다 가짜 뉴스예요.

희정　허, 동성애를 도대체 어떻게 조장하죠.

하선　오늘부터 동성애 1일, 이렇게 조장하면 되나 봐요? 그런 식의 이야기들을 하면서 정말로 '은하선은 못 오게 해야 된다'는 서명을 받았다고 하는데요. 기독교 동아리를 중심으로 서명을 많이 받았더라고요.

희정　서명에 동참한 사람들이 800에서 1300명 사이였던 것 같아요. 기사마다 숫자가 좀 다르더라고요.

하선　그 후로 3000명까지 넘어갔다는 이야기도 들었어요. 그러니까 꽤 많은 사람들이 서명을 한 거죠. 어쩌면 그냥 '게이 싫어' 이러면서 서명했을 수도 있고요. 어쨌거나 연세대에서 강의는 강행했어요.

희정　강의장 앞에 와서 피켓 들고 반대하는 몸싸움까지 나고 그랬다면서요?

하선　맞아요. "은하선을 반대한다" "은하선은 물러가라" 이런 것들이 제가 들어가는 강의실 입구까지도 다 붙어 있었고, 그래서 학생들 한 20명 정도가 와서 저한테 "물러가라" 하기는 했었는데.

희정　막 떨리거나 그렇지 않으셨어요?

하선   떨리진 않았는데 다만 강의 시작부터 끝까지 밖에서 "물러가라" 소리를 질러서요. 제가 마이크 볼륨을 최대치로 높이고 강의를 했는데도 소리가 잘 안 들렸죠. 되게 힘들었어요. 근데 또 강의를 들으려는 분들이랑 기자들이 강의장에 와 계시니까 안 할 수도 없었고요. 그렇게 연세대 강의는 했어요. 좀 충격적이기는 했죠. 그전에 서울시립대에서도 강의를 했었는데요. 그날은 섹스와 섹슈얼리티에 대해 강의를 했어요. 강의 중에 "미투 운동 피해자들이 마치 관심을 받고 싶어서 그런 것처럼 오해하는 사람들이 많다. 그렇지 않다. 홍대 불법 촬영물 유출 사건의 피해자 역시 그렇게 관심을 끌고 싶어 하는 사람인 것처럼 말하는 사람들이 있는데, 그러면 안 된다"라는 이야기를 했는데, 은하선이 홍대 미대 몰래카메라 피해자 남성을 '관종'[관심받고 싶은 욕구가 지나치게 높은 사람]이라고 했다는 식으로 이야기가 퍼지기 시작했죠.

희정   이런 게 지금 한국 사회에서 반지성주의가 작동하는 방식인 것 같아요. 이화여자대학교 여성학과의 김은실 교수가 예전에 한 특강에서 일베식 팩트와 페미니스트 지식을 비교해서 얘기한 적이 있어요. 일베식 팩트라고 하는 건 어떤 사건이 터졌을 때 그 맥락 다 자르고 자기 입맛에 맞는 다른 맥락에 넣는 거예요. 대표적인 예가 5·18 광주민중항쟁은 빨갱이가 선동한 폭동이다, 이런 식으로 가짜 뉴스를 팩트로 만들어버린 거죠. 이와 달리 페미니스트 지식이라고 하는 건 어떤 사건을 제대로 이해하기 위해서 맥락을 촘촘히 쌓는 것이라고 해요. 그런데 사실 맥락을 다 이해하는 것은 너무 복잡하고 힘들잖아요. 시간도 오래 걸리고 자극적이지도 않고. 이

것은 잘 안 먹히는 반면에 아주 자극적이고 단편적인 정보의 조각들, 그러니까 오독된 정보의 조각들은 너무 쉽게 영향력을 가지는 거예요. 이게 은하선 개인한테 영향을 미칠 뿐만 아니라, 페미니즘 전체를 왜곡해 버리죠.

하선 맞아요. 진짜 그런 일들이 일어나더라고요. 심지어 제가 하지 않은 말도 제가 했다고 올리니까요. 연세대 강의의 경우 배리어프리barrier free 강의였기 때문에 속기록이 남아 있었어요. 그래서 그 강의 전문을 온라인에 올렸는데, 그것조차 입맛대로 편집해서 공유하더라고요.

윤옥 대학가에서 계속 이런 일이 벌어진다는 게 참 씁쓸하네요.
희정 신자유주의화가 빠르게 진행되면서 학내 정치가 무너지고 대학이 스펙spec 만드는 공장이 되어 버린 상황과 연결돼 있는 것 같아요. 학생들 사이의 인식 차이도 크고요.

버티는 힘에 관하여

윤옥 〈까칠남녀〉 이후 페미니즘과 성소수자 운동에 대한 백래시에 대해 이야기를 나눠 봤는데요. 답답하실 것 같아요.
하선 쉽지는 않은데요. 그래도 우리가 더 길게 가기 위해서는 생각보다 그렇게 쉽게 바뀌지 않는다는 사실을 빨리 인정해야 할 것 같아요. 다른 세상에 대한 기대를 쉽게 갖지 않는 태도가 필요한 것 아닌가 싶고요. 물론 이게 참 어려워요. 활동가라는 사람들이요, 세상이 바뀔 거라는 기대를 가지고 활동을 하는 거니까요. 바뀌지 않는다는 생각을 하면 사실 운동할

맛이 안 나잖아요. 그런데 제가 운동의 성과를 기대하지 말아야 한다, 그래야 오래할 수 있다, 이렇게 말하는 게 어떻게 보면 좀 아이러니한 일이죠. 하지만 별 수 없다 싶어요. 재밌는 것도 보고, 맛있는 것도 먹고, 자기가 좋아하는 것들을 즐기면서, 그렇게 주변에 페미니스트 친구 몇 명 만들고, 내가 무슨 말을 할 때 지지해 줄 사람들을 쌓아 가면서, 그렇게 길게 가는 방법밖에 없다 싶어요. 물론 저는 친구가 별로 없지만요. ☺ 괜찮아요.

희정   한국여성노동자회가 30년 넘게 버텨 오신 거잖아요. 선생님들은 어떻게 그러실 수 있었어요?

윤옥   그냥 살아온 거죠. 그냥 사는 거예요. ☺

하선   결론은 지금 친구 없어도 괜찮아. 그냥 사는 거다. ☺

윤옥   저는 운동이라는 게 그냥 자기 존재 방식인 거예요. 어떤 성과가 있어서 운동을 하는 게 아니에요. 이렇게 살아야 살 것 같으니까 그냥 이렇게 사는 거죠. 그 체제에 편입하면 살 수가 없거든요. 예를 들면, 저는 결혼을 했잖아요. 그렇다고 가부장적 질서에 완전히 편입되면 죽을 것 같거든요. 그러니까 어떻게든 저항하는 거죠. 저항이 나를 살게 하는 힘이니까. 여노 활동가들이 활동하는 것도 마찬가지예요. 말하자면, 누군가 한강에 빠져서 허우적거리고 있을 때, 우리가 한강 물을 다 퍼내진 못해도 빠진 한 사람의 손을 잡아 끄집어낼 순 있죠. 막 아프다고 비명을 지르는 여성 노동자들이 있고, 여성들이 있어요. 그럼 우리는 우리가 할 수 있는 걸 하는 거죠. 그게 우리의 힘이에요. 그리고 그 힘이 나를 살게 하죠. 우리가 건져 낸 사람을 살게 하는 것이기도 하지만,

나를 살리기도 하는 거예요. 그래서 기대를 버린다는 말이 이해가 가요. 거대한 변화는 당연히 어렵죠. 혁명이 일어나는 것 같다가도 또 금방 지지부진하게 제자리로 돌아오곤 하고요. 그래도 그냥 사는 거예요. 내가 인간답게 사는 길을 따라서요.

희정   선생님, 표정이 안 좋아 보여요·······.

윤옥   힘든 동료가 있으면 "맛있는 거 사줄게" 하면서 위로를 나누고, 그렇게 함께 조금이라도 전진하고. 그렇게 우리가 세계를 조금 더 낫게 만들고. 그런 과정이 역사라고 생각해요. 기대하지 말라는 건 그런 뜻으로 해석 가능할 것 같아요.

하선   여노는 운동과 생활이 섞여 있는 느낌이 들어요. 그렇게 힘을 받으면서 함께 가시는 건가 봐요. 뭐랄까요, 활동을 하면서 공동체를 이뤄 가는 것 같거든요. 제가 페미니즘 친구를 만들라는 조언을 들었는데·······.

윤옥   여노로 오세요.

하선   여노 가면 친구 생깁니까?

윤옥   네, 여노로 오세요.

하선   여러분 여노에 오세요. ☺

윤옥   저는 여노를 하나의 근거지라고 생각해요. 그냥 싸움을 하기 위한 단체가 아니라 접속할 수 있는 근거지요. 힘들 때 누구라도 와서 접속하고, 숨 쉴 수 있는 여유를 갖고, 다시 자신을 회복할 수 있는 그런 공간이길 바라고요. 그렇게 손희정 선생님도 저희한테 꿰여서. ☺

희정   완전 꿰였죠. 너무 좋아. ☺ 최근에 한 선배가 그런 얘기를 했어요. "싸움, 투쟁, 운동이란 거는 내가 싫은 걸 끌어내리기 위해서 하면 오래 못 간다. 네가 사랑하는 걸 지키기 위해서 해야 오래간다." 여전히 그렇게 살고 있지는 못하지만 그 말이 계속 마음속에 남아 있어요. 그래서 그런 생각을 했는데, 나는 〈을당〉을 사랑하는 것 같다, 〈을당〉 만드는 게 사실 쉽지는 않은데, 그래도 일단 버텨 볼까 하는 생각이 드니까요. 그래서 은하선 작가님처럼 좋아하는 사람들 불러다가 듣고 싶은 이야기도 들으면서……

하선 나 좋아하는구나. ☺

희정 응, 우리가 친구인지는 잘 모르겠지만 좋아하죠. ☺

하선 제가 친구는 없는데 또 좋아하는 사람들은 가끔 있어요.

윤옥 일단 우리는 즐겁게 이런 에너지로 가봅시다. 질긴 놈이 이기는 거예요.

희정 그러네요. 기억하면 좋겠어요. 빨리 바뀔 거라는 기대는 접는 것이 좋다, 하지만 싸움이 우리의 존재 양식인 거다, 그리고 질긴 놈이 오래간다.

— 마무리

윤옥 네, 이제 마칠까요?

하선 저는 오늘 하고 싶은 얘기 전부 한 것 같아요. 맛있는 것 많이 드시고 또 싸울 수 있는 힘을 비축해서 잘 싸우는 것으로. 또 꼭 싸울 필요는 없다는 생각도 들어요. 싸우지 않고 그냥 넘길 수 있는 건, 넘겨도 괜찮죠.

윤옥 그렇죠.

하선   이기지 못할 것 같으면 그냥 싸우지 않는 것도 방법이에요. 너무 많이 다칠 것 같으면 피하는 것도 괜찮고요. 아무튼, 그냥 잘 살아요.

희정   얼추 삽시다.

윤옥   네, 오늘의 〈을당〉 여기서 마치겠습니다. 감사합니다!

+ **은하선이 덧붙이는 말**

2018년 클래식 음악계에서 미성년자 시절 내가 겪었던 성폭력에 대한 말하기로 미투 운동에 동참했다가 명예훼손 민형사 소송에 시달렸다. 2021년 소송에서 다행히 이겼지만 그 과정에서 피해는 끊이지 않았다. 성폭력 가해자인 M은 은하선이 얼마나 '이상한 사람'인지를 증명하기 위해 은하선 나무위키 문서 전체를 법원에 제출했다. 나무위키는 누구나 편집 및 서술에 참여할 수 있는 한국형 위키백과 서비스다. 나무위키에 서술된 은하선은 있지도 않았던 성폭력을 지어내서 미투 운동에 가짜로 동참해 피해자 코스프레를 한 사람이었다. 온갖 가짜 뉴스로 점철된 서술을 바꾸기 위해서는 내가 직접 뛰어드는 수밖에 없었다. 그 후 편집 지침을 꼼꼼하게 읽어 가며 하나씩 고치기 시작했고 바로잡는 데 성공했다. 이 일은 나무위키에서 본인이 직접 자기 항목을 고치는 데 성공한 첫 사례이다. 나무위키 본사의 제안으로 이와 관련된 자문을 진행하기도 했다. 나무위키는 파라과이에 위치한 회사로 한국 경찰에 협조하지 않는다. 명예훼손 관련 소송은 파라과이에서 하라는 입장이다. 여전히 자신에 관한 내용을 내리고 싶어서 나무위키에 요청하는 사람들이 많다. 그중에는 재벌, 연예인, 정치인 등 이름만 대면 알 만한 사람들도 있다. 얼마 전 신남성연대 대표가 나무위키에 자신의 문서를 삭제해 달라고 요청한 글을 보았다. 여성 혐오에 앞장서 잘못된 정보를 퍼뜨리는 사람도 자신에 대한 타인의 평가는 참기가 어려운가 보다.

'소녀'와 '할머니'의 이분법을 넘어

게스트 허윤

부경대학교 국어국문학과 조교수. 「일본군 '위안부' 재현과 진정성의 곤경」(2018), 「'우리 할머니'들의 이야기와 기억의 물화」(2021), 「목적(어) 없는 "기억하겠습니다"」(2021) 등의 논문과 『1950년대 한국 소설의 남성 젠더 수행성 연구』(2018), 『남성성의 각본』(2021) 등을 썼고, 『문학을 부수는 문학들』(2018), 『을들의 당나귀 귀』(2019), 『원본 없는 판타지』(2020) 등을 함께 썼다. 옮긴 책으로는 『일탈』(공역, 2015)과 『모니크 위티그의 스트레이트 마인드』(2020) 등이 있다.

오늘의 주제

윤옥   오늘 다룰 주제는 쉽지 않지만, 우리가 반드시 함께 생각해 봐야 하는 주제라고요?

희정   그렇습니다. 여전히 독일 나치에 의한 유대인 대학살이나 일본 제국의 난징 대학살 같은 전쟁 범죄가 없었다고 주장하는 역사수정주의가 득세하고 있죠. 그렇게 첨예하게 부딪치는 역사적 사건 하나가 일본군 성노예 문제입니다. 일본 우익에서는 물론이고, 한국에서조차 '위안부'는 자발적인 매춘이었다는 식의 역사 왜곡이 횡행하고 있고요. 저는 역사적 진실을 정확히 이해하고 잘 기억하는 일 못지않게 역사를 어떻게 기록하고 재현할 것인가가 중요하다고 생각해요. 그래서 오늘은 일본군 '위안부' 문제가 대중적으로 어떻게 재현되어 왔는지, 그에 대해 우리가 비판적으로 봐야 할 부분이나 기억해야 할 것이 무엇인지, 함께 이야기를 나눠 보겠습니다.

윤옥   아마 청취자들도 오늘 주제가 쉽지 않다고 여기실 수도 있을 텐데요. 일본군 '위안부' 운동의 역사도 오래됐고, 특히 영화나 책 같은 대중적인 재현물이 많이 나왔잖아요.

희정   네, 또 '위안부' 재현에서 가장 첨예한 논쟁의 중심에 있는 것이 '소녀상' 문제예요. 우리도 한번 정리해서 남겨 놓는 것이 의미가 있을 것 같아요. 이야기가 너무 어렵지 않을까 염려되실 수도 있을 것 같은데요, 걱정하지 마세요! 이 이야기를 흥미진진하게, 또 쉽게 잘 풀어서 해주실 분을 〈을당〉에서 모셨거든요. 오늘 콘텐츠는 에버그린 콘텐츠가 될 거라

고 확신합니다. ☺

윤옥   에버그린 콘텐츠! 말을 잘 만들었네요. ☺

희정   시의성도 있지만 남겨 놓으면 기록으로서 가치가 있어서 청취자들이 계속 발굴해서 듣는, 그런 걸 에버그린 콘텐츠라고 하더라고요. ☺ 오늘의 에버그린 콘텐츠에 함께해 주실 게스트로 국문학자이자 젠더연구자 허윤 선생님을 모셨습니다.

허윤   안녕하세요? 허윤입니다.

윤옥   초청에 선뜻 응해 주시고 귀한 시간 내주셔서 감사합니다. 오늘은 허윤 선생님과 함께 '위안부' 대중 서사의 쟁점들에 관해 이야기 나눠 보겠습니다. 1993년 고노 담화가 발표되면서 그때 처음으로 일본 정부가 '위안부' 문제의 국가 책임을 인정했는데요. 어째 그 뒤로 점점 후퇴하는 것 같아요.

허윤   고노 담화가 발표됐을 때도 사람들이 "이거 왜 총리가 안 하고 관방장관이 하냐"라는 얘기를 하기는 했었어요. 총리가 있는데 왜 내각을 통솔하는 관방장관이 발표하는지 의심스러운 거죠. 그래도 고노 담화는 '위안소'를 군 당국의 요청에 의해 설치했고, 강제적인 상황이 있었으며, 본인의 의사에 반해 강제동원된 사례가 있다는 걸 인정하고, 이에 대해 일본이 사죄하고 반성한다는 내용을 분명히 했죠. 1993년이라는 시기에 주목해 볼 필요가 있는데요. 1993년은 한국과 마찬가지로 일본에서도 상징적인 시간이었던 것 같아요. 1991년에 김학순 님이 등장해서 이 문제를 국제사회에 공개하자, 일본이 1년 8개월간 국가 차원의 조사를 하고 발표한 거거든요. 김학순 님의 고발과 함께 일본 사회에서 여러 시민 단체들이 이 문제와 관련해서 열심히 활동하고 있었습니다. 영화 〈허스토리〉나 다큐멘터리 〈나의 마음은 지지 않았다〉에 나오는 것처럼 시민 단체들이 나서서 일본군 '위안부' 재판을 지원합니다. 그런 분위기 때문에 고노 담화가 가능했죠. 그런 면에서 한국도 일본도 1990년대에 더 민주적이고 진보적인 사회로 나아갔던 것 같아요.

김학순의 고발

1991년 8월 14일 김학순은 기자회견을 통해 생존자로서는 처음, 공개적으로 일본군 '위안부' 피해 사실을 밝혔다. 그의 증언 이후 일본군 '위안부' 피해가 국제사회의 의제로 거듭날 수 있었으며, 많은 피해자가 한국 사회에 그 모습을 드러낼 수 있었다. 일본군 '위안부' 기림의 날은 김학순의 증언일을 기념한 것이다.

윤옥
허윤 지금 봐서는 그때와 지금의 일본이 영 다른 것 같아요. 1990년대 이후 버블이 붕괴되고 일본 경제가 나빠지면서 사회가 전반적으로 보수화되고 있죠. 그러면서 우익 정치인들의 목소리가 높아지고, 외부의 적을 세워서 내부를 단결하는 방식으로 작동하고 있어요. 그럴 때 일본군 '위안부' 문제 같은 것들을 폐기하려고 하는 거죠. 한국에서 '노아베'NO Abe 운동이 촉발되는 원인을 제공했던 아베 총리 역시 공식 석상에서는 일본군 '위안부'를 부정하지는 않아요. 일본 정치에서 고노 담화가 여전히 큰 틀이긴 하거든요. 고노 담화를 그대로 두되, 배상은 이미 끝났다는 태도를 유지하는 거죠. 박정희 정권과의 한일 협상 때 이미 끝난 이야기이고,

2015년에 불가역적 합의도 했는데, 왜 그러느냐는 입장인 거죠. 그런 분위기 속에서 극우 정치인들은 "위안부들은 다 자발적인 매춘부였다"고 말하면서 인기몰이를 하는 거고요.

희정   그런 과정 안에서 교과서 내용도 바뀌 온 건데요. 고노 담화의 주요 내용 하나가 '위안부' 문제에 대해 학교에서 교육하겠다는 거였는데, 극우화가 심해지면서 교과서에서 이런 내용이 다 빠진 거죠. 그러면서 패전국으로서의 어떤 경험, 군사도 못 갖고…….

허윤   오키나와도 빼앗기고.

희정   군대와 땅을 빼앗겼으니 '우리가 피해자'라는 생각을 가지게 되고, 악화된 경제 상황과 맞물리면서 제국주의 시절의 영화를 그리워하는 이들에게 극우 레토릭으로 어필된 거예요. 그러니까 아베가 하고 싶은 건 일본은 군대를 갖지 않겠다고 약속했던 평화헌법을 개정해서 군대를 갖겠다는 거고, 이 상황을 한·미·일 평화 안보 체제를 구축해서 중국을 견제하려는 미국이 지원하는 거죠.

윤옥   이런 복잡한 외교 정치와 역사의 맥락 속에서 '위안부' 문제를 어떻게 봐야 하는지 이야기해 보고 싶어요. 〈을당〉이 문화 비평 시간이기도 하잖아요. 쟁점들을 대중 '위안부' 서사 중심으로 살펴보면 좋겠어요.

희정   제가 쉽고 재밌게 이야기해 드리겠다고 호언장담했지만, 이게 사실 참 복잡하고 어렵습니다. 그래서 세 가지 키워드로 압축해 왔어요. 첫 번째는 드라마 〈여명의 눈동자〉와 모바일 화보, 두 번째는 소녀상, 그리고 세 번째는 단행본 『제국의 위안부』와 영화 〈귀향〉입니다.

윤옥　왜 이렇게 나눴는지는 듣다 보면 금세 알게 될 것 같아요. 첫 번째 키워드부터 시작해 볼까요?

── 〈여명의 눈동자〉와 모바일 화보

윤옥　정의기억연대의 전신이고 최초의 '위안부' 운동을 했던 한국정신대문제대책협의회(이하 '정대협')의 초대 대표였던 윤정옥 선생께서 예전에 이런 얘기를 하셨다고 해요. "한국 사회가 '위안부' 문제를 의도적으로 침묵하고 공론화하지 않는다." 이게 무슨 이야기죠?

허윤　윤정옥 선생은 '위안부' 피해 생존자들과 같은 세대예요. 1940년대에 총동원령 떨어지고 이럴 때, 선생 댁은 잘사는 편이어서 다 피난을 갔대요. 전쟁으로 혼란스러운 경성을 떠나 시골에 숨어 산 거죠. 선생의 가족은 큰 피해를 입거나 강제로 동원되는 일 없이 전쟁이 끝났는데, 해방 후 학도병 등이 귀향을 하는데, 이상하게 그 많던 끌려간 여자아이들은 안 돌아오는 거예요. 그래서 역에 나가 기다려 본 적도 있었다고 해요. '기차가 서는데 왜 여자애들은 안 내리지?' '왜 사람들이 그 사라진 여자들에 대해서는 말을 안 하지?' 그러다가 미국 유학을 가게 되고, 공부를 마치고 돌아와 대학교수가 되었는데, 그때까지도 돌아오지 않은 여자들에 대해 이야기하는 사람이 없었대요. '정신대로 끌려갔던 여자들은 어디 갔을까?' 계속 의문이 들었고, 그래서 찾아다니게 된 거예요. 살아남은 자의 죄책감이었다고 설명하시더라고요.

윤옥   그 마음 알 것 같아요.

허윤   막 찾아다녔는데…… 모두들 이 문제를 알고는 있지만 말하지 않더라는 거죠. 뉘 집 딸이 정신대에 갔다가 돌아왔다더라, 하는 소문은 무성한데 마을에서든 공동체에서든 아무도 공개적으로 이야기를 하지 않았어요. 1980년대부터 윤정옥 선생은 아시아를 돌며 찾아다니기 시작해요. 필리핀, 오키나와, 중국에 방문하고, 위안소 터에도 가보고. 그러다가 오키나와 피해 생존자인 배봉기 님을 만나게 되고요.

배봉기와 『빨간 기와집』

배봉기(1914-91)는 1975년 자신이 일본군 '위안부'였다는 사실을 최초로 밝혔다. 가난한 집의 딸로 태어나 남의 집 살이를 전전하던 중, '일하지 않고 돈 벌 수 있는 데' '나무 밑에 누워 입을 벌리고 있으면 저절로 바나나가 떨어지는 데'가 있다는 여자 소개꾼의 말에 속아 '위안부'가 되었다. '대일본제국'의 신민으로서 1944년 가을 도카시키섬으로 끌려가 '빨간 기와집'이던 위안소에서 일본군 '위안부'가 되었으며 패전 후 고향으로 돌아오지 않았다. 이후 오키나와가 일본에 반환되자 체류 허가를 받기 위해 담당관의 취조를 받다가 '위안부'로 끌려왔다는 사실을 증언하게 된다. 일본의 저널리스트 가와다 후미코는 배봉기의 증언을 바탕으로 『빨간 기와집』을 엮어 냈다.

허윤   이 이야기를 읽다 보니까 저는 나이토 지즈코 선생의 '애국적 무관심'에 대한 논의가 떠오르더라고요.

윤옥   애국적 무관심이요?

허윤   네, 나이토 지즈코는 일본의 배외주의를 분석하는데요. 말하자면 일본 사회 내에 불가촉천민처럼 아예 태어난 지역이나 혈통에 따라 부락민으로 낙인찍힌 사람들이 있었거든요. 근데 그걸 드러내면 혐오와 차별의 기호가 되기 때문에 아예 존재 자체를 말하거나 연구하지 못하게 되는 상황이 있었던 거죠. 그렇게 말하지 못하는 데에는 또 '공동체, 나라를 위해서'라는 태도가 있고요.

희정 그러니까 어떻게 보면 매끈한 역사를 써야 되는데. 그리고 우리의 역사가 찬란하고 아름다워야 되는데 그 역사에 소위 흠을 낼 수도 있는 존재들을 지워 버리는 게 '애국적 무관심'인 거군요.

윤옥 애국을 위해 의도적인 무관심을.

허윤 의도적으로 보이지 않게 만드는. 그래서 나이토 지즈코는 재일조선인 문제도 연구했어요. 재일조선인의 경우 강제동원을 비롯한 식민 지배 때문에 일본에 살 수밖에 없었던 맥락이 있으니까요. 재일조선인을 다루면 일본 식민 지배를 이야기하게 되는 거죠. 그래서 거기에 대해서는 말하지 않는다는 거예요.

윤옥 한국 사회는 무얼 위해 가린 건가요?

허윤 한국의 대표적인 역사수정주의 작업이라고 할 수 있는 이영훈의 『반일종족주의』가 말하는 것도 딱 이 맥락인데요, 이런 식인 거죠. '그 여자들이 왜 못 돌아왔냐 하면 다 부끄러워서 그랬다고 한다. 결국 이건 개인의 수치이자 부끄러움이지, 국가적인 문제가 아니다.' 어떤 의미에서는 1940, 1950년대에 '위안부'로 간 딸이 돌아오지 않는 것이 사회적으로 중요한 문제가 아니었던 거죠. 먹고살기 힘들고 전쟁 통이니 누가 사라져서 안 돌아오는 것에 대해 국가적으로 관심을 갖거나 챙기거나 하지 않았다는 거예요. 또 한편으로는 돌아온 다음에 어떻게 살았는가를 얘기할 수 없게 된 상황이 있습니다. 조선으로 돌아와서 고향에 정착하거나 결혼한 사람들도 있지만, 많은 이들이 생존을 위해 무슨 일이든 해야 하는 상황에 놓입니다. 김순악 님처럼 '색시 장사'를 한 사람들도 있는 거죠. 하지만 '피해자'로 인정받지 못할까 봐, 그 경험은 말할 수 없는 것이 되고 맙니다.

김순악

1928년 경북 경산에서 가난한 소작농의 딸로 출생했다. 실 공장에 취직시켜 준다는 말에 속아 일본군 '위안부'로 끌려갔다. 일본 패전 후 열여덟의 나이로 고향에 돌아와 술장사, 밥장사, 식모살이를 하며 생계를 유지했다. 2000년 1월 대한민국 정부에 의해 일본군 '위안부' 피해자로 지정되었으며 이때부터 수요집회에 참여하며 일본 정부에게 피해 보상을 요구하는 활동을 했다. 2010년 1월 "내가 죽어도 내게 일어났던 일은 잊지 말아 달라"라는 유언과 '위안부' 역사관 건립에 쓰라며 약 5400만 원을 남기고 세상을 떠났다. 그의 삶은 다큐멘터리 〈보드랍게〉(2020)에 소개되고 있다.

희정   그러니까 개인들은 개인적인 수치심 때문에 이야기를 못하고, 남성 중심적 사회는 또 민족적 상상력 안에서 '우리의 여자들을 지키지 못했다'라는 사실이 수치스러워 말하지 않았던 거죠.

허윤   그렇습니다. 그 '지키지 못했다'는 수치심의 문제도 꽤 컸을 것 같고요.

희정   그런 상황 때문에 대중문화에서도 '위안부' 서사를 보기 어려웠던 것 같아요. 드라마 〈여명의 눈동자〉는 1991년 김학순 님의 증언 이후 제작된 작품이에요. 〈여명의 눈동자〉 이전에는 '위안부' 피해자에 대한 재현이 없었나요?

허윤   〈여명의 눈동자〉가 동명의 소설을 원작으로 만들어진 드라마예요. 추리소설 작가 김성종이 1975년에서 1981년까지 6년간 『일간스포츠』에 연재한 소설이죠. 대중지에 연재된 소설을 MBC에서 회당 2억 원을 들여 드라마로 만든 거죠. 중국, 필리핀 등에서 해외 촬영을 하고, 기억을 더듬어 보면 드라마 속 배경이 굉장히 이국적이었어요. 진짜 말 그대로 돈을 쏟아 부어서 36부작을 만들었고, 총 70억 원의 제작비가 들었다고 해요.

희정   당시로는 어마어마한 대작이었네요.

허윤   그런데 이전에도 영화나 소설은 좀 있었어요.

희정   연구는 안 됐지만 조금씩 구전이 되어 영화나 소설로 만들어진 거네요?

허윤   네, 그것도 그렇고, 임성종 선생 등이 '실록'이란 이름으로 역사책으로 기록하기도 했고요. 1970년대부터 일본에서 책과 다큐멘터리가 나오기 시작했어요. 센다 가코의 책 『종군위안부』가 1973년에, 요즘은 극우 발언을 한다는 야마타니 데쓰오 감독의 다큐멘터리 〈오키나와의 할머니〉가 1979년에 나왔죠. 한국에서도 크리스챤아카데미의 『대화』라는 기관지에서 당시 표현으로 '종군 위안부' 소식을 전했어요. 그렇게 1970년대에 한국에서도 이야기가 되고, 재야에서 연구까지는 아니더라도 어떤 일이 있었는지 적극적으로 찾아보고 그랬어요. 1980, 1990년대에는 여러 편의 대중소설이 발표되기도 했습니다. 그러다 1991년엔 영화 〈에미 이름은 조센삐였다〉가 나와요. 에로 영화로 유명한 지영호 감독이 만든 작품이죠. 버마 전선의 일본군 조선인 '위안부'를 주인공으로 찍은 작품이었어요.

희정   호스티스물처럼 그려졌겠네요?

허윤   그런 부분이 있죠. 예컨대 『여자정신대』라는 소설이 있었는데요. '위안소'와 '위안부'를 SM, 수간 등이 일어나는 가학적 섹슈얼리티의 공간으로 묘사합니다. 그런 식의 재현이 잘못된 것이라고 생각조차 못 했던 시대였죠. 그러니까 〈에미 이름은 조센삐였다〉가 에로물로 영화를 찍은 것도 당시에는 별 문제가 되지 않았어요.

희정   그러고 보니 〈여명의 눈동자〉에도 성인 여성이 주인공으로 나오죠. 방송 준비하기 전엔 오직 소녀와 할머니 도상만 있는 줄 알았는데, 생각해 보니 〈여명의 눈동자〉에 어떤 성적인 이미지가 있었네요.

윤옥   1991년 당시에 드라마를 보셨나요?

희정   그럼요. 제가 처음부터 끝까지 본 드라마가 몇 개 안 되는데 그중 하나가 〈여명의 눈동자〉였어요. 너무너무 좋아했고요.

윤옥   아니, 되게 어린 나이 아니었나요?

희정   초등학생 때이기는 한데요. 그 유명한 장면 있잖아요. 최재성 씨가 연기한 '최대치'와 채시라 씨가 연기한 '윤여옥'이 철책을 사이에 두고 키스하는 장면. 그 장면이 정말 인상적이었어요. 돌이켜 보니, 윤여옥 캐릭터가 상당히 성애화된 성인 여성으로 그려졌다는 생각이 드네요. 그때까지는 그렇게 그려졌고, 또 '위안부' 피해 여성의 섹슈얼리티에 대해 이야기할 수도 있었던 건데…… 더 이상 그럴 수 없게 된 계기가 있었던 것 같아요.

허윤 그렇죠. 1990년대에 〈여명의 눈동자〉가 정말 크게 유행했잖아요. 시청률 1위였고, 엄청난 화제였거든요.

희정 1990년대 초중반이 한국 드라마가 약진하던 때이기도 했어요. 〈여명의 눈동자〉의 피디가 고故 김종학 씨고.

윤옥 〈모래시계〉 만든 사람이잖아요?

희정 김종학 피디와 송지나 작가가 함께 작업한 시대의 드라마 두 편이죠. 〈여명의 눈동자〉와 〈모래시계〉.

허윤 〈여명의 눈동자〉는 그래도 이전의 영화나 소설과 비교해서 진일보한 작품이긴 합니다. 어쨌거나 김학순 님 등장 이후, 한국 사회에서 일본군 '위안부'를 에로물로 그릴 수 없게 된 거죠. 정대협이 공식적으로 등장해서 열심히 싸웠기 때문에 '위안부' 피해자를 성애화하는 건 부끄러운 일이라는 분위기가 공론장에서 만들어졌어요. 그러다가 2004년에 결정적인 사건이 터졌죠.

희정 이승연 씨의 모바일 화보.

허윤 그렇습니다. 1990년대 후반부터 핸드폰이 빠르게 보급되면서 모바일 기기로 인터넷에 접속할 수 있는 시스템이 도입됐어요. 핸드폰에 있는 버튼 하나를 누르면 핸드폰 업체에서 제공하는 인터넷 페이지로 연결되었죠. 뭐, 지금으로 말하면 인터넷 페이지인데, 사실 별 내용도 없고 속도도 아주 느린, 그런 서비스였어요. 거기에 유료 서비스로 제일 먼저 시작된 것이 예상할 수 있듯이 여성의 성애화된 이미지를 제공하는 모바일 화보집이었어요. 처음에는 모델들이 모바일 화보를 찍었는데, 한 기획사에서 이승연이라는 미스코리아 출신의 스타를 섭외한 거죠.

희정   사실 이승연 씨는 그 사건 전까지 굉장히 지적이고 도회적인 이미지로 어필했던 걸로 기억해요.

허윤   맞아요. 토크쇼 진행도 하고 그랬잖아요? 이승연 씨가 가지고 있는 그 이미지들을 바탕으로 일본군 '위안부' 화보를 찍었어요. 그 프로젝트 이름이 "여인 프로젝트"였어요. 화보 콘셉트를 '위안부'로 잡아서 해외 로케이션 촬영을 했어요. 팔라우에서 촬영을 하고, 그 촬영 필름으로 신라호텔에서 기자회견을 했어요.

희정   진짜 지금은 상상도 할 수 없는 일이네요.

허윤   당시에는 아무런 문제가 되지 않을 거라고 생각한 거죠. 제작 의도는 '위안부'의 아픈 역사를 되살리고 사람들이 반성할 수 있는 계기로 삼는다는 거였지만.

희정   정말 똥인지 된장인지 모른다고 할까요.

허윤   신라호텔에서 프로젝트를 발표하자, 정대협과 나눔의집을 비롯한 일본군 '위안부' 지원 단체들이 격렬하게 항의하며 문제 제기했고, 거기에 여성 단체들이 지원했어요. 난리가 난 거죠. 결국 이승연 씨가 나눔의집에 까만 상복을 입고 가서 바닥에 무릎 꿇고 앉아 할머니들께 비는 장면이 전국적으로 보도되었습니다.

희정   그런 일이 벌어질 때마다 왜 늘 여성, 그러니까 이름이 난 여성이 그 모든 비난을 감수해야 하는가, 이런 고민이 들어요. 물론 이승연 씨가 주인공이었고, 그 프로젝트의 중심에 있었겠고, 잘못된 선택을 한 거죠. 하지만 그 뒤에서 자본을 가지고 기획하고 프로젝트 굴리는 사람들은 다 숨어 버리고, 꼭 그렇게 검은 상복을 입혀서 무릎을 꿇려야 하나 싶어요.

윤옥 　사과 방식도 정말 저열하다, 저열해.

허윤 　그 회사가 꽤 큰 회사였어요. 그때 당시 인터넷 포털 사이트 중에 네티앙이라고 있었잖아요. 네티앙 자회사였거든요. 네티앙이 모바일 화보를 비롯해 엔터테인먼트 사업에 뛰어들려고 했는데 이런 일이 벌어졌고, 네티앙은 본사와 무관한 일이라고 발을 뺐죠. 어쨌거나 2004년 모바일 화보 사건으로 인해 사실상 성인 여성으로 '위안부'를 재현한다는 게 얼마나 위험한지 한국 사회가 모두 알게 된 거예요. 그래서 변화가 시작됩니다. 예를 들면, 아까 말씀드렸던 〈에미 이름은 조센삐였다〉라는 영화의 원작이었던 동명의 소설집 『에미 이름은 조센삐였다』가 1982년 초판 출간 때는, 표지가 추상적이었어요. 붓으로 쓰윽 그려서 구체적인 형상이 없는. 그런데 2005년에 고려원에서 재판을 찍을 때는 표지가 조선옷을 입은 단발머리 소녀로 바뀌죠.

희정 　상징적이네요.

윤옥 　사실 이제 우리가 '위안부' 피해자를 떠올리면 조선옷 입은 단발머리 소녀가 떠오르잖아요. 그런 모습이 처음 등장한 것이 여기인가요?

허윤 　저도 정확하게 확인해 보지는 않았지만, 이즈음이었던 것은 분명해요. 왜냐하면 그전 대중적 서사 속 일본군 '위안부'는 계속 성인 여성으로 등장했거든요.

윤옥　아마 청취자들 중에 일본군 '위안부' 재현이 처음부터 소녀였다고 알고 있는 분들이 많을 것 같아요.

희정　생각해 보면 대중 담론 안에 '위안부'라는 주제와 그 형상이 등장한 지 얼마 안 된 거예요. 30년 정도 된 거죠. 아마 초창기에는 별 관심이 없었을 공산이 크고, 그렇게 대중문화에 많이 나오지 않았고요. 이제 우리 눈앞에 이미지화되기 시작한 건 아무래도 소녀상부터니까요. 저는 이 이야기 들으면서 기억나는 게 뭐냐 하면, 〈눈길〉이라는 영화에서도 소녀와 할머니로만 '위안부' 피해자가 재현되고 중간 나이대가 날아가 버리거든요. 그런데 이 〈눈길〉 시나리오를 쓴 작가님이 그런 얘기를 하시더라고요. 자기는 40, 50대가 된 피해자들에 대한 이야기를 쓰고 싶었는데 40, 50대 여성의 신체를 보여 주는 순간 어떻게 해도 성애화를 피할 수가 없었고, 그게 작가로서 좀 곤란한 문제였다고요. 그래서 소녀와 할머니로 이야기를 그리게 됐다고 하는데, 그 이야기를 2010년대 중반에 들었으니까요. 저한테는 너무 자연스러운 선택처럼 느껴진 거죠.

윤옥　어떻게 생각하면 그건 일본군 '위안부' 운동의 성과잖아요. 피해자의 고통과 아픔, 그리고 역사적인 배경을 생각한다면 정말 성애화란 있을 수 없는 일이니까요. 그렇다면 소녀의 형상으로 그리게 된 것은 하나의 성과이기도 한 건데. 다른 한편으로는 그러면 생존해서 40, 50대가 된 여성의 삶에 대해서는 이야기하기 어려워지는 문제가 있네요. 그럼 이제 두 번째 키워드 '소녀상'에 관해 이야기해 볼까요.

── 소녀상과 재현의 정치

희정　〈눈길〉과 〈귀향〉을 보신 분들은 아시겠지만, 이 두 영화가 소녀상의 도상이랑 똑같거든요. 소녀상도 보면 소녀가 의자에 앉아 있고, 할머니의 그림자가 드리워 있죠. 의자 옆자리는 비어 있고요. 두 영화도 소녀일 때와 할머니일 때, 딱 인생의 두 시기만 그려요. 영화의 서사 구조도 흡사한데요. 두 소녀가 어릴 때 '위안부'로 강제로 끌려갔다가 한 명은 죽고 한 명은 살아 돌아와요. 그렇게 살아남은 소녀가 할머니가 되어서 죽은 친구의 유령과 만난다는 이야기예요.

윤옥　너무 익숙합니다.

허윤　페미니스트들이 소녀상 비판을 많이 했죠. 우선, 처음에 딱 봤을 때 좌상이잖아요. 왜 소녀가 앉아 있나. 사실 여성 동상은 언제나 앉아 있는 모습으로만 만들어지던 역사가 있거든요. 이게 사회가 상상하는 '수동적인 여성'이라는 스테레오타입을 보여 준다는 비판이 있었고요. 사실 좀 더 저항적인 모습을 보여 줄 수도 있었다고 생각해요. 미국 샌프란시스코나 대만의 타이난에 세워진 소녀상은 일어서서 저항하는 모습을 보여 주거든요. 그리고 소녀를 표상으로 선택했을 때 '민족의 순결한 딸'이라는 이미지를 떠올리지 않을 수 없죠. 소녀상을 만든 분들이 이전에는 미선이·효순이 기념물을 만들었던 분들이고요.

미선이·효순이 사건

2002년 6월 13일 경기도 양주군 광적면 효촌리에서 주한미군 미 보병 2사단 대대 전투력 훈련 도중 미군 장갑차에 의해 갓길을 걷고 있던 두 명의 여중생이 압사당하는 사건이 일어났다. 이 일로 당시 조양중학교 2학년에 재학 중이던 신효순과 심미선이 사망했다. 미군은 사고 직후 미군 의무요원만 호출했을 뿐 한국 경찰에 연락하지 않은 채 1시간가량이나 피해 현장을 방치했다. 사건 경위가 제대로 밝혀지지 않고 가해 미군이 무죄판결을 받으면서 2002년 진상 조사 촉구와 추모를 위한 촛불 시위가 이어졌다.

허윤   그 작가들이 민족국가의 위기 상황을 '소녀'라는 희생자를 불러서 재현하는 방식에 대해 고민이 필요하다는 문제 제기가 있었던 거죠. 왜 피해자로서 소녀 이미지를 고집하는지에 대한 질문이라고 할 수 있어요. 사실 소녀상은 소녀의 이미지 그 자체보다는 소녀상을 만들기 위해 함께 크라우드 펀딩에 참여했던 시민들 목소리가 더 큰 효과를 만들어 낸 거예요. 그런 참여가 힘을 갖게 된 거죠.

희정   시민들이 찾아가서 소녀상에 목도리를 둘러 주고 핫팩을 놔주고.

허윤   비 오면 우산도 씌워 주고 그러죠. 그렇게 인간화된 형태로 계속 존재하는데, 그럴 때 '위안부' 피해자를 아끼고 돌봐야 할 소녀로 인식하게 한다는 문제에 대해서도 고민이 필요합니다. 사실 '위안부' 피해 생존자들은 강력한 역사의 행위자로서 정치적인 목소리를 내왔는데, 소녀상이 그분들을 '돌보고 지켜 줘야 하는 소녀'로 고착시키는 효과가 분명히 있으니까요. 〈아이 캔 스피크〉 같은 영화가 특별하다고 하는 게, '위안부' 피해자 여성이 욕쟁이 할머니로 그려진 적이 이전에는 없었거든요. 저는 그 부분이 〈아이 캔 스피크〉의 미덕이라고 생각해요.

희정   소녀상을 옹호하는 사람들은 그런 이야기도 하죠. 앉아만 있지 않다, 서 있는 소녀도 있다, 주먹 쥔 소녀도 있다. 그럼에도 불구하고 한국 사회의 한계 속에서 '소녀'라는 이미지가 가지는 의미가 분명 있고, 이것을 과연 이 다양한 소녀상들이 초월했다고 말할 수 있는가, 해석이 소녀의 이미지를 초과한다고 하더라도 그 소녀상의 이미지에 우리가 안주해야 하는가, 이런 고민들이 있었던 거고요.

윤옥   하지만 소녀의 이미지이기 때문에 대중운동으로서 힘을 가질 수 있었다고도 생각해요. 이게 과거의 문제나 몇몇 피해자만의 문제가 아니라는 이야기를 할 수 있게 하는 힘이 있고요. 그러니까 한국만이 아니라 뉴욕에도 세우고 그렇게 확장되는 거잖아요. 저는 전쟁의 폭력성과 여성 인권의 문제를 드러내는 매우 유의미한 정치적 의미를 소녀상이 가지고 있다고 생각해요. 그런데 또 선생님 말씀을 듣다 보니 여성 행위자를 수동적으로 그리는 문제에 대해서는 고민하지 않을 수 없네요.

희정   그러니까 대중성을 고민하게 되는 거죠. 이게 왜 그렇게 꼭 소녀의 이미지여야…….

윤옥   대중성을 획득하나.

희정   그렇죠.

윤옥   그런 질문을 던지고 싶은 거군요.

희정   그런데 또 일본 극우가 그토록 소녀상을 싫어하는 걸 보면, 어떤 의미가 있는 건가 싶기도 해요.

윤옥　저는 사실 앉아 있다는 것에 대해서 어떻게 상상했냐면, 학교 가서 공부해야 될 나이를 보여 준다고 생각했어요. 책상 앞에 앉았어야 할 나이에 강제로 끌려간 거니까요. 그래서 앉아 있다고 생각했었어요.

희정　하지만 당시에는 학교에 못 다니는 여성이 태반이었어요. 조선의 상황 속에서도 학교 못 가는 사람이 훨씬 많이 끌려갔고.

윤옥　그렇죠.

희정　그러니까 소녀상의 도상이 그런 질문들을 하지 못하게 한다는 거예요. 그러다 보면 무슨 일이 생기냐 하면, 소녀상 이미지에 내포된 의미와 정치적 영향력에 반발하면서 박유하의 『제국의 위안부』 같은 문제적인 작업이 나오는 거죠.

허윤　방금 말씀하신 것처럼 소녀상이 너무 동시대적인 이미지, 그러니까 지금 우리가 생각하는 일본군 '위안부'의 모습인 거죠. 말 그대로 현재화된 기억인 것이지, 그 당시 기억을 재현한 건 아닌 셈이거든요. 그러면 도대체 이런 기념비는 어떻게 만들어야 하는가, 질문하지 않을 수 없어요. 예를 들어, 역사적 인물 중에 남성들을 생각해 보면, 이순신 장군, 세종대왕 등은 다 중년의 신체로 재현하거든요. 이런저런 과업을 다 이루고 난 뒤, 성공한 상태의 신체를 재현해서 기념하죠. 그런데 왜 일본군 '위안부' 피해 생존자는 그들이 싸우면서 역사를 바꾸고 있을 때에도 여전히 소녀의 신체로 재현되어야 할까요?

윤옥　이렇게 얘기하니까 훨씬 생생하게 문제의식이 확 오네요.

허윤　아까 임윤옥 선생님이 말씀하신 것처럼 해외에도 많이 생기고 있는데, 해외의 소녀상들은 맥락이 다 조금씩은 다르다는 점을 살펴봐야 합니다. 예를 들어 2018년이었나요? 대만 타이난시의 소녀상은 장제스의 국민당이 세웠어요. 국민당의 정치적 숙적은 민진당이라고, 중국과 대만을 분리하려는 정당인데요. 중국에서 온 국민당은 민진당과의 대결 과정에서 일본과 식민지 해방 전쟁을 치른 역사적 업적을 강조하려고 합니다. 자신들이 해방 직후 대만에서 저지른 악행은 감추면서요. 이를 위해 일본 제국주의를 공격할 수 있는 표상으로 소녀상을 가져온 거죠.

윤옥   정말 정치적이네요.

허윤   그래도 그 소녀상은 손을 들어 딱 막고 선 모습이에요. 너희들의 공격을 내가 막아서겠다는 의미죠. 임지현 선생의 『기억 전쟁』을 보면, 미국 캘리포니아 글린데일의 '평화의 소녀상' 역시 맥락이 있었더라고요. 글린데일 인구의 40퍼센트 정도가 아르메니아계 이주민인데요. 인종 학살을 경험했던 민족이고, 그러다 보니 소녀상을 세울 수 있었던 거죠. 독일의 작은 도시에 또 소녀상이 갑자기 생겼어요. 이거 무슨 맥락인지 들여다보면, 거기가 한인 광부들이 많이 이주한 도시였던 거죠.

희정   파독 광부들이 계셨던 거군요.

허윤   네, 그런 식으로 소녀상 하나에도 각국 현대사의 맥락이 있고, 그게 일종의 정치적 표상으로 다른 의미들을 가지고 있거든요. 그런 의미에서 그 모두를 다 똑같은 '소녀상'이라고 할 수 없는 거죠.

── 『제국의 위안부』와 〈귀향〉

윤옥   이제 세 번째 키워드로 들어가 보겠습니다. 세 번째 키워드는 『제국의 위안부』와 〈귀향〉입니다.

희정   2015년 12·28 불가역적 합의가 있기 전에, 이미 한국 사회에서 '위안부' 문제를 둘러싸고 뜨거운 논쟁이 붙었어요. 그 한가운데에 박유하의 『제국의 위안부』라는 책이 있었고요. 이 책의 핵심은 뭐냐면, '위안부'로 간 여성들이 자발적으로 간 것이고, 또 한편으로는 조선인 업자가 끌고 간 것이기도 하다, 당시에 매우 가난한 조선인의 딸들이 가족을 먹여 살리기 위해서 몸을 팔게 된 거다, 그래서 '위안부' 제도의 폭력성이란 건 있지만 실제로 일본군이 거기에 직접 개입했다는 증거는 없고, 그러므로 자꾸 이런 식으로 일본의 책임을 물으면 안 된다.

허윤   이영훈의 『반일종족주의』도 거의 비슷한 톤이에요. 그런데 박유하의 『제국의 위안부』의 경우에는 그 이야기를 하기 위해 페미니즘을 가져왔다는 점이 좀 다르죠. 정의기억연대에서 자발적으로 '위안부'가 되거나 아버지가 성 산업에 딸을 판 경우, 일본군과 즐겁게 지냈던 이야기 같은 것은 지우고 민족주의적인 방식으로 몰아가지 않았느냐, 이건 한국의 가부장제가 민족주의와 깊게 결합했기 때문이다, 이렇게 말하는 거죠.

희정   당시에 기생이었다가 끌려간 여성들도 있었고, 자발적으로 간 여성들도 있었는데, 한국 사회에서 그렇게 순수한 소녀들만 피해자로 이야기하면서 매춘 여성, 자발적으로 간 여성의 피해는 이야기할 수 없게 되었다, 이것은 한국 사회의 매춘 혐오 때문이다, 이런 흐름으로 이어졌어요. 핵심은 이 논의 안에서 일본 제국주의의 책임은 사라진다는 점이에요. 이렇게 이 책을 둘러싸고 갑론을박이 진행되고 있을 때, 〈귀향〉이란 영화가 개봉했어요. 그래서 박유하의 『제국의 위안부』와 12·28 불가역적 합의에 화난 사람들이 〈귀향〉에 열광하게 됐고요.

윤옥 뭔가 애국심으로라도 봐야 될 것 같은.

허윤 이 영화가 겨울에 개봉했는데요. 새 학기에 대학에서 강의하면서 학생들에게 "방학 때 뭐 했어요?" 그랬더니 〈귀향〉을 봤다는 거예요. 재밌었냐고 물어보니 한 남학생이 재미로 본 영화가 아니라고 그러더라고요. 이것은 의무감과 책임감을 가지고 본 거지, 재밌으려고 본 게 아니다, 대답하는 걸 보고 이 영화가 관객 수 300만을 돌파할 수 있었던 힘이 이거구나 싶었어요.

희정 『제국의 위안부』가 강조했던 또 한 가지가 자발성뿐만 아니라, 나아가 '위안부' 피해자들이 일본군과 '동지적 관계'를 맺고 있었다는 점이었거든요. 서로 보살펴 주고 사랑을 하고 연애를 하고 그래서 나와 연애를 하는 일본군이 전쟁이 나서 전투하러 나갔다가 돌아오면 살아 돌아오기를 기다리고, 이런 내용들을 '위안부' 피해 생존자들의 진술 안에서 굉장히 자의적으로 발췌해서 서사를 만들어 놓은 부분이 있었어요. 그런데 〈귀향〉은 '그 순수한 소녀들이 얼마나 끔찍한 일을 당했는가. 자발이란 건 전혀 말을 할 수도 없고, 일본 놈들은 다 괴물이고, 소녀들은 정말로 도구였다.' 이런 이미지를 너무 선명하게 보여 준 거예요. 그러니까 이게 또 『제국의 위안부』에 대한 아주 전면적인 반박이 될 수 있었던 거죠.

윤옥   대항물이 된 거네요. 그런데 〈귀향〉도 논쟁적이라면서요.

희정   그렇죠. 〈귀향〉은 대중적으로 어필할 수 있게 만들어진 영화이기도 해요. 선악이 분명하고요.

윤옥   좋아. 선과 악이 분명한 거 좋아. 😊

희정   장르적으로는 미스터리 형식을 차용했죠. 그래서 한 소녀는 죽고 한 소녀는 살아 돌아왔는데, 과연 살아 돌아온 소녀가 누구였을까를 관객들이 추리하도록 해요. 관객에게 '이건 생각도 못했지?' 하는 반전 요소도 갖추고 있고요. 영화적인 재미가 있는 거죠. 그런데 그 영화적 재미의 핵심에는 강간당하고 헐벗겨져 땅에 널브러져 있는 소녀들의 노골적인 이미지와 악마이자 짐승인 일본군들의 이미지가 함께 있고. 제가 『제국의 위안부』와 〈귀향〉을 같이 보면서 고민했던 건 일본인 개개인을 괴물화하지 않으면서 일본 제국주의를 문제 삼을 수는 없는가였어요.

윤옥   어떻게 할 수 있을까.

희정   그런 고민을 하면서 허윤 선생님과 많은 이야기를 나눴고요. 그때 우리가 같이 얘기했었던 작품이 〈눈길〉이었어요. 아까 말씀드린 것처럼 두 영화가 똑같은 구조를 하고 있으니까 서로 비교해 보기도 좋고요. 그런데 〈눈길〉이 관심을 가지고 있는 건 '위안소' 제도예요. 〈귀향〉은 어떤 폭력이 일어나기 전에 일본군의 얼굴을 클로즈업한다면 〈눈길〉은 '위안소' 창문 안에 있는 일본군들을 찍어요. 그래서 이 제국주의라고 하는 프레임 안에 어떻게 개인들이 갇혀 있는가를 보여 주죠.

윤옥 　아, 영화적으로는 또 그런 부분을 볼 수 있는 거군요.

희정 　〈귀향〉은 일본군 개인을 괴물로 그리면서 강간 장면을 자극적으로 묘사해요. 남성 중심의 민족주의 안에서 '위안부' 여성이 성폭력당할 때 가장 고통스러울 것이라고 상상하는 거죠. 하지만 그것만이 고통인 건 아니거든요. 그 안에서 하루하루 살아가는 것이 고통이기도 한데, 왜 저렇게 성폭력의 장면에 방점을 찍는 것일까, 보면서도 좀 괴로웠어요. 〈눈길〉은 그런 장면을 제시하기보다는 매일 반복되는 시간을 묘사하면서 그것이 어떻게 평범한 일상일 수 없는가를 보여 주죠. 확연히 다른 방식이에요.

윤옥 　흥미로운 비교 분석이네요.

희정 　〈눈길〉에서 또 한 가지 이야기해 볼 건, 한 명은 '위안소'에 강제로 끌려오고, 한 명은 일본으로 가서 공부하고 성공할 수 있을 거라는 말에 속아 오게 돼요. 말하자면 한 사람은 자발적으로 온 거죠.

윤옥 　취업 사기를 당한 거네요, 쉽게 말하자면.

희정 　그렇죠. '위안부' 문제 연구자들이 뭐라고 하냐면, '위안소'의 자발성 문제를 이야기하려면 내가 따라갈 때 어떤 상태였는가가 아니라 '위안소' 안에서 자발적으로 일할 수 있었는지, 그만두고 싶을 때 그만둘 수 있었는지가 판단 기준이 되어야 한다는 거예요.

윤옥 　그럴 수 없었겠죠.

희정 　그렇죠. 또 '위안소'에 자발적으로 갔든 끌려갔든, 그곳에 있었던 사람들이 24시간, 365일 고통스럽기만 하고 울부짖

기만 했겠어요? 당연히 살기 위해 했던 일들이 있고, 기쁨을 느꼈던 순간도 있겠죠. 근데 박유하 교수는 그런 순간들만 편집해서 이런 일도 있었다고 강조하는 거예요. 『제국의 위안부』 이야기를 마무리하기 전에 꼭 하고 싶은 말은, 페미니스트의 관점에서 조선의 가부장제와 일본의 가부장제를 비판하는 건 되게 중요한 문제이지만, 그 가부장제를 비판하기 위해서 일본 제국주의에 문제가 없었다라고 얘기하는 건,

윤옥 말이 안 돼요.

희정 반페미니즘적인 태도거든요. 그러니까 페미니스트로서 '위안부' 문제를 해석하거나 혹은 비판하려면 어떻게 조선과 일본의 가부장제와 일본의 제국주의와 식민지적 자본주의가 함께 만나 작동했는가, 그래서 그 제국주의에 어떻게 조선의 가부장제가 복무했는가를 비판해야지, 그냥 "제국주의는 별거 아니고 가부장제가 문제야"라고 얘기해 버리면 실제로 그 제국주의를 작동시키는 군사주의는 또 말할 수 없게 되고, 많은 걸 놓친다고 생각합니다.

허윤 역사수정주의자들이 일본군 '위안부'를 부정하면서 하는 대표적인 이야기가 두 가지 있는데요. 하나는 조선이 원래 가부장제 국가였다는 거예요. 아버지가 딸을, 남편이 아내를 팔아 먹고사는 경우가 많았다는 거죠. 그러니 일본군 '위안부'도 마찬가지로 여성들을 성 산업에 유입시킨 경우라고 주장합니다. 또 하나는 군 '위안부'라는 형태가 식민 지배가 끝난 후에도 계속되었다는 것입니다. 한국군 '위안부', 미군 '위안부' 등 국가의 묵인과 관리 아래 군대를 대상으로 하는 '위안업'이 있었던 것을 증거로 들고 있습니다. 분명 이런

상황에는 한국의 성차별주의와 가부장제가 큰 역할을 한 것이 분명합니다. 그런데 그것이 군사주의와 제국주의와 만나서 식민지 국민을 동원하는 형태였다는 점은 일본군 '위안부' 제도 고유의 문제라고 말할 수 있습니다. 한국군 '위안부' 문제 연구자인 김귀옥 선생은 일본군 '위안부' 제도가 없었다면, 한국군 '위안부'도 존재하지 않았을 것이라고 주장하기도 합니다. 그러니 제국주의, 가부장제, 식민주의, 군사주의 등이 복합적으로 작동하는 지점을 분석해야 합니다.

윤옥 그 중층적인 작동을 잘 이렇게 간파해 내는 거, 이게 중요할 것 같네요.

― 이후의 영화들

윤옥 그 후 굉장히 많은 영화가 나왔어요. 기억나는 작품을 얘기해 보면, 〈아이 캔 스피크〉 〈허스토리〉 〈주전장〉. 또 김복동 인권 운동가를 다룬 다큐멘터리 〈김복동〉까지. 많은 작품이 나왔는데 이 작품들에 대해서도 얘기 나누고 싶네요.

허윤 2017년에 〈아이 캔 스피크〉와 2018년에 〈허스토리〉가 나왔죠. 〈아이 캔 스피크〉가 그해 300만 이상의 관객이 본 작품 중에서 유일하게 벡델테스트[미국의 여성 만화가 엘리슨 벡델이 고안한 영화 성평등 테스트]를 통과한 작품이었어요.

윤옥 이거 하나만요?

허윤 그러게요. 이 영화는 여러 가지 미덕이 있죠. 일단, 일본군 '위안부' 피해 생존자를 이웃으로 그렸는데, 괴팍한 이웃으

　　　　로 그렸다는 점. 모두가 싫어하는 이웃으로 그렸다는 점이 굉장히 좋았고, 그래서 그분이 계속해서 뭔가 말하고 싶어서 관청을 계속 찾아가잖아요.

희정　관청이 아니라 구청.

허윤　어머, 관청이래. ☺ 구청을 찾아가서 계속 민원을 넣잖아요. 시민의식이 굉장히 투철한 분이죠. 그리고 동생이 미국으로 간 설정을 보면, 그가 40, 50대에 어떻게 살았는지 유추할 수 있죠. 동생이 "누나 때문에 이민 갔다"라고 말하거든요. 일본군 '위안부' 피해 생존자가 어떻게 고립되어 살면서 '도깨비 할머니'가 되었는지 보여 주는 거죠.

윤옥　저도 정말 재밌게 봤어요. 그냥 일단 그 할머니께서 너무나 씩씩하시고 남이 나를 어떻게 볼까 이런 거에 전전긍긍하지 않고 그냥 이렇게 지르고, 당당하고. 이런 것들이 정말 좋았던 것 같아요. 그런데 거기서 구청 직원이 나오잖아요.

희정　이제훈 씨가 연기한 공무원 박민재.

윤옥　맞아요. 그래서 젊은 세대와의 연대를 보여 주고 싶었나 했어요. 영화관에서 보면서 너무 가슴이 벅차더라고요. 이전엔 법정에 서서 자신의 피해 사실을 증언하는 재현을 잘 보지 못했으니까요. 한 발자국 앞으로 나간 것도 같고요. 평화운동의 성과를 보는 것 같기도 했어요.

허윤　법정 장면을 담은 다큐멘터리는 있었는데요. 대중 영화에선 최초로 법정에서 싸우는 모습을 담았어요.

윤옥　피해자 서사가 아니라 맞서 싸우는 모습이 부각된 영화가 〈아이 캔 스피크〉에서 시작되고, 〈허스토리〉로 이어지는 거죠? 그런데 〈허스토리〉도 역사 왜곡 문제가 있었다고요?

허윤	〈허스토리〉는 관객이 얼마 없었어요. 33만 정도밖에 안 봤거든요. 이게 여름방학 시즌에 마블 영화랑 같이 나와서 더 힘들었던 것 같아요. 이때 그, 앤트맨과 뭐였죠?
희정	와스프.
허윤	〈앤트맨과 와스프〉가 개봉해서 스크린을 거의 독점했어요. 극장에서 오래 버티지 못했죠. 그래서 사실상 개봉 영화로는 스코어가 아주 낮은데, 반면에 열성 독자, 열성 관객이라고 하는 팬덤이 형성되고…….
희정	'허스토리안'의 등장.
허윤	영혼도 보내고요. ☺ 관객 수가 나와야 극장에서 안 내려가니까, 몸은 못 가도 영혼이라도 보낸다면서 표를 사는 팬들이 있었어요. 이 영화는 팬들이 상영관 자체를 빌려서 단체 관람을 하기도 했고요. 그렇게 33만까지 간 거죠. 주연 배우 김희애 씨가 부일영화제에서 상을 받기도 하면서, 이래저래 기념할 만한 일들도 종종 있었고요. 물론 이 작품이 바탕으로 한 실화가 '위안부' 피해 배상 소송으로서는 일부 승소 판결을 받았던 재판이기 때문에 일본군 '위안부' 운동사의 관점에서도 의미 있는 작품이었어요. 그래서 트위터에서 〈허스토리〉는 여성들의 이야기다, 보러 가자, 하는 흐름이 만들어졌죠.
윤옥	그런데 뭐가 왜곡이 된 거예요?
허윤	〈허스토리〉 개봉이 끝나고 관부재판을 지원했던 일본 시민들 모임에서 한국 언론사로 편지를 보냈어요. 거기에 영화에서 어떤 사실을 왜곡했는지 밝히고 있는데요. 일단 김희애 씨가 연기한 '김문숙'이라는 캐릭터.

허윤   그 김문숙이 1인 영웅처럼 등장하고, 일본 시민 단체 사람들은 대사가 그저 "안녕하세요" 밖에 없을 정도로 별 존재감이 없게 그려지는데요. 실제로 이 관부재판은 일본 시민 단체에서 엄청 지원했던 사건이거든요.

희정   일본 시민 단체가 많이 지원한 사건이었는데 그 존재가 싹 지워졌다는 거네요.

허윤   네, 영화에서 한 숙박업소가 일본 손님들과 조선인들이 같은 이불을 쓸 수 없다면서 주인공들을 여관에서 쫓아내는 장면이 있는데, 그런 일은 사실 없었던 일이죠. 실제로는 일본 쪽에서 숙소를 문제없이 준비했다고 해요. 어떤 의미에서 평화로운 분위기 속에서 재판이 안정적으로 잘 진행됐는데 그 부분에 대해 완전히 왜곡했고, 그러면서 이 재판이 벌어졌던 1990년대 초반의 일본 시민사회의 분위기를 왜곡했다는 거죠.

희정   재판정에서 막 일본인들이 야유하고 그런 장면도 있잖아요. 그걸 보면 전혀 평화로운 분위기 속에서 진행된 것 같지 않은데요.

허윤   실제로는 재판정의 분위기도 그렇게 호전적이지 않았다고 해요. 판사도 굉장히 적극적으로 이야기를 듣고 지원하려고 하는 사람이었고요. 말하자면 판사가 양심적인 지식인에 가까웠다고 하더라고요. 그런데 영화에서는 그걸 반한 감정이 넘실대는 걸로 그렸던 거죠.

희정   하긴, 우리 처음에 이야기 나눴던 것처럼 관부재판이 진행되었던 1990년대는 고노 담화 시절인 거잖아요.

윤옥   그렇게 왜곡하는 건 확실히 문제가 있네요.

허윤 그리고 극중에서 문희 씨가 맡은 역할, 그 실존 인물이 '위안부' 피해자가 아니라 근로정신대로 끌려갔다 온 분이었어요.

희정 근로정신대와 '위안부'는 다르죠.

허윤 네, 영화에서도 계속 근로정신대였다, '위안부' 아니었다, 계속 말하죠. 그러다가 재판정에서 커밍아웃하듯이 내가 '위안부'가 되었다는 고백을 하는 장면이 나와요. 그게 말하자면 영화의 하이라이트 장면인 셈인데요. 그 내용이 허구인 거죠. 물론 영화는 어차피 허구이지만, 문제는 그 실존 인물이 평생 근로정신대로 갔다 왔을 뿐인데 사람들이 '위안부'라고 수군거리는 것 때문에 상처받으셨던 분이라는 거예요. 근데 그분의 삶을 영화 속에서 왜곡해 버린 거죠. 그분은 이미 돌아가셨는데, 그분을 평생 괴롭힌 유언비어를 영화화해 버린 거죠.

희정 그러면 안 되죠.

윤옥 그러게요. 관부재판이 일부 승소를 하는 데 1990년대 일본 사회의 분위기가 한몫했을 텐데요.

허윤 네, 일본 사회의 진보적인 분위기 속에서 가능했죠. 〈허스토리〉는 일본에 살고 있던 조선인 '위안부' 송신도 님의 재판을 다룬 다큐멘터리 〈나의 마음은 지지 않았다〉에 실제로 나오는 장면들을 차용하면서 관객들에게 실화라는 감각을 주는데요. 실제로는 역사의 상당 부분을 자의적으로 편취하게 된 거죠.

윤옥 어쨌든 서사를 다시 만들어 내는 거고, 재현이 꼭 사실을 보여 주는 건 아니지만, 실화임을 강조하면서 그렇게 일부만 쓰고 싶은 대로 배치했다니, 이건 좀 비판받을 만하네요.

허윤   관부재판을 지원한 시민들의 편지는 좀 늦게 발표되었는데요. 영화 흥행에 영향을 미치고 싶지 않았다고 해요.

희정   〈허스토리〉얘기를 들으면서 저는 〈주전장〉이 떠올랐어요. 미키 데자키가 만든 다큐멘터리인데, 이 사람도 좀 재밌어요. 일본계 미국인인데, 티베트에서 승려로 살다가 내려와서는 일본에서 영어 선생님을 했어요. 그래서 유튜브에 영어 강의 동영상을 계속 올렸는데, 그 강의 중에 일본의 인종차별에 대해 언급했고 극우들한테 엄청난 댓글 테러를 당한 거예요. 그래서 '이게 무슨 일이지?' 하면서 일본 극우들을 조사하기 시작해요. 그렇게 들여다보니까 이 극우들이 난징대학살도 없었다, '위안부'는 자발적인 매춘부다, 이러고 있는 거예요. 그래서 그런 말을 하는 사람들을 하나하나 찾아가 인터뷰하고, 팩트로 그 사람들의 말을 격파하는 다큐예요. 기본적으로는 일본 극우 세력을 논파하는 것이 목표지만, 미키 데자키가 함께 이야기하는 게 뭐냐면...... '위안부' 피해자들이 너무 고통스럽다, 이것을 역사적으로 해결해야 된다는 말을 하려고 상황을 과장해선 안 된다는 거죠. 예컨대 20만 명의 피해자가 있었다는 주장은 너무 피해자의 숫자를 과도하게 높게 추산했다는 거예요. 그런 과장 없이 이 문제의 부정의를 말할 수 있어야 한다, 몇 명이 끌려갔는가는 중요한 문제이긴 하지만 소수가 끌려갔어도 문제시할 수 있어야 한다, 그러니까 이걸 자극적으로 부풀려서 운동하는 당신들도 반성해야 하지 않나, 이런 얘기를 하는 거죠. 맞는 말인데, 사실 좀 얄밉더라고요. 자기는 일본계 미국인이고 미국인 정체성이 있기 때문에 제3자의 입장에서 일본

너네도 정신 좀 차리고 한국 너네도 좀 합리적으로 싸워라, 하는 것처럼 보이거든요. 하지만 지금은 그런 생각도 드네요. 꼭 그렇게 어떤 부분에서는 선정적으로, 어떤 부분에서는 감정의 약한 고리를 건드리는 방식이 아니더라도 우리가 이 문제를 얘기할 수 있어야 되는 거 아닌가.

허윤　그렇죠. 최근 작품으로는 2017년에 공연된 배삼식 작가의 희곡 「1945」가 좀 흥미로워요. '1945년도에 그 여자들은 어떻게 돌아왔을까?' 하는 상상으로 채운 내용이에요. 중국 '위안소'에 있던 일본인 미즈코와 조선인 명숙이 해방 이후 조선으로 내려오죠. 미즈코는 임신 중이고요. 그런데 지금은 또 일본이 전쟁에 져서 쫓겨나는 상황이라 그가 일본인이라는 사실이 밝혀지면 너무 위험한 거예요. 그래서 명숙이 미즈코를 '말 못하는 내 동생'이라고 속여서 조선인 구제소에 들어가는, 그런 내용을 담았어요. 희곡의 첫 장면은 두 여자가 일본어로 대화하면서 어린아이를 파는 장면이에요. 중국에서 아이를 인신매매하는 거죠. 일본인 아이는 더 똑똑하다, 그래서 더 비싼 값에 사 준다, 이러면서 노잣돈을 마련하며 시작해요.

희정　아아…….

허윤　우리가 생각했던 선량한 피해자라기보다는 생존을 위해서는 뭐든지 할 수 있는 그악스러운 여자 둘이 등장하는 거죠. 결국 미즈코가 일본인이라는 게 밝혀지고, 여자들은 조선인 구제소를 떠나 자력으로 길에 나서요. 일본군 '위안부'라고 '커밍아웃'을 하니 사람들의 태도가 달라지는 지점이 그대로 드러나기도 하죠. 작품 마지막엔 명숙이 붉은 립스틱을 바르고 스카프를 휘날린 채 미군의 지프차에 타고 있는 장면이 나와요. 1945년에 그 여자들은 어떻게 위안소를 탈출했을까를 질문하는 과정에서 누구와 만났고 누구와 연대했을까, 이런 질문을 따라가는 거죠. 이렇게 다양한 상상력, 혹은 다시 질문을 만들 수 있는 작품들이 점점 늘어나고 있는 것 같긴 해요.

희정 그런 얘기를 할 수 있는 상황이 됐다는 건 운동의 성과이기도 하고 함께 변화해 온 대중의 힘이기도 한 거네요. 아주 흥미롭네요. 연극 보고 싶어요.

윤옥 소녀상의 한계를 짚으면서 이야기한 것처럼 민족주의적 자기 검열에 갇혀서 '순수한 피해자'를 보여 주는 방식이 아니라, 피해자들의 이야기를 파격적으로 다룬 것 같아요. 마지막에 지프차라니. 한국 사회가 지우려고 했던 역사를 솔직하게 드러내는 것이기도 하고요.

허윤 실제로 오키나와의 생존자였던 배봉기 님은 일본군 '위안부'였다가 포로수용소에 수용되는데요. 오키나와가 미국으로 넘어간 뒤 미군정의 포로가 된 거죠. 그렇게 미군 '위안부'가 되고요. 그건 역사의 흐름 안에서 '위안부' 피해자 여성들에게 주어진 몇 안 되는 선택지였고, 이런 문제들이 충분히 이야기되지 못하는 문화와 분위기에 대해 페미니스트들이 계속 이야기를 해왔죠.

희정 근데 역사수정주의자들이 갑자기 튀어나와서 한 번도 이야기 안 한 것처럼 말하는 상황이 펼쳐지고요.

허윤 물론 여성운동이 이런 이야기를 충분히 대중화하지 못한 부분들에 대해서도 돌아볼 필요가 있을 것 같아요.

--- **마무리**

윤옥　청취자들께서도 방송 들으면서 많이 공감하셨을 것 같아요. 우리가 지금 세 번째 키워드까지 이야기했는데요. 여기서 우리가 놓쳤거나 더 해야 할 얘기가 있을까요?

희정　저는 사실 마지막으로, 그러면 '위안부' 재현에서 무엇을 고민해야 되는지 묻고 싶었는데, 「1945」 이야기 안에서 제 답은 좀 찾은 것 같아요.

허윤　저도 「1945」를 읽고 나서 이만큼 왔구나 하는 생각이 들었어요. 「1945」에 '위안부'로 갔다가 일종의 중간 업주가 된 여성 이야기도 나오거든요. 〈허스토리〉에도 그런 인물이 등장하죠. 그런 인물 유형에 대한 이야기도 이제 조금씩 되고 있는 것 같아요.

윤옥　〈을당〉에서 김일란 감독님 모셨을 때 나눴던 마마상 이야기가 떠오르네요.

허윤　〈공주들〉이라는 연극이 있었어요. 일본군 '위안부'였다가 한국전쟁 때 또 한국군 '위안부'로 끌려갔다가 미군 '위안부' 생활도 하게 되고, 결국 마마상이 되는 여성의 이야기인데요. 성 산업의 굴레에 갇혀 살 수밖에 없는 여성의 평생을 따라가는 이야기예요. 거기서도 그 질문을 해요. "이건 누구의 잘못인가?" 그런데 이런 작품들은 연극 공연의 일회성 때문에 영화나 소설보다는 한정된 관객과 만날 수밖에 없다는 한계가 있습니다. 그래서 이런 이야기들을 어떻게 대중화할 것인가라는 과제가 남아 있죠.

윤옥　오늘 이야기를 나누면서 '위안부' 서사를 어떻게 대중적으로, 페미니즘의 관점에서 풍부하게 다룰 수 있을까 고민하게 된 것 같아요.

허윤 일본군 '위안부' 재현 문제로 연구를 하고 논문을 쓰는 사람들의 첫마디는 "제가 전문가는 아니지만"이에요. 모두들 "제가 이런 말을 해도 되는지 잘 모르겠는데요" 하면서 입을 떼죠. 그건 그만큼 이 주제가 정치적인 동시에 예민하기 때문이기도 하고, 그만큼 다른 목소리를 내는 것이 쉽지 않기 때문이기도 하거든요. 하지만 우리 사회에 필요한 건 오히려 다양한 목소리들을 쫙 펼쳐 놓고 이야기를 나눌 공간이 아닌가 싶어요. 그런 의미에서 오늘 〈을당〉이 그런 자리가 되어 주신 것 같아 참 고마웠습니다. 앞으로 〈을당〉 더 잘되시길 바랍니다!

희정 오늘도 허윤 선생님이 〈을당〉을 에버그린 콘텐츠로 만들어 주셨네요. ☺

윤옥 에버그린 파이팅!

희정 또 뵙겠습니다. 안녕!

+ **허윤이 덧붙이는 말**

1924년 태어난 김학순은 열다섯의 나이에 의부에 의해 기생집 수양딸로 팔려갔다. 춤과 노래를 익혔으나 나이 제한으로 인해 조선에서 일할 수 없던 17세의 김학순은 의부와 함께 제한 연령이 더 낮은 중국으로 갔다, 일본군 '위안부'로 끌려갔다. 가난과 성 산업, 군대를 중심으로 형성된 공창제가 그를 일본군 '위안부'로 만든 것이다. 일본군에게 끌려간 여성과 가난 때문에 팔려갔던 여성들, 혹은 '위안부'로 자원한 여성들 사이의 차이를 강조하는 것은 역사수정주의자들만이 아니다. 일본군 '위안부' 피해를 입증하라고 요구하는 역사 부정의 목소리는 강제동원을 아주 좁은 의미로 해석한다. 머리채를 잡혀 논밭에서 끌려간 것만 강제동원이 아닌데도 말이다. 일본군 '위안부'를 이해하는 한국 시민들의 목소리 역시 다양해져야 한다. '자발적으로 갔을 리 없다' '돈을 벌기 위한 것이 아니다'와 같은 방식의 담론으로는 일본군 '위안부' 문제의 여러 면을 살필 수 없다.

김학순 님의 증언 이후 30년이 지났다. 지금부터라도 강제동원과 자발적 성매매를 둘러싸고 촘촘하게 얽혀 있는 국가의 여성동원과 가부장제적 자본주의의 문제를 논의해야 한다.

'여기'를 확장하는 정치를 꿈꾸며

게스트   김현미

연세대학교 문화인류학과 교수. 젠더의 정치경제학, 이주, 환경문제를 페미니즘의 관점에서 연구해 왔다. 이주여성인권포럼과 에코페미니즘연구센터 달과나무에서 활동한다. 저서로는 『글로벌 시대의 문화번역』(2005), 『우리는 모두 집을 떠난다』(2014), 『페미니스트 라이프스타일』(2021) 등이 있다.

— **오늘의 주제**

윤옥   오늘은 연세대학교 문화인류학과 김현미 교수님을 모시고 난민 문제에 대한 이야기를 해보려고 합니다.

희정   2018년 '난민 반대 청원'을 기억하실 거예요. 제주도에 예멘 난민이 들어오면서, 난민 문제에 대해 충분히 생각해 볼 기회가 없었던 한국인들이 집단적으로 동요하면서 벌어진 사건이었죠.

윤옥   우리에게 좀 생소하긴 했어요. 한국 사회는 난민에 대해 그렇게 진지하게 생각해 보지 않았는데, 갑자기 제주도 예멘 난민 문제가 공론장에 올라온 거잖아요. 사실 한국 사회는 여전히 외국인 노동자나 난민에 대해 낯설어하고 근거 없이 두려워하는 부분이 있는 것 같아요.

희정   저도 한국 영화를 보다 보면, 외국인 노동자에 대한 두려움과 난민에 대한 두려움이 연결되어 있다는 생각이 들더라고요. 〈황해〉나 〈신세계〉 〈범죄도시〉 〈청년경찰〉, 이런 작품들을 보면 특히 조선족에 대한 차별적인 시선이 강한데요. 조선족에 대한 혐오는 2000년대 중반 이후 점점 더 강해지고 있거든요.

희정   그래서 오늘 김현미 선생님을 모셨습니다. 우리가 잘 모르기 때문에 또 편견이나 공포심을 가지게 되는 거니까요. 이주민이나 난민 문제를 둘러싼 문제의 본질은 무엇인지, 또 어떤 질문을 가져야 할지, 김현미 선생님께서 잘 알려주실 수 있을 것 같아요. 선생님, 어서 오세요.

현미   안녕하세요. 반갑습니다.

윤옥　김현미 선생님은 『우리는 모두 집을 떠난다』를 통해 이주자에 대한 이야기를 나눠 주셨고, 난민 문제에 대해서도 목소리를 내고 계신데요. 왜 이런 작업에 관심을 가지게 되셨을까요?

현미　『우리는 모두 집을 떠난다』는 주로 한국 사회에 들어온 다양한 이주자들, 그러니까 결혼 이주자, 노동 이주자, 난민, 이주민 2세들의 삶에 대한 인류학적 보고서였어요. 제가 이 문제에 관심을 갖게 된 건 글로벌 자본주의 확산에 대한 문제의식 때문이었어요. 1980년대 중후반부터 약탈적인 신자유주의의 확산이 지역 여성 노동에 어떤 영향을 주었는지 연구해 왔고, 그게 박사 학위논문의 주제이기도 했거든요. 그렇게 세계화와 노동문제를 살피다 보니, 자연히 1980년대 후반부터 한국으로 들어오기 시작한 외국인 노동자 문제에 관심을 가지게 되었어요. 당시에 재중 동포인 조선족이 분당이나 일산 등 대규모 신도시 건설 현장의 노동자로 많이 들어왔었고, 이어서 다양한 국적의 노동자들이 이주하기 시작했죠. 본격적으로 이주 여성을 만난 것은 2000년대에 들어오면서예요. 필리핀, 러시아 등에서 온 가수, 댄서 같은 엔터테이너와 성판매 여성 등 다양한 이주 여성들을 만나게 되었고요. 그 당시 한국에서 외국인 이주자들은 예외적이고 낯선 존재였어요.

윤옥　저는 전라남도 광주에서 고등학교를 졸업하고, 서울로 유학을 왔어요. 그야말로 이주를 한 거죠. 책을 보면서 '나도 이주자였네'라는 생각을 했습니다. 저한테 정말 공감된 문장에 밑줄을 그었는데요. "이주자는 어려운 이주를 결정하고 실행한 만큼 모험심이 강한 사람들이다. 우리는 모두 생애의 한순간 임시적이거나 정기적으로 이주자가 되어 본 경험이 있을 것이다. …… 타 지역으로 이주할 때 어떤 감정을 가졌는지, 어떤 각오와 결심을 했는지를 되돌아보면 우리 안에 들어온 이주자가 낯선 타자가 아님을 알게 된다."• 이 부분을 읽으면서 저의 이주 경험이 떠올랐고, 그 이주 노동자들의 설렘, 기대에 대해 한국 사회가 어떻게 응답하고 있는 걸까, 하는 질문이 들었어요.

희정 생각해 보면 한국 선주민은 그런 이주자의 모험심이나 도전은 생각하지 않고 그냥 대놓고 무시하는 경향이 있잖아요.

현미 큰 문제죠. 대체로 이주 노동자들은 돌봄 노동, 영세 제조업 분야, 농축산·어업, 서비스업 분야에서 일을 하죠. 임금이 적고, 어렵고, 위험하고, 노동환경이 안 좋은 3D 업종에서 많이 일하고 있는 건데요. 그러다 보니 한국인들이 이주 노동자를 무시하고 깔보게 됩니다. 물론 직업의 위계를 나누는 이런 인식과 태도 자체가 문제인데요. 모든 외국인 이주자들은 출신국의 경제 수준이 낮고, 본인의 학력이나 기술 수준이 낮아서 그런 일을 하는 것처럼 받아들이게 되죠. 하지만 그런 인식을 갖기 전에 한국 정부의 이주 정책을 먼저 살펴볼 필요가 있어요. 국가가 정책적으로 조선족을 포함한 재외동포들이 방문 취업하거나, 이주자가 고용허가제로 한국에 와서 일할 때 종사할 수 있는 업종 자체를 가장 열악한 노동조건의 단순 노무직들로 제한해 놓았거든요. 만약, 예를 들

• 김현미, 『우리는 모두 집을 떠난다』, 돌베개, 2014, 234쪽.

어, 한국 정부에서 자격증 있는 조선족 여성이 한국에 와서 중국어를 가르칠 수 있게 통로를 열어 놓았다면, 우리는 그분을 학교 교사로 만날 수 있었겠죠.

윤옥   직종 제한이 외국인 노동자에 대한 편견을 만드는 데 일조한 거군요.

현미   네, 제가 만난 필리핀에서 온 유흥업 종사 여성 중에도 대졸 학력에 무역 회사를 다닌 경력이 있는 분도 있고, 러시아 여성은 학교 교사 경력이 있었어요. 경제적 상황이 안 좋아져서 이주할 수밖에 없는데, 한국에 올 수 있는 길은 가수, 댄서 등 유흥 산업이나 농업·어업뿐이니 그런 분야에 몰릴 수밖에 없지요. 한국의 국제 방송에 취직할 수 있는 통로가 있다면 우리는 전문직 앵커로 이 여성을 만날 수도 있겠죠. 완전히 다른 필리핀 여성의 모습을 볼 수 있게 되는 셈이랄까요. 이주자들이 한국인이 회피하는 3D 업종에 일한다는 사실만으로 이들 전체를 '열등한 존재'로 취급할 근거가 없다는 것입니다. 이주자들은 다양한 지역과 배경을 가지고 한국에 왔고, 외국인 이주자와 우리는 본질적으로 다른 점이 없어요. 오히려 다수 이주자의 노동조건을 3D 업종으로 제한하는 한국의 정책이 편견을 조장하고 있는 거죠. 한국 정부는 이주자의 다양한 학력이나 전문성, 열망을 전혀 고려하지 않은 채 내국인이 원하지 않는 일자리만 내주기 때문에, 이주자들은 그런 직종에 몰리고, 한국인들은 이주자들을 무시하고 차별해도 된다고 생각하게 되지요.

희정   한국 사회 자체를 돌아봐야 하는 거네요.

현미   이주자들은 자연 자원이 많고, 시간적으로 우리보다 여유로운 곳에서 온 분들이 많아요. 그런데 한국에 오니 노동강도는 엄청나고, 노동시간도 긴 데다 임금은 낮고, 음식은 부실하고, 사는 곳은 비닐하우스나 컨테이너이고, 상사나 동료들이 욕설을 퍼붓고 모욕하고. 깜짝 놀라는 거죠. 한류 드라마나 K-POP에서 보던 역동적이고 개방적인 한국인과 실제 한국인이 왜 이렇게 다르냐고 말하기도 해요. 어떤 필리핀 이주자는 같은 아시아인이고 '인종'이 같은데, 왜 자기에게 인종차별을 하는지 의아해했습니다. 일부 한국인이 피부색, 외모, 옷차림만 보고도 어떻게 대우할지를 즉각적으로 판단할 만큼 선입견이나 편견이 강하다는 것을 몰랐던 거죠.

윤옥 부끄럽다, 정말.

현미 사실 부끄러운 것보다 더 강조하고 싶은 것은 이거예요. '이주자'는 어딜 가나 선주민이나 국민과 똑같은 대우를 받지는 못한다는 점. 한국인들도 해외 이주를 하게 되면 가장 열악한 형태의 일터에 가게 됩니다. 자신의 학력이나 경력보다 하향 평준화되죠. 이주자들은 국민으로서 자격이나 권리를 얻지 못하기 때문에 보통 국민에게 제공된 노동조건이나 사회적 지원 체계보다 낮은 곳에 머무르는 게 일반적이에요. 그러니까 이주민들은 국민들과 다른 분절적 노동시장에서 일을 하거나, 복지 혜택에서 배제됩니다. 이주자의 수가 증가해도 이주자와 실질적으로 접촉하는 한국인이 많지 않은 것 역시 이주자가 너무 특정한 노동이나 특정 지역에 밀집되어 있기 때문이에요. 그러다 보니 이들의 목소리와 경험은 더 들리지 않게 되죠. 그래서 예멘 난민 반대나 이주자 반대 구호에서 '국민이 먼저다'라는 주장은 아무런 의미가 없습니다. 한국에서 난민이나 이주 노동자에게 전혀 특혜를 주고 있지 않거든요. 지금까지 한국 정부가 관철해 온 이주 정책은 국민과 외국인 이주자의 '격차'를 벌려 온 것이었고, 이주자의 침묵과 무권력 상태를 유지해 왔어요.

희정 그러니까 한국 사회에는 사실 언제나 '국민이 먼저였다'는 걸 인정한 다음, 그런 정책의 문제를 어떻게 해결할 것인지 들여다봐야겠네요.

현미 그렇습니다. 하지만 이런 이야기를 드리는 것이 '국민들은 안심하세요'의 의미는 아닙니다. 바꿔 나가야죠. 그러기 위해서는 일단 이주민이 한국 사회에서 '부당한' 차별을 받고 있다는 사실을 알아야 해요. 그리고 국민 대 외국인이라는 적대적 이분법이 갈등만 조장하고 아무런 도움이 되지 않는다는 걸 이해해야 합니다. 누구라도 누릴 수 있는 기본적인 권리와 사회 안전망을 확장하여 공존의 해법을 만들어 가야겠지요.

제주도 예멘 난민의 다양한 얼굴

희정 제주도 예멘 난민 문제 얘기를 해보면 좋겠는데요. 예멘 난민 반대 청원이 올라간 이후에 제주도에 다녀오셨다고 들었어요.

현미 2018년 7, 8월에 네 번 정도 다녀왔습니다. 여름을 제주도에서 보낸 거나 다름없죠.

희정 어떻게 다녀오시게 됐는지, 또 어떠셨는지 궁금합니다.

현미   난민 문제를 계속 연구해 왔지만, 사실 예멘 난민에 대해서는 자세히 알지 못했어요. 예멘 난민 반대 청원 문제 때문에 언론에서 인터뷰를 요청해 오기도 했는데, 잘 알지 못하니까 인터뷰에 응할 수가 없었어요. 그래서 직접 가서 만나 보자는 생각을 했습니다. 직접 가보니까 굉장히 다양한 직종에 종사하던 분들이 왔더라고요. 요리사, 이발사, 무역상, 고급 공무원, 경찰서장, 군 장교, 다큐멘터리 감독, 은행원……. 나이대도 20대부터 50대까지, 소수였지만 45명의 여성들이 있었습니다. 그리고 가족 단위로 오신 분들이 다섯 가족 있었고요.

희정   언론에서는 20, 30대 남성 중심으로 왔다고 했었는데, 꼭 그렇지는 않았던 거군요?

현미   70퍼센트 정도는 그렇습니다. 사실 젊고 건장한 남성들이 대규모로 몰려왔다는 점 때문에 '반감'이 더 셌지요. 한국 언론에서 한동안 난민들이 나이키 옷을 입었다, 아이폰을 쓴다면서 가짜 난민이라고 호도했죠. 난민에 대한 고정관념과 편견이 작용한 거죠. 그야말로 난민이라고 하면 다 찢어진 옷을 입고, 절망적인 모습으로 배에서 내리며 비참한 모습을 보였어야 했지요. 생각해 보세요. 한국에서 전쟁이 터지거나 환경 재앙이 닥치면 우리 모두 살기 위해 난민이 되지요. 다양한 계층과 다양한 직종의 사람들이 한국을 떠나 다른 나라에 보호를 신청할 거예요. 예컨대, 부유층은 좋은 옷을 입고 두둑한 돈을 갖고 가족이 모두 한국을 떠나겠지요. 자원이 없는 집은 가족 구성원 한 명이라도 내보내려 하겠지요. 예멘의 경우 무슬림 국가이니 여성의 이동은 제한

되어 있고, 무엇보다 징집당하면 죽을 가능성이 가장 높은 청년 남성을 내보냈겠지요. 이 남성이 해외에서 안전하게 자리를 잡게 되면 다른 가족을 데리고 가리라 생각했겠지요. 무슨 옷을 입었는지 돈이 많은지 적은지 등은 난민 사유와는 아무런 상관이 없는 거예요. 부자라고 난민이 안 되고, 빈곤하다고 난민이 되는 건 아니죠. 전쟁이나 재앙으로 집단 난민이 발생하기도 하고, 정치적 박해, 신분, 종교 등의 이유로 개인적으로 망명 신청을 하는 것인데 여기서 무슨 옷을 입었는지가 난민 사유의 진정성을 판단하는 근거가 될 수는 없는 것이지요.

윤옥   아이폰, 나이키, 이런 것들로 난민이 되고 아니고는 아니죠.

현미   게다가 이들은 이동이 많으니까 핸드폰을 소지하고 가족들과 연락을 취해야 하고요. 정보 확인도 중요하지요.

윤옥   한국에서 난민이란 존재는 어떻게 상상되는가를 질문해야 하는 것 같아요.

현미   그렇죠. 저는 사실 왜 예멘 난민들이 갑자기 제주도로 오게 되었는가가 궁금했어요. 이들 중에는 아랍의 봄 이후 민주화에 대한 열망을 품고 독재 정권에 반대하면서 2011년 예멘을 떠난 분들도 있고요. 좀 늦게 떠난 경우라도 예멘의 내전 상황이 심각해지고 국경 봉쇄가 이뤄지기 전, 즉 2016, 2017년에는 나라를 떠난 분들이거든요. 예멘 난민을 가장 많이 받아들이는 국가는 인접 국가예요. 난민 협약에 가입돼 있지 않더라도 목숨 걸고 나온 사람들을 돌려보낼 수 없지요. 2017년 통계를 보니 오만에 5만 1000명, 소말리아 4만 44명, 사우디아라비아 3만 9880명, 지부티 3만 7428명, 에티오

피아 1만 4602명, 수단 7398명, 말레이시아에 2830명의 예멘 난민이 거주하고 있는 것으로 파악됐지요. 물론 유럽으로 간 사람들도 아주 많고요. 사실 예멘인들은 2015년부터 한국에 들어와 난민으로 인정받아 살기 시작했고, 일부 가족들은 인천 지역에 정착했어요. 2018년에 제주에 온 이들은 주로 말레이시아 등에서 거주하다가, 2017년 말레이시아와 제주 간 직항 노선이 열리면서 조금씩 들어오다가, 2018년 평창 동계올림픽 이후 제주도에 오게 되었다고 하더라고요.

희정 왜 평창 동계올림픽 이후인가요?

현미 저도 그게 궁금해서 왜 그 시기에 오게 되었느냐고 물었더니, 의외의 답을 했어요. 사실 한국도 과거와 현재의 예멘처럼 분단국가이고 전쟁의 위험이 있어서 올 엄두를 못 냈는데, 2018년 동계올림픽을 보니 남북이 화해 분위기라 평화가 열린 것 같아서 왔다는 거예요.

희정 하긴 예멘 사람들이 나라를 떠난 것이 민족 분쟁 때문이니까, 한국은 여전히 분단국가이고 일촉즉발의 나라처럼 보일 수 있었겠어요.

현미 네, 그런 거죠. 아시아 지역에서 난민 협약에 가입한 나라는 여섯 나라가 있는데요. 국내법으로서 난민법을 가지고 있는 나라는 한국밖에 없어요. 말레이시아는 난민 협약국이 아니에요. 그러니까 말레이시아가 예멘 난민을 관대하게 수용했지만, 오래 살아도 아이들 학교도 못 보내고 직업에도 기회가 제한될 거라 생각했대요. 하지만 한국은 난민 협약에 가입되어 있고, 난민법도 있고, 제주도는 무비자 정책으로 들어가기 쉬우니, 법으로 자신들을 보호해 줄 거라고 생각한 거예요.

희정   외국에서 보기에 우리가 얼마나 위험한 나라에 살고 있는 위험한 민족인가 싶기도 하고요.

현미   2017년에 국제 학술대회를 준비하며 해외 학자를 게스트로 초청했는데, 여행이 안전한지를 걱정하면서 안 왔어요. 북한과 미국이 일촉즉발의 핵전쟁을 일으킬 것처럼 굴었으니까요. 한반도는 전 세계에 마지막 남은 동족 간 냉전 지역이고 지정학적으로 불안 수위가 높은 곳이지요. 그런 점에서 우리도 예멘 내전에 관심을 가지고 난민의 망명 상황으로부터 많이 배워야 했었는데, 오자마자 '가짜 난민'에 잠재적 성폭력자로 어마어마한 낙인부터 찍었지요.

윤옥   아까 난민은 계급과 상관이 없다고 하셨는데. 〈미스터 션샤인〉 같은 드라마를 보면 마지막에 의병 사진이 나오잖아요. 그들은 한반도를 떠나 만주로 간 사람들이니까, 그 사람들도 사실 정치적 난민인 거잖아요.

현미   그렇죠. 실질적으로 1951년에 난민 협약이 만들어지기 전까지는 그런 존재들을 난민이라고 부르지 않은 것뿐이죠. 망명객, 유민, 유랑자, 나그네, 실향민, 이런 사람들이 지금의 난민인 거예요.

윤옥   그런 사람들이 '난민'이라고 하니 낯선 것 같지만, 굉장히 유구한 역사네요.

현미   사실 한반도 역사가 난민을 유발할 수 있는 조건이 많았잖아요. 가난, 빈곤, 식민 지배, 전쟁, 독재, 군사주의 문화, 정말 여러 가지가 있었고요. 성소수자 혐오가 심하고요. 한국인 성소수자가 캐나다에서 난민 인정을 받았어요. 사실 한국에서 퀴어퍼레이드도 열리고, 커밍아웃하는 연예인도 있는데, 성소수자로 산다는 것이 보호를 요청할 만큼 그렇게 공포스럽냐며 그를 '가짜 난민'이라고 할 수도 있겠지만, 캐나다에선 난민 인정을 했습니다. 특정 개인이 가공할 만한 공포와 박해를 느껴서 다른 나라의 보호를 요청하고 그것에 충분히 설득력이 있다면 난민으로 인정합니다. 내전이나 소수민족 박해 등 집단적으로 피신해야 할 상황으로 보호를 요청하면 상황이 개선될 때까지 인도적 체류 허가를 하고, 난민으로 대우하는 것이 전 세계가 약속한 난민 협약이에요. 한국에 난민법이 있는데, 예멘 난민이 왔을 때 추방하라고 외치는 것은 법이나 제도를 무시하자는 말이 되지요. 난민에게 여느 이주자와 마찬가지로 익숙한 내 삶의 터전, 누리던 삶을 다 버리고 떠날 수밖에 없는 절박한 상황이 있는데 그 상황을 살펴봐야죠. 한편으로는 한국 여성들이 이런 난민의 상황과 감정을 더 잘 이해할 수 있는 거 아닌가 싶기도 하고요.

희정 그건 무슨 의미일까요?

현미 사실 한국의 20~40대 여성들의 '탈-한국' 러시가 있잖아요. 한때 '헬조선'이라며 해외로 나간 청년들도 많았고요. 여성들이 그만큼 한국에서의 삶에 희망이 없다고 느끼지요. 난민 협약에 포괄되는 난민은 아니지만, 난민 같은 정서를 느끼지요. 일상적으로 만연한 여성 비하와 혐오, 성폭력 등으로 아무리 내가 공포를 느낀다고 말해도 잘 믿어 주지 않잖아요. 성폭력 피해 사실을 말해도 꽃뱀이다, 가짜다, 이런 이야기를 듣고, 그럴 때 얼마나 분노하고 억울한가요? 그리고 피해자인 자신을 그렇게 몰아가는 데 공모하는 가해자와 그의 가족, 친구, 변호사, 경찰 등의 존재는 큰 공포를 주죠. 내 말을 믿지 않고, 내 존재 자체를 무화시키고, 삭제시키는, 아주 공격적인 공간에서 살아가기란 힘들지요. 다른 나라로 이주하여, 내 삶을 '갱신'하고, 거기서부터 미래를 만들기 위한 자존의 기반을 마련하고 싶어 해요. 절망감으로 자기 나라를 떠나지만 이주지에서 새로운 희망을 가질 수 있는 거지요.

희정   선생님, 너무 슬퍼 보이세요.

현미   사실 그래서 일부 페미니스트들이 난민 반대를 외쳤을 때, 페미니즘은 도대체 무엇인가, 페미니즘과 난민의 관계를 어떻게 말해야 하는 걸까, 이런 생각이 많이 들었죠.

난민에 대한 공포는 왜?

희정   저는 이야기를 나누면서 그런 생각이 드는데요. 의병이나 실향민이나, 난민이라는 말은 없었어도, 그런 존재 자체는 우리에게 익숙했던 거잖아요. 그렇다면 왜 갑자기 이렇게 한국 사회에서 난민에 대한 공포가 만들어지고 의미를 가지게 된 걸까요?

현미   한국의 정치적 정동, 감정의 시간성 문제에 주목해 봐야 한다고 생각해요. 우리나라는 실질적으로 1992년부터 난민 협약에 가입되어 있습니다. 첫 난민 인정자도 2000년에 나왔거든요. 20년 이상 난민 비호국이었는데, 어느 날 갑자기 난민들이 공포의 대상이 되었단 말이죠. 왜일까요? 사실 난민 신청자에 비해 난민 인정률이 5퍼센트 이하로 너무 낮아서 난민 보호국이라는 인식 자체가 없었어요. 한국에서 외국인 이주자는 한국 사회의 저임금 노동력 부족, 저출산, 결혼 시장의 성비 불균형, 돌봄 노동 문제를 해결하기 위한 도구적 목적으로만 바라봤지요. 이주자를 우리의 필요를 만족시켜 주는 대상으로만 봤지, 세계시민으로서, 동료로서 바라보지는 않았던 거죠. 그런데 난민은 인도주의적 관점으로 보호해야 하는 사람들이니, 우리에게 도움도 안 되고, 열등한 존재처럼 느끼는 거죠. 한국 시민들은 2016년 촛불광장을 통해서 정권을 새로 세웠죠. 그런데 이 과정에서 국민으로서의 공통점과 자부심이라는 국민 특권주의가 강화되었어요. 저는 촛불광장에 이주민 친구들, 외국인 노동자들과 함께 행진한 적이 있었는데요. 이들 역시 한국의 민주화 과정에 동참하고 그런 민주화를 지지하면서 또 배우고자 하는 마음으로 함께했어요. 하지만 광장에서 너무 '한국 국민'만을 강조하는 국가주의적 수사들이 강하게 등장하니까, 좀 당황스럽더라고요.

희정   사실 최근 한국의 '민족적 자부심'은 K-데모크라시에서 나온다고들 하죠. K-데모크라시는 정말 이상한 말이라고 생각해요. 민족국가를 강조하는 알파벳 K와 민주주의를 말하는 데모크라시는 참 어울리지 않는다 싶기도 하고요.

현미   그렇죠. 촛불은 한국인의 자부심일 수 있지만, 전 지구적으로 펼쳐지는 민주화 역사의 일부이기도 하잖아요. 하지만 그런 감정을 국민 우선주의로 회수하면서 등장한 것이 문재인 정부가 아닐까 싶기도 해요. 실제로 문재인 정부의 국정

수행 100대 과제 중에 이주민 정책이나 외국인 노동자 정책은 전혀 없어요. 그 와중에 국민들은 진보적인 정부가 들어서면 일자리도 좋아지고, 삶도 공정해질 것이라 기대했지만, 그런 변화는 더디죠. 촛불 이후의 고양된 희망과 좌절이 교차하는 상황 속에서 예멘 난민이 온 거예요. 이에 가장 먼저 반응한 건 무슬림을 무조건 적대적인 세력으로만 보는 보수 기독교지만, 이때 우리가 간과해서는 안 되는 주체가 바로 청년들이었다고 생각해요. 청년들이 우리도 일자리가 없는데 예멘 난민이 일자리를 빼앗고, 국가 발전에 기여한 것도 없는데 복지 혜택을 받는 게 부당하다는 마음을 품은 거죠. 청년들의 실업과 불안, 일자리에서 부당한 대우는 구조적 불평등의 문제인데, 해결이 요원한 와중에 예멘 난민들에 대한 가짜 뉴스를 접하게 되는 거죠.

윤옥　난민들에게는 한 달에 200만 원씩 준다고 하는 그런 가짜 뉴스들.

현미　네, 팩트는 이겁니다. 2013년 한국에서 난민법이 제정되면서 난민들이 난민 신청을 한 후 결과를 기다리는 6개월간 기본 생존 지원비로 43만 원 정도를 받게 됩니다. 그 대신 이들은 경제적 이주자가 아니기 때문에 일하지 못하게 되어 있죠. 근데 이걸 평생 200만 원을 준다는 말로 왜곡해 버리고, '무임승차론'이 나오는 거예요. 우리 손으로 이룩해 낸 경제 발전과 민주화인데, 우리는 그 혜택을 못 누리는데 엉뚱한 외국인이 받느냐, 이렇게 되는 거죠. 이들은 난민 신청자로 한국에 온 것이고, 난민 협약과 난민법에 의해 적절한 권리를 보장받은 존재란 점은 아무 의미가 없었던 것이지요.

하지만 난민들 역시 한국 사회의 현재와 미래를 함께 건설하는 데 참여한다는 사실을 기억할 필요가 있어요. 그리고 경제적 파이의 내 몫을 빼앗기지 않겠다는 생각으로 난민 혐오를 생산함으로써 한국 사회가 지속적으로 견지해야 할 민주적 역량을 침해하거나 훼손한다면, '썩은 파이'를 지키겠다는 것밖에 안 되지요.

희정   그런 부분들은 잘 인정하지 않는 것 같아요.

현미   '무임승차론'은 가짜 뉴스에 의해 확산되었지만, 한국 사회의 사회경제적 발전에도 불구하고, 평등, 다양성, 인권 존중 같은 내재적 가치가 뿌리내리지 못했다는 것을 보여 주기도 합니다. 난민과 공존하는 방법을 모색하면서 사회의 포용성을 높이는 노력을 하다 보면, 한국 사회의 폐쇄적인 국민 중심주의도 극복하고, 사회적 소수자에 대한 인권 감수성도 높아지겠지요. 저는 난민들을 우리에게 다양한 질문을 제기해 주는 중요한 사회적 행위자로 봐야 한다고 생각해요.

윤옥   사회의 민주주의를 성숙시킬 수 있는 중요한 행위자라니, 난민을 보는 새로운 관점이네요.

── 정부가 무능할 때, 제주도민이 움직이다

현미   난민들은 본국 상황이 좋아지면 본국으로 돌아가기도 합니다. 혹은 제3국을 선택해요. 개인적·집단적 트라우마를 경험한 후 한국에 머무는 건데, 사실 한국 정부 또한 난민들에게 '당신들을 행복하게 해주겠습니다' 하는 약속을 할 수 없어요. 한국 땅에서 국민으로 사는 사람들도 행복하지 않으니까요. 난민 보호는 우리가 임시적으로나마 난민에게 삶터를 제공하면서 이들이 공포에서 벗어나 역량을 회복하고 발휘할 수 있게 도와주는 것이지요. 언어가 다르고, 삶의 방식이 다른 낯선 땅까지 와서 모든 것이 너무 힘들고 본국의 가족이 걱정되지만, 난민들은 그래도 이제야 '안전한 장소'에 머문다는 것에 만족감을 갖기도 합니다. 난민 협약은 정치적 신념을 지키려다 위험에 빠진 사람들이나 국가 폭력이나 성폭력을 피해 본국을 떠난 사람에게 안전한 거처를 제공하자는 것입니다. 난민을 테러리스트나 성폭력범, 혹은 의지가 없는 수동적 존재로 전치시키면서 가공할 만한 공포와 혐오를 만들어 낸 것이 제주 예멘 사태라고 할 수 있죠.

희정 저는 국민들이 잘 모르는 것에 대해 공포를 느낄 수 있다고 생각해요. 그래서 국민들 반응보다 정부의 대응에 화가 났던 것 같아요. 말씀하신 것처럼 난민 협약이란 대한민국 정부가 난민을 보호하겠다고 국제사회에 약속을 한 것인데, 사실 예멘 난민 사건 터졌을 때 정부와 정치인들의 대응이 너무 무책임했거든요.

윤옥 그러니까. 예멘 난민들에게 출도 금지 내린 일이 생각나네요. 당신들은 제주도를 벗어날 수 없다.

현미 그러게요. 그런 논리로 뒤집어 생각해 보면, 예멘 난민의 출도 제한이 제주도민에게는 또 얼마나 폭력적인 건가요? 예멘 난민이 위험한 존재라고 외치면서 '출도 제한 조치'를 취하면 제주도민에게 모든 위험을 감수하라는 건가요? 중앙정부와 난민 반대자들은 제주도를 육지와 떨어진 보호소나 수용소의 개념으로 봤다는 거지요. 제주도민들 입장에선 제주도를 희생양으로 삼고 있다고 볼 수밖에 없어요. 제주도에도 '맘 카페'나 보수 기독교가 주도한 난민 반대 정서가 분명히 있거든요. 이들 중에는 실제로 무리 지어 다니는 예멘 남성들을 마주치니, 낯선 타자가 우리 안에 들어와 있다는 긴장감이 고조되었을 거예요.

윤옥   그럴 수 있겠네요. 하지만 또 제주도민들 중에서 난민을 환대한 이들도 계시잖아요?

현미   그게 정말 중요한 일이죠. 제가 7, 8월에 제주도에 갔을 때 감동받은 건 제주 4·3사건으로 대규모 학살을 경험했거나 일본으로 이주한 친척이 있는 제주도분들이 이렇게 말씀하세요. "아유, 일단 왔는데 그 사람들을 어떻게 해? 힘들게 왔으니, 먹고살 수 있게 해줘야지." 그러니까 전쟁 중인 본국에 돌아갈 수는 없고, 일단 내 문지방 안에 들어왔으니 우리가 환대를 하는 것이 인간의 기본 도리 아니겠느냐는 마음으로 받아들였다는 거예요. 중앙정부가 제주도에 온 예멘 난민에 대해 특별히 지원한 돈도 없었고요. 중앙정부도 지자체도 아무런 물적 지원을 하지 않는 몇 달간은 제주도민의 사회문화적인 역량이나 선량함 덕분에 그래도 예멘 난민들이 일자리를 찾고 친구도 만들고, 안전하게 난민 인정 절차를 밟을 수 있었던 거죠. 이제 제주를 떠나 전국으로 흩어진 예멘 난민들은 제주를 제2의 고향이라고 말해요.

희정   정치인은 입을 다물고 있을 때, 시민이 나서서 세계시민의 책무를 다한 거네요.

현미   제주도의 민간단체 39개가 서로 협력해서 인권의 관점에서 난민을 보호하고 지원하는 연대체를 만들었고, 기존의 외국인 노동자 지원 단체는 난민지원센터를 운영했지요. 예멘 난민들의 주거지를 마련하고 한국어 수업을 제공했어요. 가톨릭에서 운영하는 나오미센터는 난민 거주지를 마련할 때 인근 마을 주민들에게 일일이 설명하고 동의를 받았다고 해요. "여기에 예멘 사람들이 4, 5인 거주할 텐데 괜찮으신가요?" "당신의 삶터에 들어가도 괜찮겠습니까?" 이렇게요. 그런 식으로 난민과 접촉한 제주도민의 경우에는 별 문제가 없었다고 합니다.

희정 문제가 생긴 곳도 있었나요?

현미 개신교 쪽에서 대규모 난민 지원 숙박 시설을 만들려다가 주민들 반대로 좌절되었지요. 그뿐 아니라 이슬람 국가로 선교 나가기 전의 연습과 훈련을 위해 예멘 난민을 데려간 교회도 있었어요. 선교사 훈련이라는 기능적 필요에 의해 예멘 난민을 이용하는 것이죠.

희정 문제가 심각했겠네요.

현미 그렇습니다. 난민을 개종과 교화의 대상으로만 보는 기독교 선민의식도 문제입니다.

희정 말씀을 들으면서, 난민 협약에 가입하고 난민법을 제정하는 일은 어떻게 보면 대한민국이 국제사회에서 근대 정상국가가 되었다는 인정을 받기 위해서였던 것도 같은데요.

현미 그렇죠. 이명박 정부에서 난민법을 제정했고, 박근혜 정부 때 시행했는데, 아시아 최고의 '인권 국가' 운운하며 얼마나 홍보를 했는데요. 그런데 정작 난민이 오니, 바로 그 정당 국회의원들이 난민법 폐지하자고 난리를 치는 것이지요. 문재인 정부도 난민 보호에 노력을 보이지 않았고요.

희정 그런데 예멘 난민의 경우를 보면 정부도 정상국가로서 퍼포 먼스를 선보이는 데 실패했고, 기독교 역시 세계 보편 종교로서 역량을 보여 주지 못했는데, 제주도민들이 그 역량을 보여 줬다는 건…….

윤옥 가슴 뭉클한데요.

현미 네, 제주도민들이 각자의 방식으로 예멘 난민들과 만난 거죠. 예멘 난민과 만나 정기적으로 축구를 하거나, 제주 평화의 섬 투어에 초청하기도 하고, 문화·예술 쪽에 종사하는 이들은 '서로의 얼굴 그리기' 같은 프로젝트를 열면서, 예멘 사람과 제주도민이 마주 보는 시간을 마련했어요. 제주의 한 신문사에서는 기자 출신의 난민을 프리랜서 언론인으로 고용하기도 했습니다. 예멘 사람과 결혼하고 예멘 식당을 연 분들도 있고요. 여러 형태의 접점을 찾으려고 애썼다는 것이지요.

희정 하지만 굉장히 다른 문화에서 살아왔기 때문에 어려움도 있었을 것 같은데요.

현미 물론 그렇죠. 예컨대 식문화가 그래요. 제주도가 흑돼지로 유명하잖아요. 그런데 예멘인들이 무슬림이니 돼지고기를 못 먹을 뿐만 아니라, 돼지를 만지거나 돼지와 함께 조리된 음식도 못 먹거든요. 어떤 분은 예멘인의 일자리로 식당을 소개해 주려고 했다가 깜짝 놀랐어요. 그들의 식문화를 고려하기 전에는 제주도에 돼지고기를 사용하는 음식점이 그렇게 많은 줄 몰랐다는 거죠. 이런 낯선 만남을 통해 서로 알아 가는 계기가 되기도 하죠. 적대와 환대의 감정은 고정된 것이 아니에요. 낯선 것과 대면하면 히스테리적 적대감을 품게 되죠. 하지만 서로 알아 가는 과정에서 적대를 멈추는 순간이 오게 되고, 그 순간 환대가 일어나는 거잖아요. 환대와 적대가 그렇게 극단에 있지 않다는 것을 우리 모두 이해했으면 좋겠어요.

이슬람 문화에 대한 편견을 돌아보기

희정 사실 한국 여성들이 무슬림 남성들에 대해 가지고 있는 공포가 있죠. 조혼 풍습이나 할례 관습처럼, 이슬람 문화의 여성 차별과 여성 혐오도 분명히 있고요. 이 문제들은 어떻게 생각하면 좋을까요?

현미 이렇게 생각해 보면 어떨까요? 한국 인구의 20퍼센트 정도가 개신교인이죠. 미국 뉴욕과 남부 지역의 기독교인, 호주, 필리핀, 인도네시아의 기독교인이 그 사회에서 신자 정체성을 실천하는 방식을 다 다를 수 있어요. 전 세계에 존재하는 기독교인들이 다 같은 문화를 공유하고 있을까요? 기독교인들도 정치적 신념·계급·젠더에 따라 지향하는 가치가 동일하지 않겠지요. 전 세계 인구의 25퍼센트가 무슬림이에요. 정말 여러 나라에 다양한 무슬림 종파가 있지요. 한국에 많이 와 있는 이주 노동자 가운데 인도네시아와 방글라데시 출신 사람들도 무슬림 인구가 많죠. 그런데 말레이시아는 전 세계적으로 성폭력 발생률이 가장 낮은 나라이기도 해요. 이슬람 종교가 어떻게 일상에서 실천되고, 정치화되느냐의 문제겠지요.

희정　'이슬람 문화권'이라고 해서 간단하게 단일화할 수 없다는 말씀이네요.

현미　사실 기독교와 이슬람은 기원이 같잖아요. 모든 종교가 원초적 형태를 갖출 때는 '죄와 벌'을 강조하면서, 성경에도 자식 죽이고 복수하고 여성을 단죄하는 이야기가 많지요.

희정　그렇다고 기독교인들을 위험하다고 하지 않죠.

현미　코란 역시 그렇습니다. 그 안에서 유추해 내는 계명들이 있는 거죠. 어떤 이슬람은 근본주의적이거나 패권적이고, 어떤 이슬람은 유연하고 세속적이지요. 누가 정치 지도자가 되어, 종교를 지배와 폭력의 도구로 삼느냐가 관건이겠지요. 우리가 이슬람교를 낯설어하는 문화권에서 사회화되었기 때문에 유럽이나 미국이 벌이는 반무슬림 공격이나 이에 대한 복수로서 무슬림의 테러 공격에 대해 충분히 이해하지 못하고 역사적 맥락을 잘 알지 못한 채 '공포'만 키워 온 것 같아요. 예멘 내전 또한 이런 갈등의 대리전이지요. 무슬림을 한두 가지 성향이나 이미지로 박제해서 평가해 버리면 전 세계의 25퍼센트의 인구와 친구가 될 수 없는 거예요. 난민이 모두 좋은 인간은 아니고 무슬림이 모두 평화주의자나 여성 혐오자도 아닙니다. 하지만 1퍼센트의 의심과 의혹 때문에 이들이 가진 99퍼센트의 가능성을 아예 삭제하고 우리의 적대적 감정을 투사할 수는 없다고 생각합니다. 한국에 온 예멘 여성들의 목소리와 경험을 들어 보려는 노력도 하지 않으면서 이들 모두 고정 불변의 무슬림 가부장제의 피해자라고 말할 수 없지요. 한국의 페미니스트 여성과 예멘에서 온 무슬림 여성이 한국과 이슬람의 가부장제와 싸우는 협력자가 될 수도 있겠죠.

희정   이슬람 문화는 변화하지 않고 계속해서 과거의 사고방식에 사로잡혀 있다고 말하는 것 역시 대상화의 결과라고 할 수 있겠네요.

현미   실제로 한국 내 무슬림 인구도 26만이 넘습니다. 그중 한국 무슬림도 6만이 넘어요. 터키 등 이슬람 문화권으로 유학을 가서 개종한 이들도 있고, 결혼한 후 개종한 이들도 있고요. 이들이 무슬림이라 해도 할례를 수용하거나 조혼을 하지는 않잖아요. 마찬가지로 이주자나 난민 또한 자신이 머무는 지역의 정서나 법 제도를 알아 가면서 행위자성을 발휘하는 것이죠. 우리는 인간으로서 낯선 존재들과 대화하거나 그들의 세계관을 알아 가면서 문화적으로 확장된 인식을 갖게 되죠. 무슬림 난민에 대해서도 그런 변화의 가능성에 대한 믿음이 있었으면 좋겠어요.

희정   계속 우리 사회가 무슬림의 역사성과 시간성을 부정한다는 이야기를 하셨는데요. 저는 이야기를 들으면서 그런 담론 안에서 가장 적극적으로 지워지는 것이 무슬림 여성들의 역능이라는 생각이 들거든요. 이슬람 문화권 안에서 싸워 온 여성들의 역사가 분명히 있을 텐데요. 한국에서 한국 여성들이 싸우면서 만들어 온 변화가 있는 것처럼요. 이런 투쟁은 없는 것으로 만들어 버리고 어떤 원시적인 이미지에 고착시킨다는 생각이 들어요.

현미   난민 문제를 연구하는 페미니스트로서 고민하는 건, 전통적인 난민 인정 사유 다섯 가지 안에 젠더 기반 폭력이 없다는 거예요. 물론 젠더 박해를 인정하는 추세이긴 하지만 여전히 성폭력을 당하거나, 그 사회의 가부장제와 맞서 싸우다 박해를 당하는 여성의 난민 인정율은 낮은 편이에요. 문제는 여성을 국가 폭력의 피해자나 대항자로 보지 않는다는 거예요. 예를 들어 남성 배우자나 아들이 반정부 시위를 하다가 도주하면, 경찰이 여성들을 찾아와서 이들이 어디 있는지 캐묻고, 강간하고, 그걸 빌미로 또 협박하고. 여성의 신체는 남성들 간의 '보복' 행위의 전시물이 되지요. 이 여성이 간신히 빠져나와 난민 신청을 해도, 증명할 서류가 없다는 이유로 이들의 난민 신청이 받아들여지지 않는 경우가 많아요. 시위나 거리 투쟁을 한 남성은 신문 기사나 공적 기록이 있다고 난민 지위를 주지요. 한국에 와서 난민 신청을 한 미얀마의 소수민족 여성은 민주화 운동 중에 미얀마 군인에 대항하다 성폭력을 당했어요. 간신히 이 얘기를 인터뷰 때 했지만 난민 인정을 받지 못했어요. '성폭력'을 당한 것이지, 실제로 난민 사유가 될 만한 정치적 박해를 받은 것은 아니라고 해석한 것이요. 여성들은 정치적 박해의 일부로 종종 고문과 성폭력을 당하는데, 성폭력은 여성으로서 당한 폭력이지, 정치범이기 때문에 당한 건 아니라고 판단을 내려요.

희정　여성들은 정치범이란 걸 인정해 주지 않는 거네요.

현미　섹슈얼리티나 젠더 기반 폭력과 박해가 정말 많거든요. 하지만 그에 저항하는 여성의 목소리가 묵살되기 쉬운 거죠. 남성들은 반정부 시위를 하다가 문제가 되면 가족이 비행기표 사주면서 해외로 도망가라고 도와요. 여성의 경우는 그냥 감내하라며 놔두죠. 그래서 저는 여성들과 페미니스트들 사이에서 난민 문제가 쟁점이 되었을 때 이 부분에 대해 더 이야기해야 한다고 생각했어요. '무슬림 남자들이니까 쫓아내자'가 아니라 '난민법에 어떻게 젠더 관점이 결여되어 있는가를 살펴야 한다'가 초점이 되어야 하고, 예멘 난민 여성과 어린이를 보호하기 위한 조치가 더 이뤄져야 했어요.

윤옥 듣다 보니 2018년에 노벨평화상을 수상한 나디아 무라드가 생각나네요. 이라크 야디지족 출신 난민이죠. 이라크 내전 상황에서 성폭력 피해를 입고 국외로 도망하면서 전시 성폭력 문제에 대해 생생한 목소리로 증언을 하며 반성폭력 운동을 하고 있어요. 수상 소감으로 모든 성폭력 생존자에게 이 영광을 돌린다고 말했는데, 기억에 남았어요. 그야말로 젠더 박해가 난민 사유가 된 것인데요.

현미 그렇죠. 한국의 일부 페미니스트들이 이슬람은 구제 불능의 종교인 것처럼 말하다가, 다른 한편으로는 시혜적인 태도를 취하면서 예멘 여성들을 예멘 남성들로부터 구원하기 위해 분리해야 한다고 말했는데 말이 안 되는 일이에요. 한국 페미니스트가 예멘 여성을 구원하고 해방시킬 수 있다는 생각을 하기 전에 그들과 진짜로 마주하고, 그들의 이야기를 경청하는 것이 필요하지요.

윤옥 지금 정부 정책에 대해서는 어떻게 보시나요?

현미 정부가 제일 못 풀고 있는 문제가 문화 다원주의에 기반한 시민 권리의 확장이라 할 수 있어요. 문화 다원주의는 국민을 구성하는 범주가 다변화되고 있고, 그에 어떻게 대처할 것인가 하는 문제인데요. 여성·청년·성소수자·이주민·난민·노인 등 어느 문제 하나도 제대로 못 풀고 있죠. 사실 문화 다원주의는 인권과 권리의 한계가 정해진 것이 아니라 '확장적'이라고 보는 것이죠. '저쪽이 더 가지면, 내 것이 줄어든다'는 이분법적 접근이 아니라, 다양한 차이를 지닌 인간 행위자들이 계속 교섭하고 협상하면서 만들어 가는 확장성의 정치라고 말할 수 있어요. 모든 이가 기본권을 갖고 공적 영역에 참여하기 위해서는 차별금지법 같은 제도적 조치가 필요한 것이고요.

남겨진 문제들, 인종차별 편견과 언론

희정   한반도 평화 프로세스 안에서 군축과 비핵화가 이뤄진다면, 뭔가 다른 미래를 꿈꿔 볼 수도 있을 것 같습니다. 저는 사실 '빨갱이' 프레임이 없어지면 다른 정치적 상상력과 가능성이 올 수 있을지도 모른다는 기대가 있었던 것 같아요. 그런데 지금은 잘 모르겠어요. '빨갱이' 프레임은 약해지는데, 그 '빨갱이' 자리에 끊임없이 다른 소수자들, 타자들, 정치 세력들이 올라오더라고요.

현미   간단하게 해결되지는 않을 것 같기는 해요. 한국인들은 어릴 때부터 '우리는 단일민족이기 때문에 내부 갈등이 없고, 그래서 빠른 경제성장과 민주화를 이룩할 수 있었다'는 이야기를 들으면서 자라 왔어요. 그래서 다른 인종, 혼혈, 외국인을 위협적 존재로 여기게 됐죠. 물론 그 '타자'가 백인의 얼굴을 했을 때는 동경하고 따라할 존재라고 배웠고요.

희정   선망과 멸시, 두 시선 안에서 외국인을 보는 것 같아요.

현미　사실 전 세계적으로 단일민족이 비율이 높은 나라는 아이슬란드, 한국, 일본 정도예요. 우리가 왜 인종주의적 사고를 오랫동안 해왔는가, 왜 소위 혼혈인이나 외국인을 위험한 존재로 바라봤는가를 성찰할 수 있는 부분이기도 하지요. 그런데 이것들이 시대적 상황에 맞지 않을 뿐 아니라 우리의 미래를 가로막는 걸림돌이 되고 있는 거죠. 한편으로는 언론과 미디어의 역할에 대해서도 고민해야 해요. 사실 아시아 지역의 여성이 한국 남성과 결혼을 하면 '다문화 가족'이라 부르며 낙인을 찍지만, 백인과 한국인이 결혼하면 '글로벌 가족'이라고 하죠. 언론의 언어 사용에는 언제나 위계화가 반영돼 있어요.

윤옥　글로벌 가족 대 다문화 가정.

현미　인종주의적 사고가 마치 상식인 양, 예를 들어 스포츠 중계를 할 때도 인종차별이 자연스럽게 녹아들어 있죠. 축구 중계에서 그런 경우 보셨을 거예요. 유색인종 선수가 골을 넣으면 "표범같이 날렵하게, 동물적인 감각으로 넣었다"고 묘사하고요. 백인이 골을 넣으면 "지능적인 플레이입니다"라고 말하죠. 이건 이미 짜인 인종 각본에서 자연스럽게 나오는 말인 거예요.

희정　인종화된 표현이죠.

현미　그냥 마음먹은 대로 묘사하는 거죠. 사실 저를 포함해서 우리 모두가 인종적 사고를 해요. 법과 제도, 미디어가 인종차별과 성차별을 예방하기 위해 어떤 가이드라인을 갖고 사회적 인식의 수준을 높이느냐가 관건이지요.

윤옥　하여간 우리가 경계를 넘어서는 것을 좀 두려워하지 말고 낯선 것을 알아 갈 호기심을 가졌으면 좋겠어요. 이렇게 오래 공부하고 활동해 온 김현미 선생님도 인종적 사고를 한다니…….

현미   저도 아주 편협한 존재입니다. 😊
윤옥   그런 성찰 안에서 또 희망을 얻습니다.

── **마무리**

희정   마무리해야 될 것 같은데요. 선생님, 마지막으로 한마디 부탁드려요.
현미   이주는 익숙한 집을 떠나는 일이지요. 일찍 떠난 사람과 중간에 떠난 사람, 영원히 떠나서 자기 집에 돌아가지 못하는 사람 등, 인생의 행로에서 누구나 한 번쯤은 이주를 합니다. 난민들은 집을 떠나고 싶어서 떠난 게 아니라 전쟁이나 박해 등 어떤 불가피한 상황 때문에 임시적으로 자기 집을 떠날 수밖에 없었던 사람들이에요. 고향에 대한 그리움과 절박한 감정을 가지고 있는 사람들도 많죠. 우리도 사실 그런 경험을 해왔어요. 어쩔 수 없이 떠났지만 돌아가고 싶고, 겨우 도망쳐 나왔기 때문에 절대로 돌아가고 싶지 않은 사람도 있죠. 여성들은 남편이나 아버지, 남자 형제의 폭력을 피해서 생존하기 위해 집을 떠나야 했고, 친구나 사회는 '쉼터'를 제공해 주었지요. 난민이나 여성들은 집을 구성했던 조건들이 변해야만 다시 집으로 돌아갈 수 있는 거죠. 아니면 쉼터나 임시적 거주지에서 자신을 폭력의 피해자로 내몰았던 조건들과 싸워야겠지요. 이런 상상력을 공유하면서 난민이나 선주민이냐 구별 없이 예멘과 한국 사회의 민주적 역량을 확장시키는 참여자이자 변혁자로서 서로 이해할 수 있게 되면 좋겠습니다.

윤옥　감사합니다. 오늘 방송을 마치겠습니다.

+ **김현미가 덧붙이는 말**

난민을 추방하자는 난민 반대 운동이 가열 차게 진행된 2018년은 내게 참 힘든 한 해였다. 난민을 연구한 페미니스트 연구자로서 나는 정부의 절차적 법치주의를 지켜내는 한편, 무슬림 남성을 무조건 적대하는 일부 페미니스트들의 입장에도 반대해야 했다. 이로 인해 너무 많은 악성 댓글과 공격에 시달렸다. 물론 일부 페미니스트들이 표출한 적대의 감정을 단순히 인종주의적 민족주의라고 정의 내릴 수는 없다. 신자유주의 약탈성이 증가하면서 필연적으로 태동한 삶의 취약성과 박탈감에 대한 표현이기도 하고, 안전에 대한 여성의 불안감이 증폭된 것이기도 하다. 하지만 대항 능력 없는 사회적 약자를 혐오한다고 해서 이런 문제가 해결되지는 않는다. 오히려 사회 구성원들의 광범위한 연대를 가로막아, 악화된 상황을 지속시킨다.

2021년 아프가니스탄 난민들은 '난민'이 아닌 '특별기여자'로 한국에 왔다. 이들에 대한 반감을 없애기 위해 난민이라 부르지 않고, 국익에 도움을 준 존재임을 강조한 것이다. 이 때문인지 예멘 난민 때와는 달리 특별한 반대가 없었지만, 이것으로 우리가 공존의 방법론을 배우게 됐는지는 의문이다. 인천에서 만난 한 예멘 여성은 한국에서 일자리를 얻는 것을 포기할 지경이라고 말했다. 일을 얻으려면 히잡을 벗으라고 요구하는 사람이 너무 많고, 갑자기 뒤에서 히잡을 잡아 벗기려는 동료도 있었다고 한다. '낯선 것'은 곧 제거해야 할 '나쁜' 것일까?

난민은 삶터와 본국이라는 소속된 장소에서 생명의 위협을 느끼고, 애착의 대상을 떠나 기약 없는 여행을 한다. 우리는 누구나 실질적 혹은 심리적 난민이 될 수 있다. 전 지구적 이동과 유동성이 증가하는 세계에서 우리는 '잘 알지 못하는 존재'에 대해 알아 가고, 그 앎을 통해 서로의 현존을 인정하는 공동체적 형식에 개방된 태도를 보여야 한다. '우리 모두 같다' 혹은 '국민이 먼저다'나 '국익 우선주의' 원칙은 애국의 표현이 아니다. 선주민이든 이주민이든 모두가 같지 않음과 같을 수 없음을 인정하고, 협상과 공존의 틀을 만들어 가야 한다. 그 과정에서 생기는 갈등을 어떻게 해결해 가는지가 우리 사회의 민주주의의 수준을 결정할 것이다. 난민은 한국의 '미완의 민주화' 상태를 환기하는, 우리의 일부이다.

을들의 당나귀 귀 2
고루한 세계를 돌파하는 페미니스트들에게

1판 1쇄   2022년 3월 8일

기획   한국여성노동자회, 손희정
지은이   손희정, 장영은, 김혼비, 전고운, 이경미, 김일란,
          윤가은, 배윤민정, 은하선, 허윤, 김현미

펴낸이   정민용
편집장   안중철
책임편집 강소영
편집   윤상훈, 이진실, 최미정, 심정용

펴낸곳   후마니타스(주)
등록   2002년 2월 19일 제2002-000481호
주소   서울 마포구 신촌로14안길 17, 2층 (04057)
전화   편집 02.739.9929/9930   영업 02.722.9960
팩스   0505.333.9960
블로그   http://blog.naver.com/humabook
SNS   @humanitasbook
이메일   humanitasbooks@gmail.com

인쇄   천일문화사 031.955.8083
제본   일진제책사 031.908.1407

값   18,000원
ISBN   978-89-6437-397-2 03300